통일전쟁

〈일러두기〉
이 책에 표시된 달(月)은 삼국사기 표현대로 모두 음력에 해당한다.
이 책에서 백제의 왕은 황제(중국식 표현), 천황(일본 서기식 표현)으로 표기하며 고구려의 왕은 태왕으로 표기한다.

의사가 쓴 백제이야기 · 3
통일전쟁

초판 1쇄 인쇄   2008년 5월 25일
초판 1쇄 발행   2008년 5월 30일

지은이 ㅣ 이성근
펴낸이 ㅣ 김태봉
펴낸곳 ㅣ 한솜미디어
등   록 ㅣ 제5-213호

편   집 ㅣ 황은진, 김주영, 김미란
기   획 ㅣ 정종해
일러스트 ㅣ 조시형
마 케 팅 ㅣ 박상필, 김명준
홍   보 ㅣ 이준혁

주소 ㅣ (우143-200) 서울시 광진구 구의동 243-22
전화 ㅣ (02)454-0492
팩스 ㅣ (02)454-0493
이메일 hansom@hansom.co.kr
홈페이지 www.hansom.co.kr

값 12,000원
ISBN 978-89-5959-151-0 (04810)
ISBN 978-89-5959-148-0 (04810) (세트 3권)

*잘못 만들어진 책은 구입하신 서점에서 친절하게 바꿔드립니다

의사가 쓴 백제이야기 · 3

통일전쟁

이성근

한솜미디어

| 머리말 |

 약 1년간 책을 쓰면서 백제라는 나라가 얼마나 자랑스러운 우리의 조상인가를 알게 되었다. 백제의 숨결은 1,400년이 지난 지금에도 대륙과 한반도 곳곳에 남아있다. 그러나 백제인들이 쓴 자신들의 역사책이 없기에 우리는 아직도 일제 식민사학자들이 쓴 왜곡된 역사책을 공부하고 있다.
 중국 남부의 광시장족 자치구에 가면 백제인의 후손이 살고 있다. 이들은 자신들이 산둥에서 왔다고 한다. 지금 우리나라 주요 가문들의 족보를 보면, 특히 백제계로 생각되는 사람들은 산둥에서 조상이 왔다고 기록되어 있다.
 백제인들의 고향은 산둥과 북경 부근이다. 실제로 유전자 검사를 해보면 북경과 산둥의 현지 거주인은 한반도의 거주자와 유전자가 같다. 즉 같은 민족이다. 일본 또한 마찬가지이다. 반면 중국 내륙지방과 양자강 이남은 우리와 전혀 다른 유전자를 가진 한족이다.
 '삼국사기'를 쓴 김부식이 백제를 유난히 싫어한 것은 자신들의 조상인 신라를 핍박했기 때문이다.
 한반도는 3면이 바다이고 바닷길로 가면 산둥이 가깝다. 오래전부터 백제인은 산둥과 북경, 한반도를 중심으로 활동했고, 대제국

올 긴설했으며 중국을 크게 위협했다. 그런데 오늘날 우리 교과서에는 충청도와 전라도에 갇힌 조그만 나라로 기록되어 있다. 지금 바로잡지 않으면 아마 수백 년 후 우리 후손들은 백제를 잊어버릴지도 모른다.

  광개토태왕 비문에, "부여는 원래 추모왕의 속민이었다"라고 쓰여 있지만 과연 부여가 추모왕의 속민인가? 오히려 고구려 건국 낭시 부여가 고구려보다 몇 배가 큰 대국이 아니었던가! 또한 송나라 기록에는 요나라가 송나라에 조공을 바치고 신하를 자처했다고 한다. 과연 그런가? 오히려 송나라가 요나라의 신하였지 않은가!

  역사 기록의 조작은 승자에 의해 쓰여지며, 과거 국가들은 서슴지 않고 역사를 조작했다. 그래야 자국민이 타국민보다 우월하다고 말할 수 있고, 영토에 대한 영유권을 주장할 수 있기 때문이다. 그러므로 우리는 조작된 역사를 바로잡고 우리 선조의 자랑스러운 역사를 후손들에게 다시 가르쳐야 한다.

이성근

Contents

머리말 / 4

제1부 혼돈의 시대

배찬산 전투 / 11
돌궐의 개입 / 18
상주 전투 / 28
진지왕 암살 계획 / 32
돌궐 정벌전쟁 / 37
사비얼의 전사戰死 / 40
백제·진연합군의 북주 침공 / 47
돌궐의 내분 / 53
삼국과 수나라의 전쟁 / 55
평양성 전투 / 57
삼국, 수나라와 화친하다 / 64
돌궐, 분열되다 / 67
무강천황 / 69
신라의 부흥 / 73
수의 진나라 합병 / 76

백제, 다시 강국이 되다

신라의 낙랑군 합병 / 81
온달 장군 / 89
무강왕자의 망명 / 96
고구려와 수나라의 전쟁 / 104
요하 전투 / 108
주라후, 해전에서 패하다 / 115
개선하는 무강왕자 / 119
백제의 내분 / 123
무강천황의 등극 / 128
서돌궐과 수의 전쟁 / 134
무강, 장인을 공격하다 / 139
수양제, 120만 대군으로 고구려를 침공하다 / 149
살수대첩 / 154
수양제의 2차 고구려 침공 / 163
무강황제의 수나라 공격 / 168
중원의 혼란 / 175
백제·돌궐연합군의 중원 공격 / 183
당과 양나라의 전쟁 / 188
백제의 계략 / 197
대국 당나라의 등장 / 208

제3부 새로운 시작

당과 신라의 연합 / 219
거란의 배신 / 223
당나라, 대제국으로 성장하다 / 230
최초의 여왕, 선덕 / 233
계백의 등장 / 235
옥문곡 전투 / 239
의자황제, 신라를 공격하여 40개 성을 취하다 / 242
백제, 고구려와 동맹하다 / 249
이세민의 패전과 항복 / 253
백제, 신라를 괴롭히다 / 257
당나라의 부활 / 262
의자황제, 신라의 왕위계승에 간섭하다 / 265
백제 몰락의 시작 / 270
나당연합군, 백제를 공격하다 / 273
복신, 백제 부활을 꿈꾸다 / 276
복신의 죽음 / 279
제국의 멸망 / 283

참고문헌 / 288

제1부
혼돈의 시대

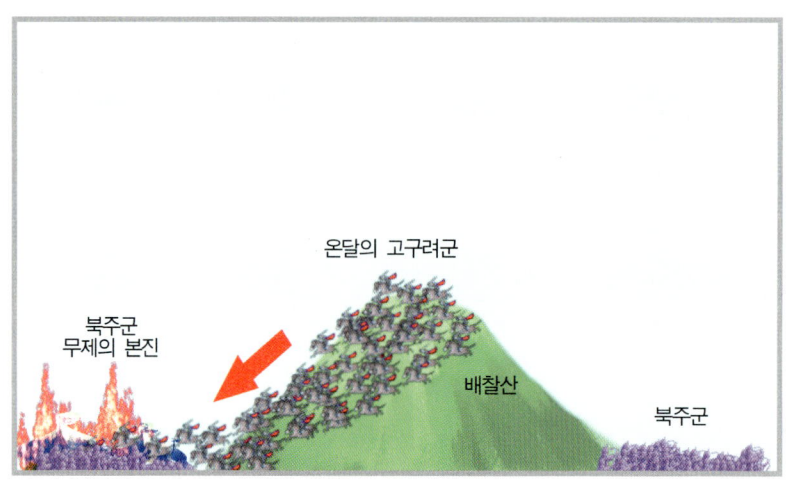

▲ 배찰산 주위 전투 상황도

배찰산 전투

온달은 첩보를 입수하고 일단 무제의 본진을 기습하기로 했다. 반으로 갈라진 무제의 본진은 15만 대군이 이동 중이었다. 온달의 10만 기병은 새벽녘에 기습하여 적의 진영에 파고들었다.

북쪽에서 파고들어 온 온달의 군대는 무제의 본진을 완전히 짓밟았다. 무제는 미처 대응할 틈도 없이 무너진 병사들의 대열을 다시 정돈하고 반격을 개시하도록 명했다. 북주군은 8만 기병에 7만 보병이었고 기병들 중 일부는 갑옷을 입고 용감히 반격을 개시했지만 바로 격퇴당했다.

진영의 북쪽에서 고구려 철기군 3만, 정면에서 기병 4만이 쳐들어왔다. 무제는 뒤쪽으로 도망가기로 했다. 병사들이 모두 뒤쪽으로 몰리며 일대 혼란이 일어났다. 용감한 무제의 호위병들은 길을 열기 위해 아군을 마구 죽였다. 겁에 질린 북주군은 고구려군에 항복하거나 산 위로 달아났다. 하지만 산 위서에는 미리 매복한 고구려군 수천 명이 화살을 쏘며 도망가는 북주군을 죽였다.

이제 남은 길은 오로지 후방으로 퇴각하는 것뿐이었다. 무제는 북주 기병 장군에게 명해 후방을 막도록 했다. 북주 장군 우문원은 병사 3만을 정렬시켜 고구려 철기병과 교전했으나 철기군의 적수가 되지 못했다.

북주군에도 일부 철기군이 있었다. 왕의 호위 철기군으로 규모는 1만 가량 되었다. 이들은 왕의 퇴로를 확보하기 위해 5천은 먼저 후방으로 퇴각하고, 5천은 뒤에 남아 고구려 철기군을 맞았다. 우문원의 기병 3만이 바로 뚫리자 왕의 철기군이 고구려 철기군을 막아섰다. 하지만 역시 고구려군을 막아내지 못했다. 철과 철이 부딪치는 소리가 새벽녘 벌판에 울러 퍼졌다. 무세는 쉽사리 뚫리지 않을 것으로 예상했지만 온달이 앞장서서 북주의 철기군들을 밀어붙이자 승기가 또 고구려군에 넘어갔다.

북주왕이 도망가는 도중 계곡에 다다르자 왕은 뒤를 둘러보고 군대를 정돈했다. 15만 대군 중 약 4만 가량이 뒤따르고 있었다. 물론 고구려 기병이 저 멀리서 추격하는 것이 병사들에게 목격되었다. 북주왕은 계곡이 가파르고 험해서 이 계곡으로 고구려군을 유인한 후 섬멸할 계획을 생각했다. 그리하여 병사들을 시켜 계곡 위를 오르게 하고 매복을 지시했다.

하지만 병사들이 계곡을 오르려는 순간 수만의 고구려군이 화살을 쏘았다. 2만의 고구려군이 전날부터 북주왕이 오기를 기다리고 있었던 것이다. 왕은 계곡을 돌아서 도망갔고 매복을 위해 계곡을 오르던 3만의 병사들은 모조리 학살당했다. 결국 왕은 1만의 패잔병을 이끌고 수도로 도망갔다.

온달이 북주군 포로 4만을 대동하고 배찰산을 돌아서 북주군 15

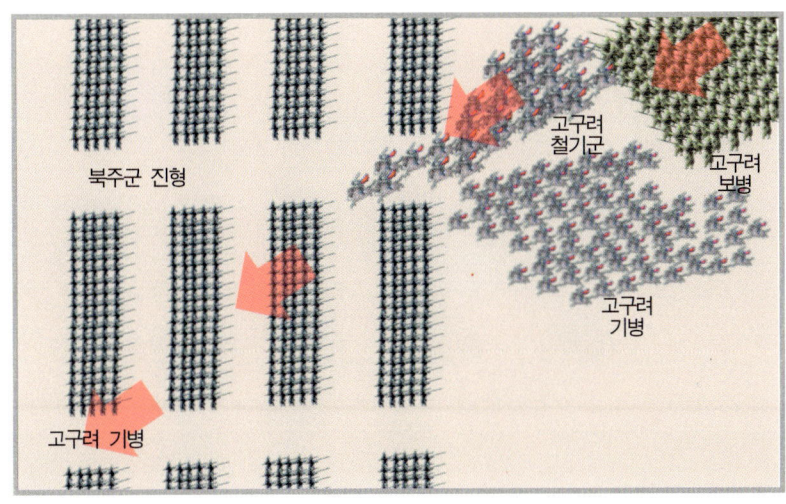

▲ 전투 상황도

만 군대의 후방으로 진격했다. 그러나 갑자기 수십만의 고구려군이 멀리서 보였다. 거기에는 태왕의 삼족오 깃발도 있었다. 평원태왕은 친히 지원군 15만을 이끌고 북주 대장군 우문각의 15만 군대를 기습했다. 그러자 우문각은 평원태왕의 군대에 맞서 병사를 정렬하여 팔문금쇄진을 쳤다. 하지만 평원태왕은 우세한 철기군과 기병을 바탕으로 적군의 좌측 원형진을 먼저 쳤다. 철기군은 북주군의 화살 공격에도 끄덕하지 않고 돌파해버렸다. 그 뒤로 수만의 기병과 보병이 돌진했다.

　북주군 진영은 오래 버티지 못하고 무너졌고, 다음 원형진도 앞서 무너진 북주군 패잔병 때문에 시야가 가려 고구려군을 제대로 공격하지 못하고 무너졌다. 중앙의 두 원형진이 무너지자 우문각은 원형진을 중앙으로 이동하여 고구려군 양 측면을 공격하게 했다. 하지만 철기군은 측면의 적을 상대치 않고 3번째 정면의 진을

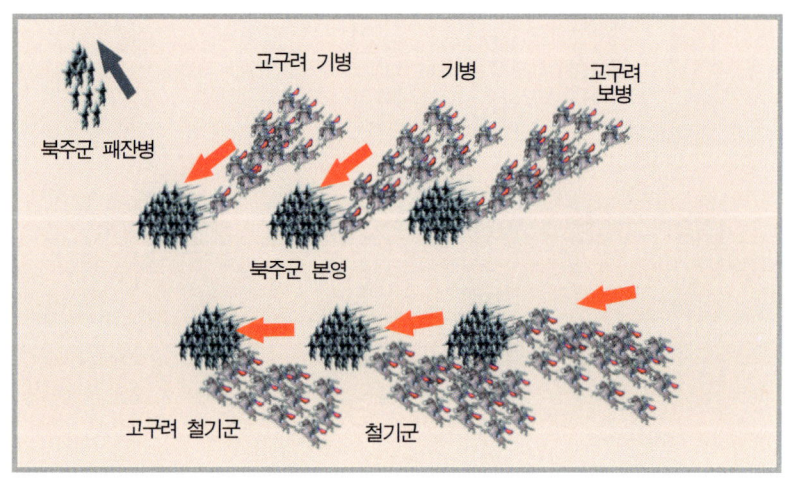

▲ 전투 상황도

부수었다.

 그러자 북주군이 2갈래로 나뉘어졌다. 상대적으로 적은 쪽의 진은 감히 고구려 기병을 공격치 못하고 가만히 있었고, 많은 쪽의 진이 고구려군을 상대로 진격했다. 하지만 진형을 유지하고 이동하기가 쉽지 않아서 북주군의 진형이 흐트러졌다. 이때 고구려 철기군은 뒤로 돌아서 원형진의 바깥에서 공격해 들어갔고 우문각은 중앙의 원형진에 있었다.

 북주군이 포위되자 우문각은 당황하지 않고 원형진을 유지한 채 화살 공격만 할 것을 명했다. 하지만 고구려 기병은 그 원형진을 감싸면서 화살을 퍼부었다. 고구려 기병은 움직이며 쏜 반면, 북주군 보병은 고정된 상태로 쏘는 상황이었다. 움직이는 기병을 맞추기는 쉽지 않았지만 가만히 서 있는 보병은 좋은 표적이었다. 북주군 보병들이 차례차례 쓰러지자 원형진 안의 기병들은 도망갈 기회를 찾았다. 참다못한 일부 북주군 기병들이 원형진 밖으로 나와서 고구려군에 맞서 싸웠지만 즉시 포위되어 죽임을 당했다.

우문각은 항복하라는 태왕의 권유를 받아들이지 않고 끝까지 싸우다 결국 전사했다. 원형진 안의 기병들은 우문각이 고구려군의 화살에 죽자 진을 뛰쳐나와 도망쳤다. 대부분의 병사들이 죽고 3만의 북주군은 남으로 도망쳤다.

한편 백제 좌평 이제는 2만의 철기군과 3만의 기병, 3만의 보병으로 이루어진 병사들을 이끌고 업성으로 진군했다. 업성에는 북주군 2만 명이 있었다. 북주군 주력은 고구려전에 참가하여 각 성

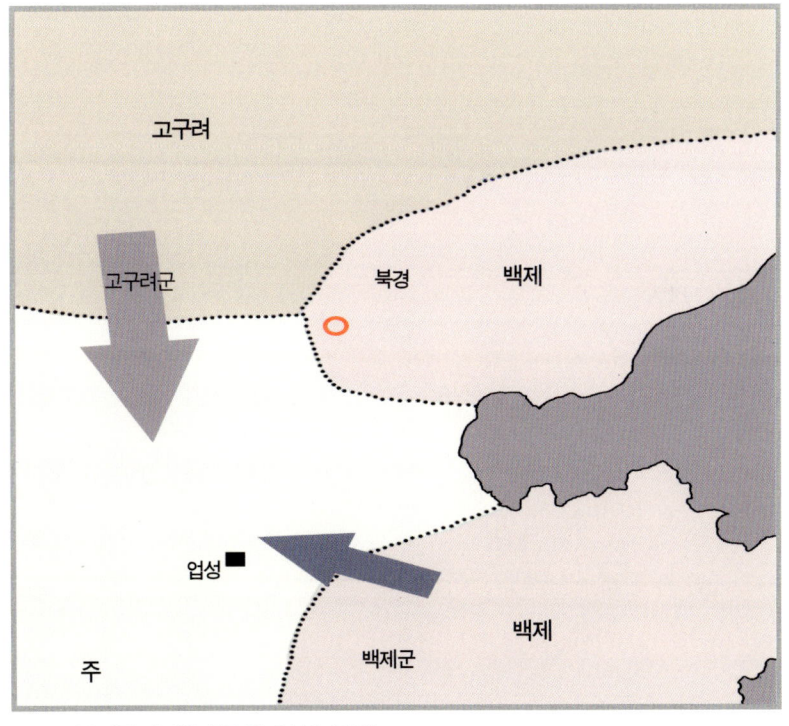

▲ 고구려군과 백제군의 업성 공격

에는 수비군만 있었다.

 지루한 공방전이 시작되었다. 이제는 압도적인 군대로 성을 포위고 수많은 공성전 무기를 동원했다. 먼저 5백 대의 발석차에서 돌이 날아갔다. 성벽은 금새 부서지고 그 사이로 백제 철기군이 앞장서서 진격했다. 성안의 병사들은 대부분 무기를 버리고 항복하거나 도망했다. 주변 10개 성이 모두 백제군의 수중에 들어왔다.

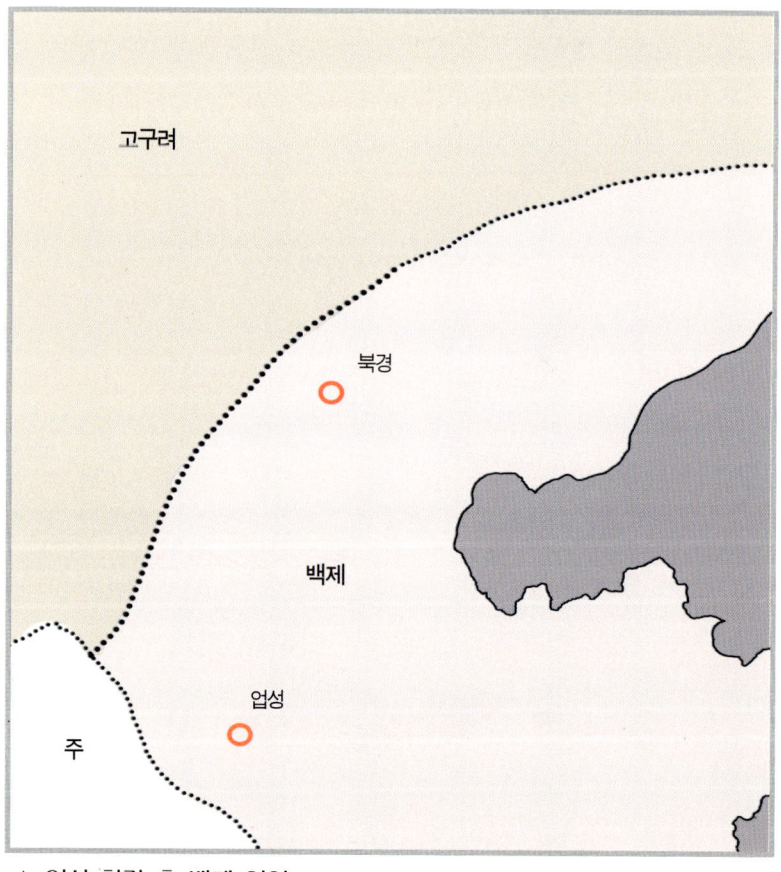

▲ 업성 함락 후 백제 영역

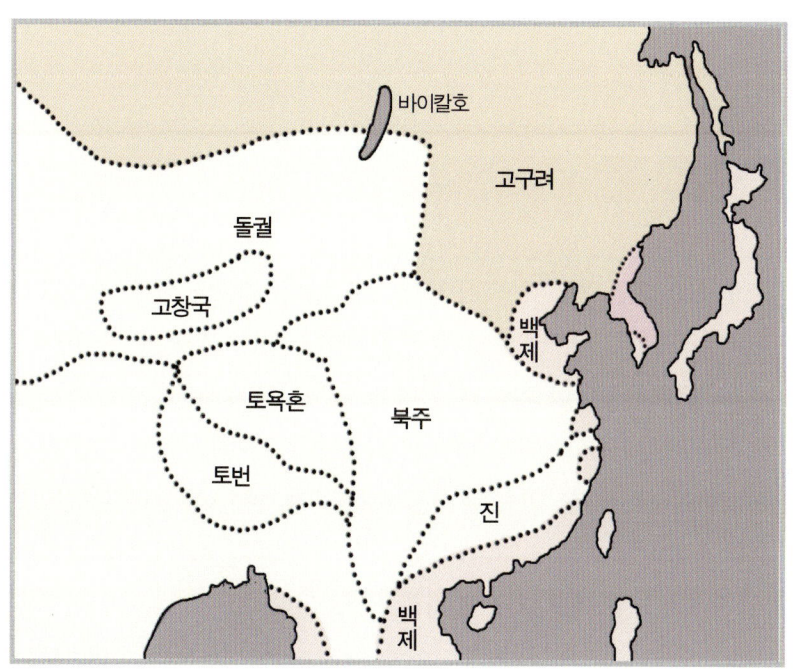
▲ 전쟁 후 백제, 고구려 영토

돌궐의 개입

 고구려 장군 온달과 백제 대장군 이제가 업성의 북쪽에서 만났다. 태원을 막 점령한 온달 장군은 태왕의 명으로 백제 대장군 이제와 함께 북주왕을 잡으러 군대를 이동시켰다. 온달은 철기군 1만과 기병 2만을, 이제도 백제 철기군 1만과 기병 3만을 거느리고 북주왕을 잡으러 장안으로 향했다. 도중에 낙양에서 군은 멈췄고 온달은 곧바로 장안으로 진격할 것을 원했지만 이제는 낙양을 먼저 함락시키고 장안으로 진격할 것을 원했다.

 북주왕은 대세가 불리함을 알고 돌궐에 도움을 요청했다. 돌궐의 타스파르대칸은 속국인 북주가 멸망하면 다음 차례가 돌궐이 될 것을 우려했다. 그리하여 돌궐 기병 10만이 북주의 국경을 돌파하여 장안으로 내려왔다. 기병이라 속도가 빨랐다. 북주군은 대군을 정비하고 장안 근처에 속속 집결했다.

 낙양에는 2만의 북주군이 버티고 있었다. 문제는 북주 군대의 규모보다 압도적인 성의 높이와 그 두께였다. 낙양성은 난공불락이었다.

　이제는 온달에게, "장안으로 들어가는 것은 너무 깊숙이 전진함으로써 보급로가 길어지고 우리 병사의 피로도 더해집니다. 게다가 낙양이 버티고 있으면 우리 후방이 교란될 여지가 있으므로 낙양을 점령하고 북주의 왕과 협상하는 것이 좋겠습니다"라고 건의했다.

　돌궐군이 움직인다는 첩보가 있으므로 온달은 긴장하지 않을 수 없었다. 돌궐군이 대흥안령산맥 근처로 집결했다는 첩보가 온달에 도착했다면 벌써 돌궐군이 진격을 개시했을 가능성도 있다. 그때

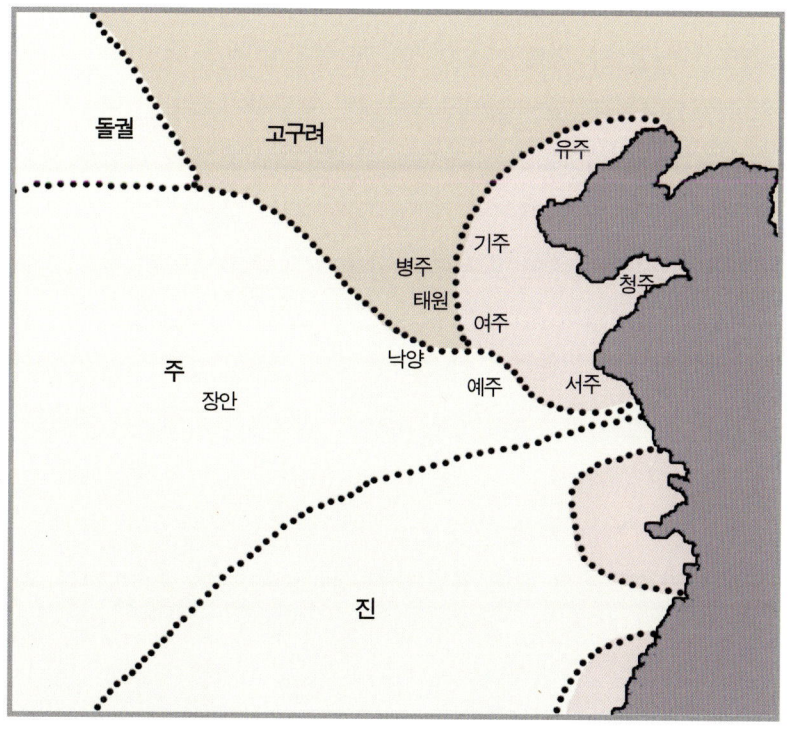

▲ 전후 각국 영역도

평원태왕은 태원에서 전쟁을 지휘하고 있었기 때문이다.

온달은 결국 이제의 의견에 동의할 수밖에 없었다. 단독 공격은 무리인 데다 낙양을 지나칠 수도 없었다. 낙양성은 오랜 전란으로 폐허에 가까웠다. 성벽은 크고 튼튼했으나 과거 한나라의 수도였던 화려함은 온데간데없었다.

이제는 5백 대의 발석차를 성 밖에 포진하고 계속 돌을 쏘아 날렸다. 웬만한 성 같으면 벌써 무너졌을 성벽이 여전히 버텨내자 고전을 면치 못했다. 보름쯤 지나자 양군이 피로해졌다. 게다가 돌궐군 때문에 고구려군은 신경이 쓰이지 않을 수 없었다.

북주왕이 사신을 보내 돌궐처럼 고구려를 상국으로 받들겠다고 하며 많은 금은보화를 선물로 보내고 철수할 것을 요청했다. 아울러 돌궐의 사신도 같이 왔다. 북주에서 철군하지 않으면 군대를 보내겠다는 것이다. 돌궐은 북주의 상국이므로 속국의 위협을 좌시할 수 없다는 요지였다.

태왕은 이미 북주를 대파했고 다음 상대인 돌궐마저 대파할 수 있다고 자신했지만 국내외 여건이 좋지 않았다. 지난번 메뚜기 피해와 우박 피해의 복구도 덜 된데다가 민심마저 오랜 전쟁에 지쳐 있었다. 또한 귀족들은 편안한 생활을 바라며 안락한 성안에 있기를 좋아했다.

당시 태왕의 권위가 많이 손상되어 귀족들을 완전히 제압하지 못했던 관계로 온달 같은 평민 출신 장군들을 많이 등용시켰다. 하지만 귀족들의 반발도 만만치 않아서 여러모로 국정 수행에 어려움이 많았다. 게다가 백제와의 군사작전은 엄청난 반발을 불러왔다. 일부 왕족은 온달에게 이제를 공격할 것을 요청하기도 했다.

이제 또한 백제 내에서 논란이 많았다. 아좌태자가 업성을 지키고 있었지만 위덕천황의 동생 혜왕이 청주에 상륙하여 전쟁 상황을 지켜보기 위해 업으로 들어왔다. 아좌태자로부터 고구려·백제 연합군이 낙양을 공격한다는 소식을 들은 혜왕이 굉장히 화를 내며 고구려군부터 공격할 것을 주장했다.

혜왕은 아좌태자에게, "저들 고구려는 예로부터 우리 백제를 추모왕의 후손이 아니라고 기짓을 피뜨리며 백제를 자신의 신하국으로 생각했습니다. 또한 근초고천황에 이르러 대백제국이 강력해지면서 저들을 압도했으나 고구려 광개토태왕 때부터 지금까지 백제가 고구려에 밀려 많은 영토를 잃었습니다. 동성천황 때 고구려에 맞먹는 힘을 자랑했으나 승하하신 성명천황 이후로 우리 백제가 저들에게 계속 시달려왔는데 어찌 우리가 적과 함께 할 수 있겠나이까" 하며 반대했다.

혜왕은 같이 온 해씨 사병과 자신의 사병 1만을 비밀리에 태원 방면으로 이동시킨다. 태원 근처에는 고구려군 15만이 대기 중이었다. 돌궐이 움직이면 바로 국경을 돌파하여 공격할 태세였다. 태왕은 돌궐과의 전쟁을 원해서 태원에 대규모 병력을 준비시킨 것이다. 태원 근처의 작은 요새를 급습한 혜왕의 백제군은 요새를 지키던 고구려 병사 1천 명을 죽이고 돌아왔다.

태왕은 요새를 공격한 군대가 백제군이라는 사실에 분노했다. 즉시 군대를 이동하여 5만의 대병을 업성으로 진격시켰다. 아좌태자는 고구려군이 업성 근처의 백제 요새를 점령하면서 남하하고 있다는 보고에 당황한다. 혜왕이 이때 고구려의 본색이 드러났다며 태자를 부추겼다. 아좌태자는 이제에게 온달을 공격하라 명했고 평원태왕도 온달에게 이제를 공격하라 했다.

마침 북주의 왕이 고구려 태왕에게 보낸 사절이 북주의 왕을 인정해달라는 표를 올리자 태왕은 결국 북주 공격을 중단하라고 명한다. 그리고 점령한 영토의 상당 부분을 돌려주기로 하고 태왕은 병력을 몰아 업을 포위하려 했다. 아좌태자는 일단 후퇴하여 청주로 돌아간다. 이제는 온달에게 그간의 동맹을 생각하여 서로 공격하지 않기로 하고 평화로이 회군한다. 이로써 고구려, 백제의 동맹은 한 달을 넘기지 못한다.

아좌태자는 고구려에 사절을 보내 서로 간에 오해를 풀기를 희망했다. 그러나 평원태왕은 백제의 잘못임을 지적하고 백제의 사과를 요구함으로써 양국 간에 긴장이 높아졌다. 태왕은 백제의 대륙 식민지를 모두 정벌하려 했지만 역시 배후의 돌궐을 의식하지 않을 수 없었다.

이제는 돌궐의 여러 지도자들과 끈이 있었다. 아버지 대부터 돌궐에서 활약한 덕분에 현재의 대칸인 타스파르도 이제를 알고 있었다. 이제의 요청으로 돌궐군이 고구려 속국인 거란 국경에 집결하자 요서군과 청주 근방까지 진출한 고구려군은 결국 태원으로 철수한다.

한편 신라 전선의 법왕과 영양왕은 계속 승승장구하고 있었다. 겨울에 시작된 전투라서 법왕과 영양왕은 속전속결로 끝내고 싶었다. 법왕은 직속 사병과 위사군 3만을 이끌고 신라의 2개 성을 포위 점령했다. 영양왕의 군대 5만은 파죽지세로 함경도 일대를 휩쓸고 강원도 일대까지 진격했다. 한편 신라 진지왕은 이찬 세종에게 군대 3만을 맡겨 법왕을 막게 하고 고구려에 조공사신을 보낸다.

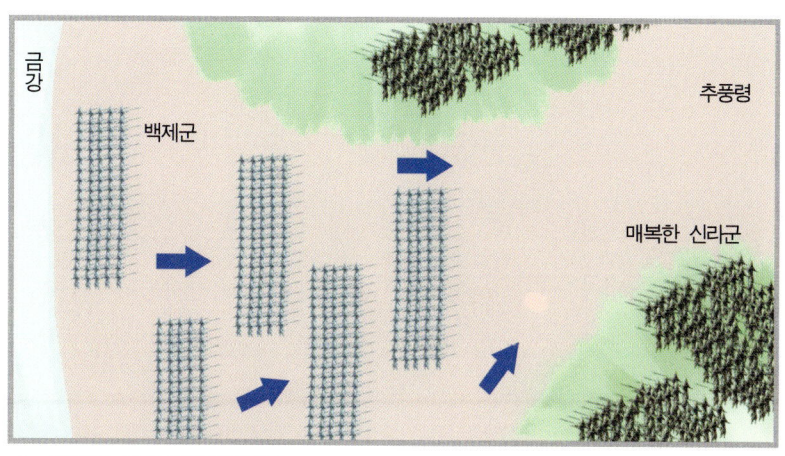

▲ 신라군 1차 매복계획도

　법왕의 3만 군대는 1만의 기병과 2만의 보병으로 이루어졌고 목표는 상주성이었다. 좌평 해사는 2만의 군대를 이끌고 역시 상주성을 목표로 진군했다. 법왕은 추풍령을 넘어 김천을 장악한 후 상주성으로 진군할 계획이었고 좌평 해사는 보은군을 넘은 후 상주성으로 직공할 계획이었다. 이찬 세종은 우선 백제의 주력군인 법왕의 군대를 막기로 했다. 상주성에는 5천의 병사가 주둔 중이었다. 2만의 백제군은 며칠은 막을 수 있을 것이라 생각했다.

　법왕의 군대는 강을 따라 남진했다. 추풍령의 양쪽에는 먼저 온 이찬 세종의 군대가 매복하고 있었다. 법왕은 공성장비를 많이 준비한 탓에 부대의 행렬이 길었고 또 천천히 이동했다. 의심이 많은 법왕은 추풍령의 험난한 계곡 속에 대병을 진군시키기를 주저했다. 첩자들은 산을 뒤졌으나 신라군은 보이지 않는다고 했다. 그래도 안심을 못한 법왕은 계곡 양쪽을 모두 불태우도록 했다.

　이찬 세종은 계곡이 불타는데다가 숨을 곳도 마땅치 않자 계획

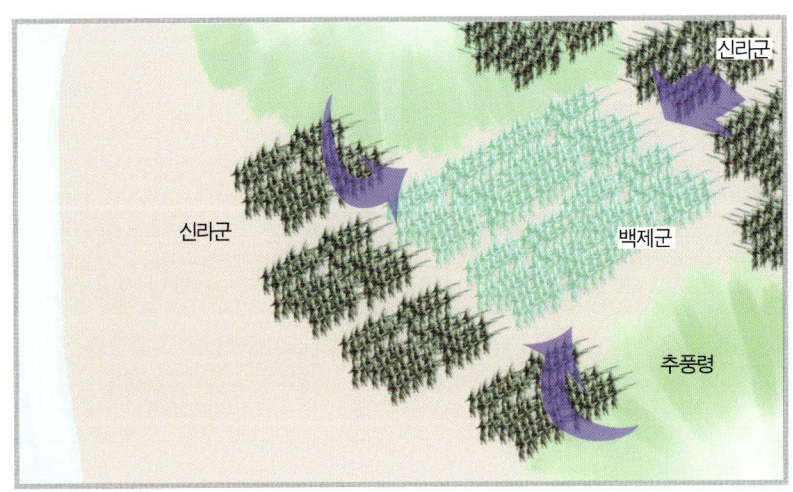

▲ 신라군 2차 매복계획도

을 바꾸어 병력을 반으로 나누어 절반은 김천 방면에 주둔하고 절반은 추풍령 안쪽 백제군 진영 가까이 매복시켰다.

　백제군이 무사히 계곡을 나오자 신라군 절반은 계곡을 따라 백제군의 후방을 공격했다. 김천에 주둔한 신라군만 본 법왕은 병력이 2배 가량 우세하므로 승리를 낙관하고 진영을 꾸리던 중 뜻밖의 기습을 받았다.

　법왕의 공성 병기들은 일제히 김천에 주둔한 신라 병력을 향해 돌을 던졌다. 신라군은 방패를 높이 들고 백제군의 엄청난 쇠뇌 공격에도 버텨냈다. 반면 백제군 후방은 아수라장이었다. 법왕이 달솔 은계를 시켜 기병 1만을 거느리고 신라군을 막으라 했다.

　이찬은 백제군의 후방에서 신라군을 지휘하고 있었다. 백제의 기병에 대해 신라군은 전원 궁병 체제로 맞섰다. 1만5천의 병사들이 일제히 쏜 화살에 백제 기병이 다가가지 못했다. 신라군은 좋은 위치를 잡고 고개를 올라오는 백제 기병을 향하여 일발필중의 솜씨로 맞추었다.

법왕은 기병의 타격이 크자 즉시 기병을 회군시켜 이번에는 앞에 대기 중인 신라군을 향해 기병을 보냈다. 정면의 신라군은 목책을 세우고 그 뒤에서 화살을 쏘며 방어했다. 백제 기병이 가까이 다가가서 갈고리를 던져 목책을 무너뜨리고 전진해갔다. 정면의 신라군도 창병을 중심으로 잘 싸웠다. 백제 보병 1만은 기병을 따라 앞으로 전진하고, 1만의 보병은 진영에 남아 후방의 신라군을 견제했다. 신라 기병 5천이 정면에 나타났고 곧바로 기병전이 시작되었다.

기병은 역시 백제 기병이 월등히 강했다. 신라 기병은 수천의 전사자를 남기고 퇴각했으며 보병도 같이 퇴각했다. 백제군은 그 뒤를 추격했고 신영에 남은 백제군과 거리가 멀어졌다.

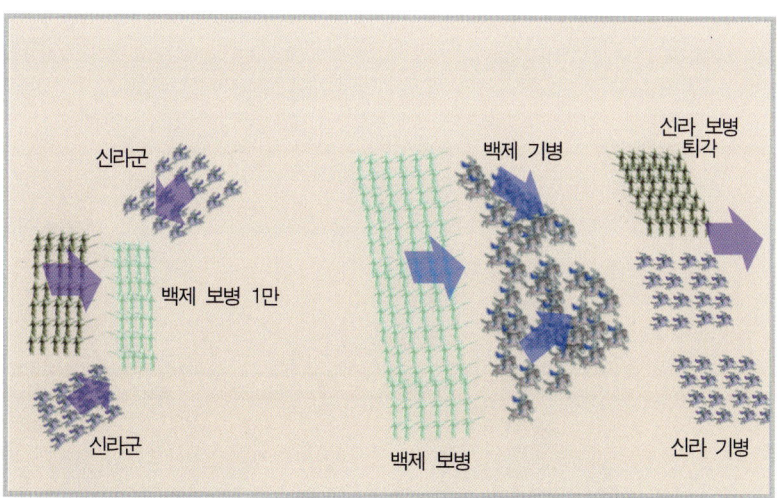

▲ 추풍령 전투

이때 후방에 포진한 신라군 1만5천이 총공격을 감행했다. 진영에 남은 백제군 1만이 저항했지만 화살을 무수히 쏘며 천천히 전진하는 신라군을 막을 수 없었다. 법왕은 전진하는 기병 속에 있었다. 법왕은 승기를 잡았다고 생각하고 너무 과감히 행동하는 바람에 진영에 남겨진 백제군을 생각하지 못했다.

법왕은 신라 장군 김력의 목을 베고 포로 3천을 잡았지만 백제군의 피해도 막심했다. 기병의 절반인 5천이 죽거나 실종됐고 보병 2만 중 1만을 잃었다. 대부분이 진영에 남겨진 백제군이었다. 신라군도 1만의 병력을 잃었지만 백제 장군 2명과 부장 5명의 목

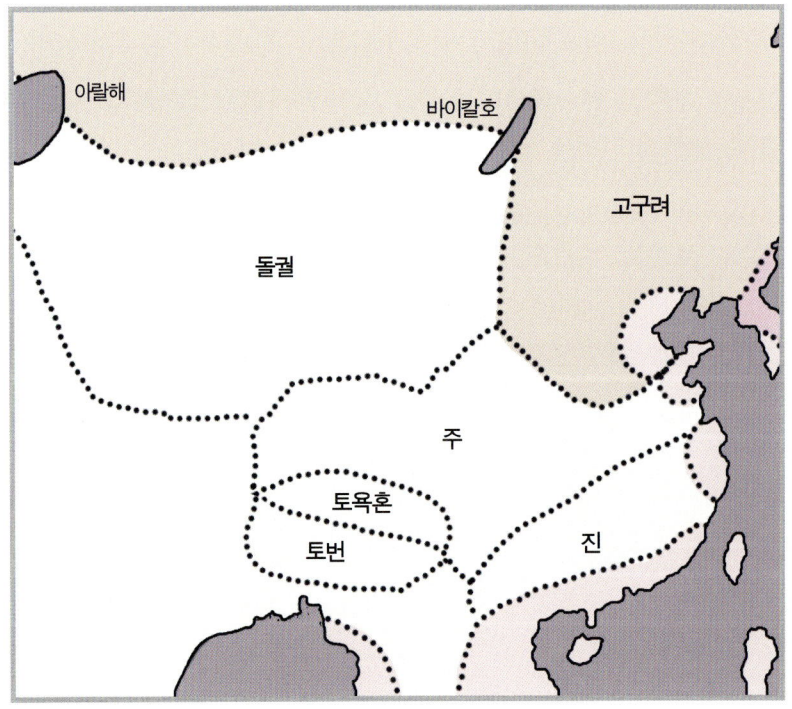

▲ 당시 각국 상황도

을 베었다.

　법왕은 패전을 시인하고 회군했다. 다행히 신라군은 추풍령에서 나와 상주로 회군하는 중이었다. 상주가 위험하기 때문이었다. 상주를 포위 중인 백제군은 법왕의 명으로 회군했다.

　이번 전쟁에서 고구려는 북주로부터 상국의 지위를 얻었고 일부 영토를 회복했다. 백제는 북주를 견제하여 고토를 일부 수복했으나 신라 전선에서 큰 피해를 입었다. 신리는 고구려에 조공을 바치고 신하국의 예를 표함으로써 그나마 영토를 보전할 수 있었다.

　법왕이 패함에 따라 법왕을 따르는 귀족 세력들이 잠시 주춤해졌다. 반면에 위덕천황의 위세는 갑작스럽게 커졌다.

상주 전투

　579년, 왜에서 대규모의 지진이 발생했다. 수천 명이 죽고 다쳤으며 피해가 막심했다.

　위덕천황은 좌평 해구에게 명해 보은군 주변에 웅현성과 송술성을 쌓게 한다. 이는 법왕이 지난번 전투에서 패전한 곳으로 신라군이 추풍령을 넘어서 오면 바로 이 두 산성을 만나게 되어 격퇴당하도록 하려는 계획이었다. 이로 말미암아 신라의 산산성, 마지현성, 내리서성의 길을 막았다.

　위덕천황은 신라의 내분을 알고 있었다. 이는 진흥왕의 첫째 아들이 일찍 죽고 둘째인 진지왕이 왕이 되면서 진흥왕의 맏손자인 진평왕과 진지왕 사이의 내분이었다. 신라 귀족들 사이에선 진지왕이 진흥왕처럼 백제를 공격하지 못하고 계속 패전하고, 고구려에는 조공을 하며 나라의 위신을 깎은 데 대해 불만이 컸다. 이를 알아챈 위덕천황은 혜왕과 상의하여 신라의 왕을 암살하고 대규모 신라 공격을 감행하기로 계획을 짠다. 법왕이 이 일을 주도하기로 했다.

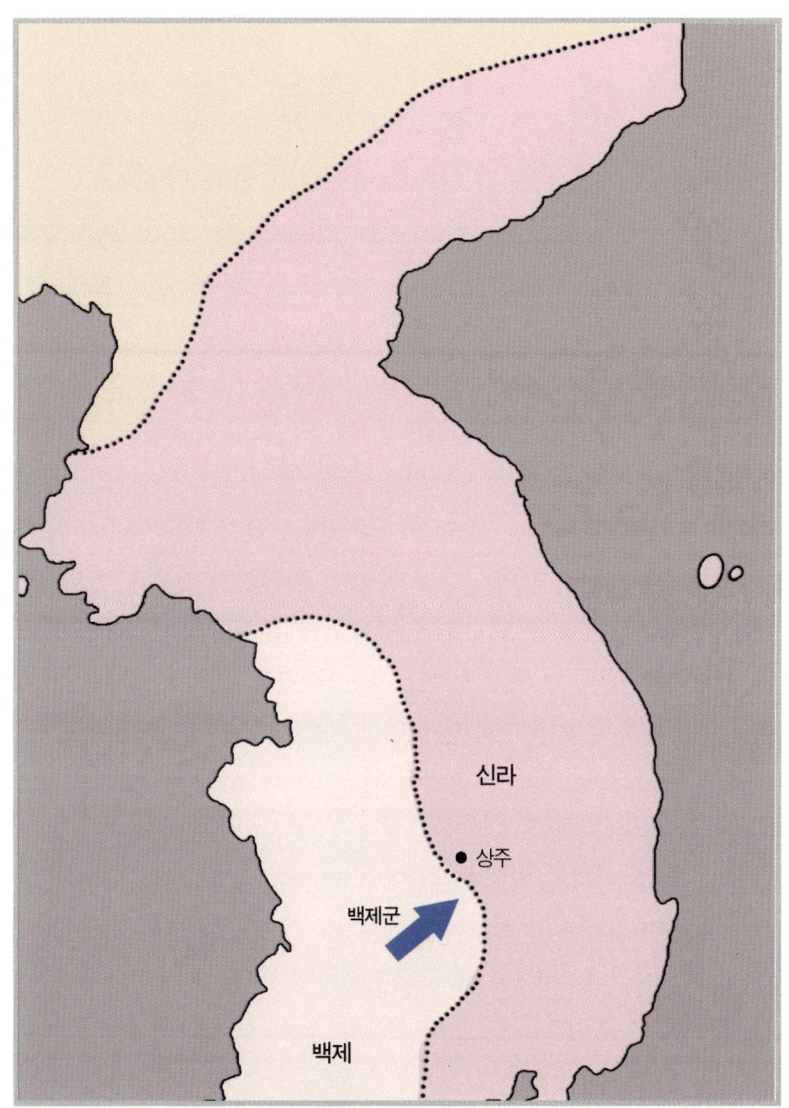

▲ 상주 근처까지 진격한 백제군

법왕은 좌평 이제를 불러 백 명의 최고 무사들을 골라 백인대를 구성하도록 한다. 백인대는 각 군 중에서 가장 무예가 뛰어나고 가족이 많으며 충성스러운 병사들로 구성했다. 가족이 많으면 백제를 배신할 가능성이 적기 때문이었다. 성공하면 병사는 장군으로 승진하고 그 가족은 모두 귀족에 봉한다고 했다.
　이제의 사병들은 모두 활 1자루와 단도 2자루, 표창 수십 발을 몸에 지니도록 훈련받았으며 모든 병사들은 명사수로서 움직임이 민첩했다. 이제는 신라 귀족들에게 비밀리에 사절을 보내 진평왕이 왕위에 오르도록 도와줄 것이라고 귀띔했다.
　그해 7월, 법왕은 군대 3만으로 상주성으로 진군한다. 이제는 이미 신라 귀족들에게 백제에서는 왕이 출진하므로 신라도 왕이 출진해야 한다고 은근히 소문을 퍼뜨렸다. 진지왕은 상대가 왕이지만 황제의 조카인 번왕이므로 자신이 출진하지 않으려 했다. 하지만 귀족들은 왕의 지휘관다운 모습을 원했다. 진지왕 계열 왕족과 귀족들도 왕의 친정을 원하므로 진지왕은 친위군 1만과 귀족군대 1만을 이끌고 상주로 이동한다. 상주 성주 파진찬 김헌은 이미 이제와 연락이 닿은 인물이었다.
　상주는 원래 백제 땅으로 백제의 위성국인 사벌국이 통치하고 있었고, 신라도 백제의 위성국이었다가 고구려 광개토태왕 때 백제에서 독립하여 고구려의 위성국이 된 것이다. 상주는 법흥왕 때 신라에 병합된 신라 5주의 하나로 신라의 6군단 중 1군단이 위치한 대규모 성이었다. 신라의 5주 上州(상주), 下州(창영), 한산주(경주), 실직주(삼척), 비래홀주(안변) 등은 가장 중요한 요충지이고 신라의 방어지이므로 왕이 친정한 것은 어쩌면 당연한 것이었다.
　이제의 백인대는 이미 상주성 안에 침투해 있었다.

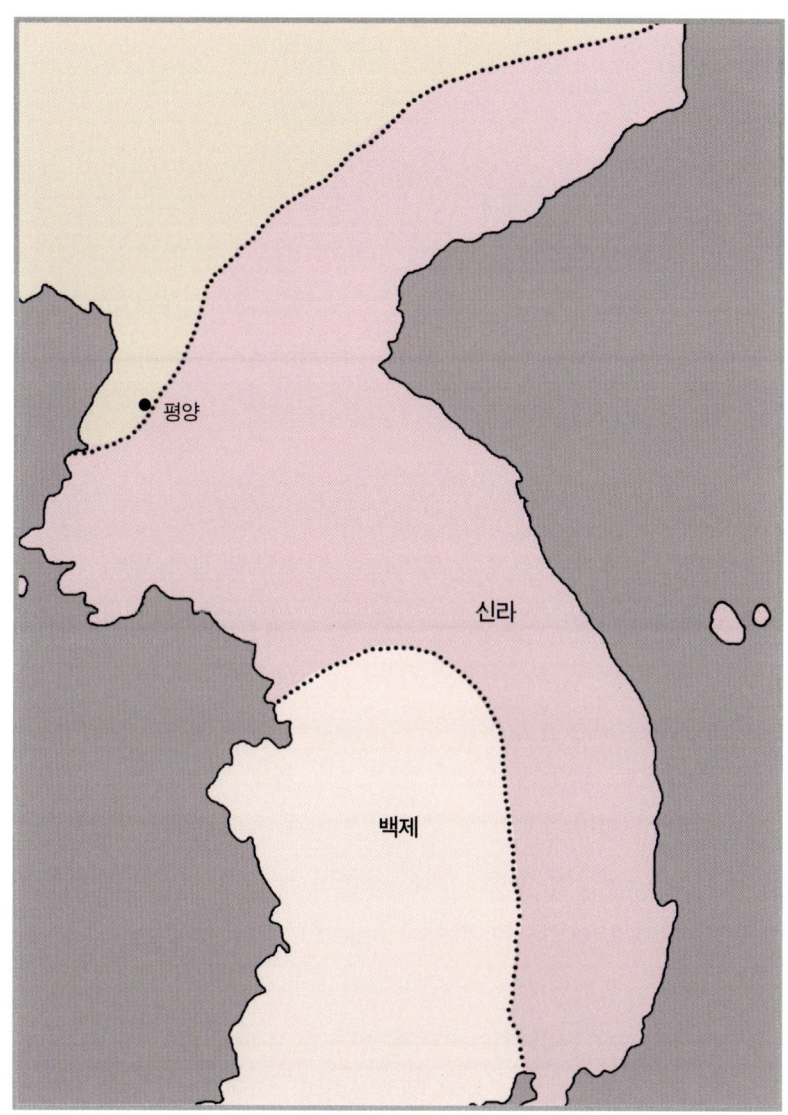

▲ 확대된 백제 국경

진지왕 암살 계획

　진평왕은 이미 모든 계획을 알고 있었다. 하지만 자신이 직접 왕을 죽이면 정통성에 문제가 생기므로 백제군의 힘을 빌리기로 했다. 진평왕 자신은 당항성으로 가버렸다. 왕이 죽을 때 월성에 있으면 의심받을 수 있기 때문이었다.

　7월 16일, 진지왕이 상주성에 들어왔다. 진지왕이 마을 사이로 행차할 때였다. 백인대는 활을 쏘며 칼을 들고 행렬로 뛰어들었다. 왕의 근위대 수백이 이들을 막아섰지만 역부족이었다. 게다가 상주성 내의 관군들이 별로 반응을 보이지 않았다. 왕의 호위대장인 박원은 죽기로 싸웠으나 막아내지 못했다. 여기저기서 병사들이 쓰러져갔다. 백인대 병사 2명이 박원에게 달려들어 목을 베었다. 박원은 눈을 감지 못하고 죽어버렸다.

　다른 호위장군 김계는 왕이 죽어간다며 소리치며 도움을 요청했지만 아무도 응답하지 않았다. 이미 상주성 내의 민간인은 모두 소개疏開된 상태였고, 왕을 환영하던 민간인은 모두 상주성 군인이 변장한 것이었다. 성주가 이미 명을 내려 관여하지 말 것을 지시한 터였다.

성으로 아직 들어오지 못한 왕의 친위군과 귀족 군대 2만은 갑자기 성문이 닫혀 들어오지 못했다. 왕의 오른팔인 이찬 김력이 미친 듯이 성문을 두드리며 성문을 열라고 했지만 대답은 없었다.

백인대 중 하나인 노도는 안남 출신의 병사였다. 안남으로 간 백제 귀족의 노예로 살다가 해방되어 백인대에 들어온 노도는 왕의 호위병을 죽이고 마침내 왕의 가슴에 칼을 꽂았다.

노도는 부모와 형제 여덟이 있었다. 그들 모두 지금은 노예로 있었으나 이제 그는 영웅이 된 것이다. 노도는 왕의 머리에 쓴 관을 빼앗고는 재빨리 백인대와 함께 성내로 숨었다. 상주 성주는 그제서야 백인대를 공격하기 시작했다.

이제와 상주 성주는 이미 백인대를 없애기로 합의한 상태였다. 백인대를 상주 성주가 죽이지 않으면 왕의 죽음에 대한 책임이 성주에게 가고 신라의 내분을 우려한 신라 귀족들이 왕을 죽인 백인대를 모두 없애기로 이제에게 요청했기 때문이었다.

이제는 백인대가 출정하기 전 모두에게 돌아오기 힘들 것이라고 얘기했다. 하지만 백인대 어느 누구도 살아서 돌아오지 못할 거라고 생각한 병사는 없었다. 노도도 마찬가지였다. 노도는 결혼을 약속한 여자도 있고 또 장군이 되고 싶었다.

수천의 상주성 병사들이 벌 떼처럼 달려들었다. 백인대는 미친 듯이 활을 쏘며 표창을 던져 신라군을 막았다. 게다가 성난 왕의 호위대 수백 명도 달려들었다.

노도는 동료 3명과 함께 근처 집을 월담하여 부엌으로 들어갔다. 아궁이 근처 바닥에 문고리가 보였다. 문고리를 열자 4명이 숨을 만한 공간이 있었다. 그곳은 전시에 몸을 피하기 위해 백성들이 파놓은 굴이었고, 그곳으로 숨어든 노도와 동료들은 목숨을 부지할 수 있었다.

백인대 대장 불출은 엄청난 무공을 자랑하는 고수였다. 10명의 신라군이 덤벼들었지만 모두 순식간에 목이 달아났다. 불출과 10명의 동료들은 집을 뛰어넘으면서 도망하다가 후문에 다다른 후 수십 명의 수비병을 죽이고 성문을 열고는 도망했다.

노도와 불출은 상주성 밖 30리에서 대기하고 있던 백제군을 만나 구사일생으로 목숨을 건졌다. 추격하던 상주성 신라 군대는 계곡에서 매복하던 백제군에게 화살 공격을 받고는 바로 회군했다. 이들이 송술성 근처에 다다르자 이제가 신발도 신지 않은 채 마중 나왔다. 이제는 살아남은 백인대 중 20명을 격려하고 모두에게 절을 했다.

한편 당항성에 있던 신라 진평왕은 향후 정국운영을 계산하고 있었다. 지금 신라로서는 고구려와 백제 양 대국 사이에서 혼자 힘으로 버텨낼 수는 없었다. 그러니 북주와 외교관계를 맺고 상국으로 모시고 양 대국을 견제하는 것이 낫겠다고 생각했다. 하지만 지금 고구려, 백제를 모두 적으로 돌리면 신라에게는 자살행위이므로 고구려에 대해 조공을 바치고 역시 상국으로 대접하며, 백제에는 화친을 모색하는 외교전술이 옳다고 생각했다.

이 당시 백제 혜왕은 위덕천황의 명으로 병사 5만을 이끌고 신라의 한강유역으로 진격했다.

진평왕은 진지왕의 승하소식이 전해지자 바로 경주 월성으로 돌아갔다. 고구려에 사신을 보내 왕이 바뀌었음을 알리고 조공사절을 보냈고 백제에 사신을 보내 화친을 제의했다.

혜왕의 대군은 한강 남쪽 신라영역을 모두 점령하고 한강에서 대기했다. 백제 수군이 한강으로 들어오면 바로 한강을 도하하여 한강 이북의 신라 땅까지 모두 점령할 계획이었다. 신라군은 한강과 낙동강을 연결하는 방어선을 구축하고 5만의 병력을 배치시켰다. 고구려 쪽에서는 별다른 움직임이 없어서 고구려 방면 수비군도 대부분 한강 방어전선에 투입시켰다.

신라에서 진평왕이 왕위에 오르니 이름은 백정이요, 진흥왕의 태자 동륜의 아들이다. 어머니는 김씨 만호부인으로 갈문황 입종의 딸이다. 왕비는 김씨 마야부인으로 갈문왕 복승의 딸이다. 왕은 나면서부터 얼굴이 기이하고 신체가 장대했으며, 품은 뜻이 굳건하고 식견이 밝아 사리에 통달했다.

579년, 고구려는 신라의 조공을 받고 남쪽 국경을 튼튼히 했다. 백제 위덕천황은 북주의 세력이 날로 강해짐에 따라 긴장하지 않을 수 없었다.

신라 진평왕은 고구려, 백제 양국에 평화를 요청했다. 양 대국인 고구려, 백제도 신라의 청을 받아들여 서로 침범하지 않기로 했다. 이번 화의에는 신라에서 고구려, 백제 양국에 귀족의 딸을 보냄으로써 고구려는 남부귀족인 사비류가 부인으로 맞고 백제에선 위덕천황이 비로 삼았다.

백제의 아좌태자는 자신의 지위가 혜왕과 법왕에게 밀리므로 돌파구가 필요했다. 근초고천황이나 동성천황 같은 정복군주로서의 전쟁 실력을 귀족과 백성에게 보여줌으로써 태자의 입지를 단단히 다질 필요가 있었다. 그리하여 아좌태자는 고구려에 이제를 보내 동맹을 요청했다. 고구려도 곧 있을 돌궐 토벌에 백제가 후방을 위협하지 않는다는 조건을 달고 동맹에 응했다. 광개토태왕 이후 삼국이 화의에 응한 것이다.

돌궐 정벌전쟁

580년, 고구려 평원태왕은 30만의 정벌군을 일으킨다.

총 7군으로 나누어 제1군은 태원에서 출발하고 대장군 사비얼이 지휘하고 병력 5만이며, 세2군은 요동성에서 출발하고 대상군 온달이 지휘하고 병력은 5만이며, 제3군은 안시성에 출발하고 대장군 협려가 지휘하고 병력은 4만이며, 제4군은 부여성에서 출발하고 장군 을지럭이 지휘하고 병력은 4만이고, 제5군은 신성에서 출발하고 영양왕이 지휘하고 병력은 4만이며, 제6군은 영류왕이 지휘하고 병력이 4만이며, 제7군은 환도성에서 출발하고 평원태왕이 직접 지휘하고 병력은 4만이었다.

고구려군은 일제히 돌궐의 국경을 돌파하여 진격했다. 돌궐은 다급해졌다.

돌궐은 당시 내분을 겪고 있었다. 서돌궐의 타르두야부구는 동돌궐의 타스파르카간을 대칸으로 인정하지 않고 자신이 대칸인 카간처럼 행동했다. 동돌궐과 비교해 서돌궐의 영토는 모자라지 않

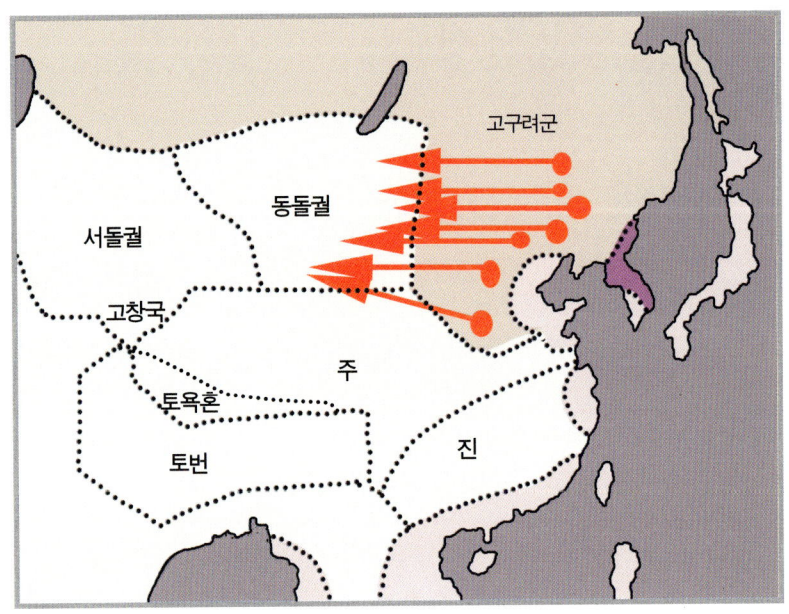
▲ 고구려군 돌궐 침공

고 병사도 비슷한 규모였기 때문에 동돌궐의 타스파르대칸은 더욱 염려되었다. 게다가 동돌궐은 북주가 고구려에 공격받을 때 북주를 구한다는 명분으로 군대를 파견해 오히려 북주의 땅을 상당 부분 점령하고 많은 보화와 미인을 얻은 것이 불과 2년 정도밖에 안 되었다.

 동돌궐은 단독으로 30만 기병을 모집하고 서돌궐에 도움을 요청했다. 물론 서돌궐의 타르두를 카간으로 인정한다는 비공식 문서를 전달했다. 타르두는 20만 기병을 출병시켰다. 타르두의 기병은 밤에 행군하고 낮에는 고지에 진영을 꾸리고 쉬었다. 그런 덕분에 고구려 첩자들은 서돌궐의 지원군이 오는지 정탐할 수 없었.

 평원태왕은 동돌궐과 서돌궐의 미묘한 권력다툼을 이용하여 동돌궐을 정복해 속국으로 두려는 계획이었다. 지난 몇 십 년간 빼앗겼던 천자국의 지위를 돌궐로부터 찾아오려는 계획이었다.

반면 다급해진 동돌궐은 북주에 사신을 보냈지만 북주는 도움을 줄 상황이 아니었다. 백제군이 북주를 침공했기 때문이다.

사비얼의 전사戰死

동돌궐에는 홀지칸이라는 용맹한 칸이 있었다. 그는 타스파르대칸의 형제로 오른팔이자 돌궐군 대장군이었다.

고구려 제1군 사비얼의 5만 대군은 2만이 철기군이고 3만이 기병으로 고구려 정복군 중 최정예 중에 정예였다. 북주를 공격할 때

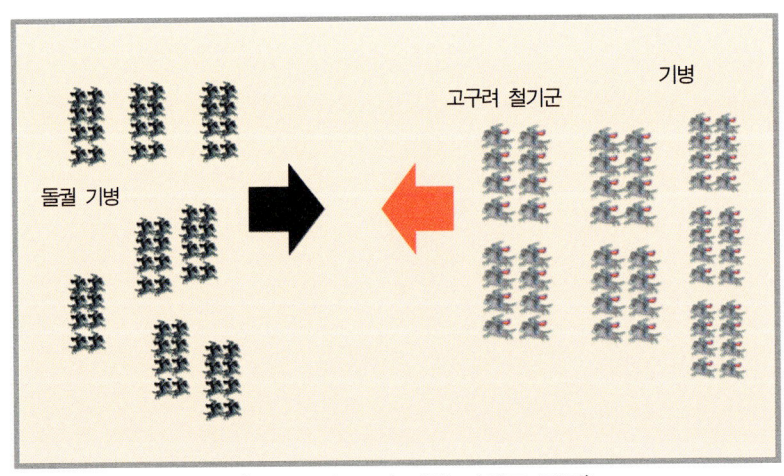

▲ 전투 초기 상황도(철기군이 돌궐 기병 사이로 진격)

도 엄청난 전투력으로 북주군을 격파한 장본인이 바로 이 군대였다.

제1군단은 곧장 돌궐 국경을 돌파하여 동돌궐의 타스파르를 잡기 위해 진격했다. 동돌궐의 전략은 계속 후퇴하면서 고구려군의 보급을 길게 만든 뒤 서돌궐의 지원군이 도착하면 반격하여 고구려군을 격퇴한다는 전략이었다.

사비얼 대장군은 독불장군이었다. 태왕은 온달과 협력하여 타스파르를 잡으라고 명했지만 공명심에다 최강의 군대를 이끌고 있다는 자존심이 사비얼을 오만하게 했다. 사비얼은 곧장 타스파르의 본대를 공격했다. 타스파르는 주력군 6만을 대동한 채 나머지 군대는 각각 고구려 각 군단을 막으러 보냈다. 평원에서 펼쳐진 회전에서 타스파르의 기병은 고구려 철기병에 의해 쑥대밭이 되었다.

타스파르는 기병들을 원형 형태로 만들어서 고구려 철기병을 포위하는 진형을 만들었다. 돌궐 기병들은 고구려 철기병을 원형진 안으로 맞아들였다. 사비얼은 뒤에서 군을 지휘하고 있었는데 돌

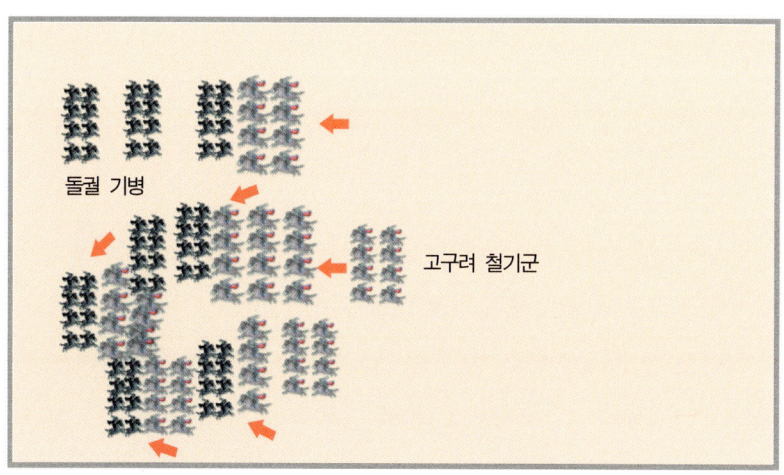

▲ 전투 중반 상황도(고구려 철기군이 돌궐 기병 중앙을 돌파)

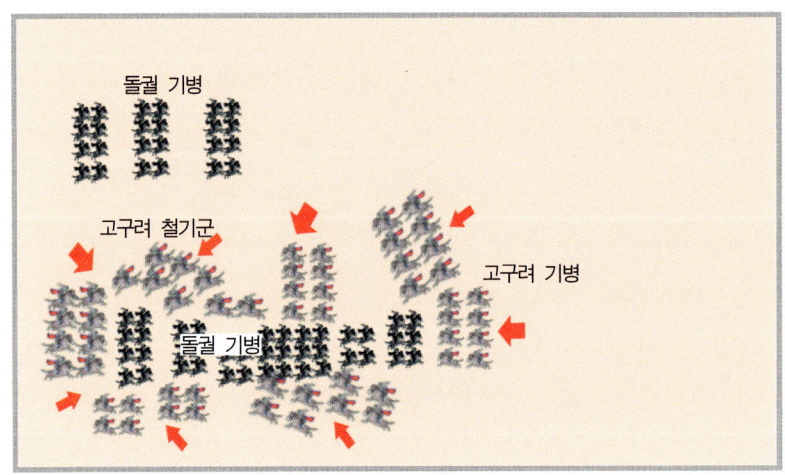
▲ 전투 중반 상황도(고구려 철기군이 돌궐 기병을 포위)

궐군이 원형진으로 고구려군을 포위하는 듯해 보였다. 사비얼은 즉각 원형진의 중앙을 돌파하도록 철기군에 명했다. 3만의 기병은 모두 돌궐군의 오른쪽으로 진격토록 했다.

중앙에 포진한 돌궐 기병은 원래 후퇴하면서 적군을 유인하는 것이 목적이었다. 하지만 고구려군은 한참을 쫓아가다 정지하고는 왼쪽으로 틀어버렸다. 삽시간에 상황이 바뀌었다. 철기군과 기병 사이에 돌궐의 2만5천 기병이 포위되는 형국이었다.

반대편의 돌궐 기병들은 사태가 이상함을 느끼고 철기군의 옆을 치려했지만 철기군은 이미 돌궐군의 우익을 포위해버렸다. 5만의 고구려군에 포위된 돌궐군 2만5천은 삽시간에 수천 명이 죽었다. 철기군은 돌궐군 진형을 마구 무너뜨리며 진격했고 도망하려는 돌궐군은 고구려 기병에 막혀서 오도 가도 못하고 죽어 나갔다. 좌익의 수만 돌궐군은 고구려 철기군을 뚫지 못했다.

3~4m의 창을 들고 버티고 있는 철기군을 돌궐의 경무장 기병은 뚫지 못했다. 우익의 돌궐 기병이 거의 전멸에 가까운 피해를 입고 저항하지 못하자 고구려군이 돌궐군 좌익 기병을 향해 공격하기 시작했다. 돌궐군 좌익은 이미 사기가 꺾였고 타스파르는 퇴각령을 내렸다.

　사비얼은 타스파르의 본영에 입성했다. 유목민족답게 돌궐은 대부분의 중요시설을 이동했었다. 대칸의 본영에는 버려진 무기와 먹다 남은 음식찌꺼기뿐이었다. 사비얼이 타스파르를 추격할 때 고구려는 제2군에서 7군까지 연전연승하며 돌궐의 영토를 1천리나 점령했다.

　돌궐의 홀지칸은 수하의 정예군 3만을 이끌고 사비얼을 막으러 갔다. 마침 서돌궐의 20만 기병이 근처에 도달했다는 보고가 들어왔다. 홀지칸은 사비얼과 교전하면서 사비얼이 총공격하면 퇴각하는 방법으로 고구려군을 유인했다.

　잇따른 승리에 취한 사비얼은 협공을 의논하러 온 온달 대장군의 사절을 무시하고 추격에 나섰다. 50리를 추격에 나서자 고구려군의 대형이 길게 늘어졌고 철기마도 지쳐갔다. 잠시 후 오른쪽에 계곡이 보이고 왼쪽에 강이 보이는 지형이 나타났다.

　그런데 갑자기 홀지칸이 퇴각을 멈추고 대열을 정비했다. 사비얼은 홀지칸이 죽으려고 마지막 발악을 하는 것이라 생각했다. 고구려군도 정지하여 대열을 정비하려는 순간 계곡 위에서 20만 서돌궐군이 뛰쳐나왔다. 게다가 타스파르대칸의 3만 기병도 고구려군의 뒤쪽에서 나타났다.

　사비얼은 순간 함정임을 깨닫고 강으로 도망하려 했으나 강이 너무 깊었다. 배수의 진을 친 사비얼은 조의 3천을 앞세우고 마지막 공격을 감행했다. 26만의 돌궐군이 벌떼처럼 달려들었으나 모든 고구려군은 전부 활을 가지고 있었다.

고구려군이 먼저 활을 쏘고 창을 들고는 돌궐군을 공격했다. 그리하여 수만의 돌궐군이 화살에 맞고 창에 맞아 쓰러졌다. 다음은 칼을 들고 육박전을 벌였다. 고구려 철기군이 뒷심을 발휘해서 돌진해 갔지만 엄청난 인원으로 막는 돌궐군을 돌파하지 못했다.

사비얼은 최후까지 남아서 항전했으나 마지막에 남은 1천의 철기군과 함께 타스파르대칸을 향하여 돌진하다 모두 전사했다. 3천의 고구려 기병은 강을 건너 도망졌다. 돌궐은 7만이 죽었고 사비얼의 5만 최정예 군대는 3천의 기병을 제외하고 전멸했다. 포로는 2천으로 비교적 적었다. 모두 죽기를 각오하고 싸웠기 때문이었

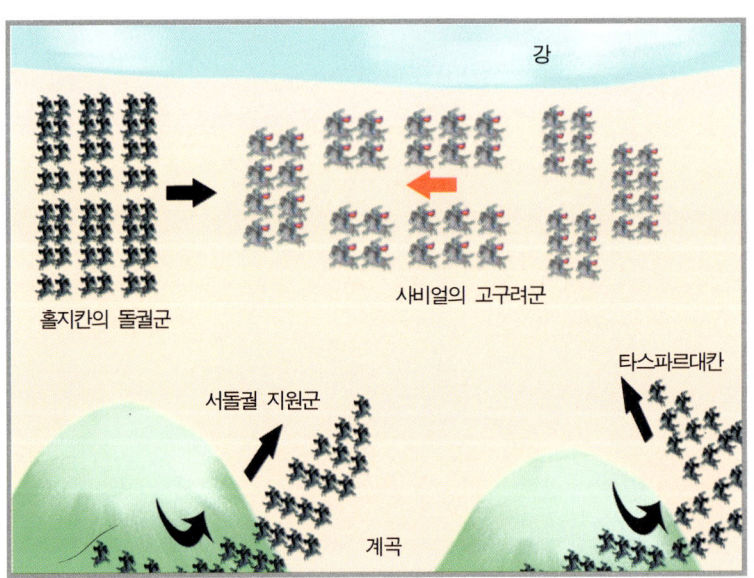

▲ 전투 상황도(포위된 사비얼의 고구려군)

▲ 고구려의 돌궐 침공 후 확장된 고구려 영토
　(고구려는 산서성 평양에서 철수한다)

다. 온달이 이끄는 지원군이 도착했을 땐 돌궐군은 모두 퇴각한 뒤였고, 온달은 수많은 고구려 병사들의 시신을 회수해갔다.

　평원태왕은 타격이 컸다. 7만의 병력과 주요 귀족 20명이 죽고, 대장군 사비얼이 전사하고 왕족도 10명이나 죽었다. 돌궐은 더했다. 15만이 죽었고 왕족과 귀족은 수백 명이 죽었다. 그 후 동돌궐의 타스파르대칸은 사신을 보내 돌궐이 예전의 유연처럼 고구려를 상국으로 인정하겠노라고 했다.

　평원태왕은 진격을 멈추고 사신을 보내, "돌궐은 유연의 조그만 속국이고, 유연 또한 고구려의 속국이었다. 이제 돌궐이 강성하여 유연을 망하게 하고 상국 고구려에 대항했으나 이제 평정되었으니 다시는 상국에 대한 예에 소홀함이 없게 하라"고 명했다.

하지만 돌궐군이 사비얼을 전사시킨 데 대해 고구려도 긴장하지 않을 수 없었다. 그리하여 태왕은 위험한 산서성의 평양성을 버리고 요동반도 북부 평양성으로 이동했다.

북주군이 산서성 평양성에 무혈입성했다.

백제·진연합군의 북주 침공

　백제 위덕천황은 고구려와 돌궐의 대전소식을 전해 듣고 요서와 산둥 청주지역 백제군에 대한 출진령을 내렸다. 형식상 북주의 상국인 돌궐이 고구려에 밀려 힘을 못 쓸 때 공격하는 것이 낫기 때문이었다.
　15만으로 구성된 백제군이 북주에 대한 공격을 시작하는 한편, 남조의 진나라에 협조요청을 보냈다. 진나라도 10만 대군을 보내어 북주 공격에 동참했다. 15만 백제군의 총대장군은 아좌태자가 맡고, 우장군을 이제가, 좌장군을 법왕이 맡았다. 군수물자수송은 혜왕이 맡았고 위덕천황은 아들의 선전을 기원하며 몸소 동청주에 행차했다.
　북주군은 양견을 총사로 20만 대군을 백제 접경에 파견했다. 양견의 둘째 아들 양광이 15만 대군으로 진나라군에 대항해 내려갔다. 업성 근처에서 펼쳐진 북주와 백제 양군의 접전은 그야말로 장관이었다. 백제군은 5백 대의 발석차와 수천의 쇠뇌를 설치하고 철기군 3만이 선두에 섰다. 북주군은 기병이 7만, 보병이 13만으로 기병이 앞장서고 보병이 뒤에 서는 전형적인 전투방식으로 나섰다. 양군의 발석차가 움직이며 수천의 돌과 화살이 서로를 향해 날아들었다. 선두의 양군은 돌과 화살에 쓰러져갔다.

소모전을 3일간 벌인 후 양견이 결단을 내렸다. 새벽에 전군을 이끌고 기습하기로 한 것이다. 양견은 새벽녘에 전군을 이끌고 백제군 진영 5리까지 전진했다.

하지만 아좌태자도 같은 생각을 하고 있었다. 백제군 10만을 이끌고 북주진영에 다가간 것이다. 좌장군 법왕은 백제 진영에서 5만의 군대를 거느리며 지키고 있었다.

아좌태자가 전군 공격령을 내리려 하자 우장군 이제가 만류했다. 양견의 진영에 수비가 허술해 보였던 것이다. 이제는 아무래도 함정일 것이라는 생각이 스쳐갔다. 일부러 허술하게 보인 후 백제군이 공격하면 진영 밖에서 대기하던 북주군이 백제군을 포위 공격하여 섬멸하려는 전략 같았다. 그리하여 서둘러 백제군은 진영으로 돌아가기로 했다.

한편 양견의 20만 대군은 백제군 진영을 기습했다. 법왕은 서둘러 방어태세를 갖추고 북주군과 싸웠다. 하지만 주력 군대가 모두 기습을 하러 떠난 탓에 진영이 급속히 무너졌다. 백제군 진영 여기저기에서 북주군과 백제군의 전투가 벌어졌다. 백제군의 숫자가 생각보다 적자 양견은 조금 불안해했다. 하지만 장군 양소와 우문술이 계속 공격을 주장하여 전군을 투입했다.

아좌태자가 백제군 진영 근처에 다다르자 우장군 이제는 상황을 파악하고, 즉시 백제 철기군 3만으로 하여금 북주군의 후방을 공격토록 했다. 직접 선두에 선 이제와 사병 5천은 엄청난 기세로 북주군을 몰아붙였다. 아좌태자는 기병 5만과 보병 2만을 이끌고 진영 안의 백제군을 구하러 돌진했다.

양견은 함정이라고 생각하고 즉시 양소로 하여금 병력 5만을 주어 아좌태자를 막도록 하고 우문술에게 4만을 주어 이제의 철기군을 막도록 했다. 그리고 나머지 병력은 백제 진영을 빠져나오도록 했다.

하지만 양견이 우왕좌왕하는 것을 가만히 지켜볼 법왕이 아니었다. 법왕은 자신의 사병 5천을 앞세우고 양견을 잡으러 전진했다. 패퇴해 가던 백제 진영의 수만의 백제군도 힘을 내어 양견을 몰아붙였다. 양견이 도망치려 했지만 이제의 철기군이 우문술을 단숨에 격파하고 양견의 측면을 파고들었다. 양소의 군대는 백제 기병에 포위되었고 백제 보병은 양견의 정면에서 돌진해오고 있었다.

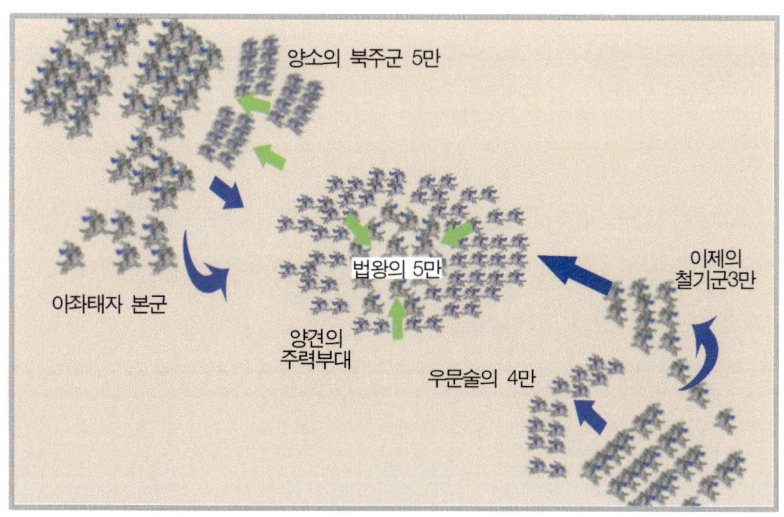

▲ 백제 본영에서 벌어진 전투 상황도

양견은 수하 병사 수천과 함께 도망쳤고 우문술과 양소도 사병 수백과 함께 도망쳤다. 장군 우중문은 사병의 옷을 빼앗아 입고는 땅에 엎드려 죽은 척했고, 백제군은 죽은 병사들을 그대로 내버려 둔 채 양견을 쫓아갔다. 우중문은 백제군이 모두 양견을 쫓아가자 그제서야 낙양으로 도망쳤다.

북주군은 10만을 잃고 백제군은 3만을 잃었다. 북주군의 시체가 너무 많아서 들판이 북주군의 시체로 가득 찼다. 한편 북주군 진영에 무혈 입성한 아좌태자는 수많은 보물을 얻었다.

엄청난 기세로 진격한 백제군은 업성을 포위했고 함락시켰다. 이제는 낙양 공격을 주장했지만 더 이상의 승전보는 아좌태자를 이롭게 할 거라고 생각한 혜왕과 법왕은 귀족들을 동원하여 휴전을 제의했다.

혜왕과 법왕은, "북주가 한번 크게 패전했으나 그 국력이 여전하고 30만 정도로 추정되는 남은 북주군과 전면전을 벌이면 양국의 피해가 막심하므로 그동안에 신라의 역습을 받을 수도 있습니다. 또한 돌궐과 전쟁해서 승전 중인 고구려의 역공을 받을 우려가 있습니다"라고 위덕천황을 설득했다.

게다가 같이 출전한 남쪽의 진나라 군대는 북주의 양견 대장군의 아들 양광에게 연전연패했고, 양광이 군대를 회군해 백제 쪽으로 온다는 보고가 연이어 들려왔다.

마침 양견은 사절을 보내 백제에게 업성과 인근 백제가 점령한 땅을 인정하고, 양국이 화의할 것을 제안하며 엄청난 보물과 함께 법왕에게는 수십 명의 노비와 미인들을 선물로 보내었다. 그리고 법왕을 위해 성 1개를 제공하겠다는 약속을 비밀리에 해주었다.

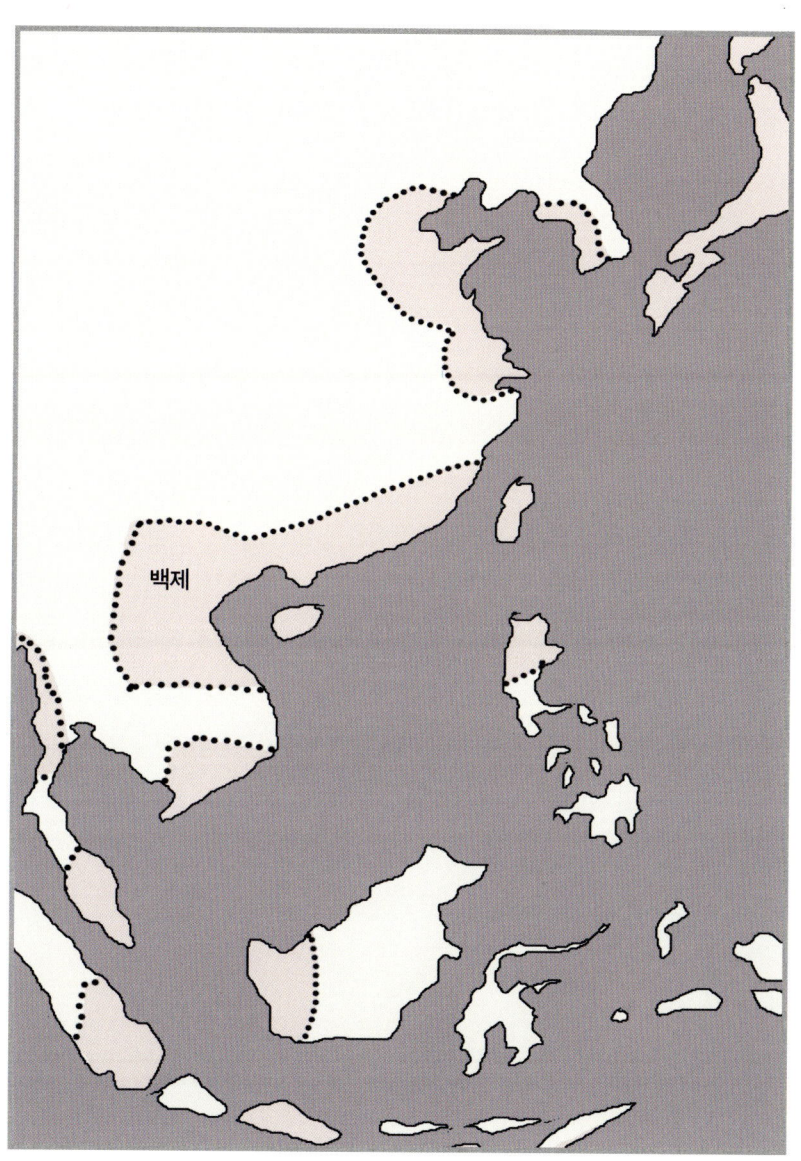

▲ 위덕황제 제위 당시 백제 영역

법왕은 화의 조건에 동의했고 모든 귀족들을 동원하여 위덕천황을 압박했다. 황제는 결국 신라 귀족의 딸인 후궁이 낳은 아들을 왕자로 인정해 주는 조건으로 화친에 응했다. 환갑이 가까운 나이에 낳은 아들을 무강이라 하고 황제는 굉장히 잘 대해 주었다.

나중에 무강천황이 되는 무강왕자는 태어날 때 백제에 혜성이 나타나 20일 만에 사라지는 일이 일어났다. 이를 보고 많은 이들이 무강왕자가 나중에 황제가 될 것이라 예언했다. 그러나 법왕과 혜왕은 무강왕자의 출현에 적잖이 당황했다. 하지만 출신이 진씨 일족의 수장인 좌평 진력의 딸을 어머니로 두고, 병관좌평 진서의 딸을 부인으로 둔 아좌태자에 비해 신라 귀족의 딸을 어머니로 둔 무강왕자를 크게 신경 쓰지 않았다.

그런데 위덕천황이 북주와의 화친의 조건으로 무강을 왕자로 인정하라는 것은 뜻밖이었다. 백제 귀족들은 무강이 태어나자 왕자가 아닌 군주나 제후의 예로 대해야 한다고 주장한 것이다. 그래야 황위 계승 서열에서 법왕에게 밀리기 때문이었다.

백제는 이번 전쟁에서 과거 동성천황이 북위와의 전쟁에서 북위를 깨고 중원의 패자임을 자처했던 것처럼 위덕천황의 군대는 북주를 깨고 중원의 패자임을 공표했다.

돌궐의 내분

580년, 고구려 평원태왕은 북제의 장군 출신이자 고구려인의 후손인 고보녕에게 영주 일대를 맡기고 영주자사 겸 제후에 봉한다. 고보녕은 북제를 멸망시킨 북주에 한이 많은 인물이었다.

그 무렵 돌궐의 영웅 타스파르대칸이 죽었다. 고구려와의 대전에서 패한 후 제국을 돌아보던 그가 죽자 제국은 분열에 휩싸였다.

타스파르는 죽기 전 아들 안로칸에게 카간의 자리를 맡겼다. 하지만 돌궐의 부족장회의에서 안로칸의 대칸승계는 부결되었고 그 대신 유력한 계승자이자 타스파르의 조카인 다로빈이 전면에 등장한다. 다로빈칸과 안로칸은 각자 병력을 동원하여 결전을 불사했지만 결국 부족장들의 중재로 콜로칸의 아들 이쉬바라칸에게 대칸의 자리를 양보하게 된다.

이쉬바라카간은 안로칸에게 제2카간 칭호를, 다로빈칸에게는 아파카간(Apa Qagan)이란 칭호를 주어 단결을 도모했다. 그러나 다로빈은 이에 만족하지 않고 서부 돌궐의 타르두에게 가서 자신의 입지를 확보하려 했다. 이쉬바라의 하툰(可敦, 황후)은 북주의 천금千金공주였는데 가문의 복수를 주장하는 그녀의 영향력으로 돌궐은 수와 전쟁을 하게 되었다.

이 무렵 북주는 양견과 아들 양광이 지난번 백제와의 전쟁에서 패한 책임을 북주의 어린 왕에게 뒤집어씌우고 양견이 왕위에 오른다. 원래 북주왕은 양견의 외손자로 양견은 혈연관계 때문에 주저했으나 독고왕비가 왕이 될 것을 주장하여 결국 등 떠밀리다시피 하여 왕이 되었다.

양견이 북주를 멸하고 수나라를 창업하자 돌궐의 황후가 된 북주의 천금공주가 가만히 있을 리 없었다. 돌궐과의 전쟁은 수나라의 창업주인 문제 양견(재위 581~604)에게 큰 위협이었으므로 돌궐을 분열시키려고 즉시 돌궐 서부의 타르두에게 접근하여 그를 돌궐 카간으로 인정했다. 즉 돌궐에 2명의 대칸이 생긴 것이다.

이는 자연스럽게 동돌궐의 종속국이던 서돌궐을 경쟁자 관계로 끌어올려 준 것이다. 그리하여 이쉬바라카간은 서돌궐과 수나라를 적으로 두게 되었다. 그러나 이쉬바라카간은 우선 나라의 내분부터 정리해야 했기에 동돌궐 내에 있는 다로빈칸의 근거지를 정벌했다.

삼국과 수나라의 전쟁

581년, 백제 유주자사로 임명된 이제와 고구려 영주자사로 임명된 고보녕, 돌궐의 이쉬바라카간은 연합을 결성했다. 백제 위덕천황과 고구려 평원태왕은 돌궐의 이쉬바라카간과의 연합이 썩 내키지는 않았으나 이번 기회에 새로이 창업한 수나라를 점령할 좋은 기회라 생각했다. 게다가 북주왕이 쫓겨 가고 반란이 일어났으니 이 또한 북주의 왕을 돕는다는 좋은 명분도 있어서 이번에 수나라를 단단히 혼낼 생각이었다.

위덕천황은 이번 전쟁에도 아좌태자를 보냈다. 이미 모든 권력은 법왕에게 쏠려 있었고, 법왕의 아버지인 혜왕도 법왕에게만은 힘을 쓰지 못할 정도로 법왕의 권력은 강대했다. 사실상 백제 정권은 법왕의 정권이라고 해도 과언이 아니었다. 아좌태자는 명목만 태자일 뿐 힘을 쓰지 못했다. 법왕은 사사건건 아좌태자의 발목을 잡았다.

이번 백제·고구려·돌궐의 삼국연합군은 규모가 25만으로 백제군 5만, 고구려군 7만, 돌궐군 13만으로 돌궐군이 주축이었다. 이미 북주와의 전쟁에서 이겨본 적이 있는 삼국 군대는 태원에 집결한 뒤 낙양을 향해 전진했다.

수나라는 양견의 둘째 아들 양광을 총사로 우장군 양소, 좌장군 우문술로 하여금 30만의 대군을 모집하여 삼국연합군을 막으러 갔다. 과거 고구려의 수도인 산서성 남쪽 평양성 앞 벌판에서 양군 50만이 넘는 대규모 전투가 개시되었다.

평양성 전투

 이제의 백제군은 철기군 2만, 기병 3만이었고 고보녕의 고구려군도 3만의 철기병과 4만의 기병이었다. 돌궐군은 경무장 기병 13만으로 25만 전군이 모두 기병이었다. 반면 수나라 군대는 9만의 기병과 21만의 보병으로 이루어진 군대였다.

 우장군 양소는 양광에게 평양성으로 후퇴하여 공성전을 하자고 제안했다. 평원에서 펼쳐진 대규모 회전은 수나라 군대에게는 조금 무리한 조건이었다. 또한 평양성은 성벽이 높고 두터우며 고구려군이 예전에 성을 보강하면서 고구려식 산성의 구조를 일부 보강한 덕에 점령이 거의 불가능했다.

 평양성은 장수태왕이 성을 쌓고 고구려의 수도로 선포한 후 백년 이상 고구려의 수도 역할을 하다가 돌궐의 위협과 안원태왕 때 내란으로 힘이 약해진 틈을 타서 중원의 왕조에게 넘겨주었다. 이후 북제가 고구려에 충성을 다함으로써 굳이 뺏으려 하지 않았으나 이번 전쟁에서는 과거의 수도를 찾으려는 고구려군의 의지가 강했다.

 양광은 고구려군이 선두에 있으므로 공성전을 하면 필사적으로 성을 되찾으려 할 것이고, 백제군의 5백 대나 되는 발석차부대로부터 성을 수비할 수 없다고 주장했다. 우문술은 양광의 의견이 일리 있다고 보고 평원에서 대규모 회전으로 승부를 내자고 했다.

 양광은 기병과 주력 보병을 모두 후위에 배치했다. 선두부터 후위까지 총 다섯 겹의 방어진을 치고 목책을 군데군데 설치하고 함정을 팠다. 다섯 겹의 방어진 중 마지막 방어선에는 기병 전군을 배치했다. 양광의 전략은 삼국 군대가 네 겹의 방어진을 돌파하면서 지치면 주력 기병으로 일거에 쓸어버린다는 계획이었다. 네 번째 방어진에는 정예 보병을 배치하여 삼국 군대가 네 번째 방어진에서 지치게 만들려는 계획이었다.

 반면 돌궐의 이쉬바라카간은 자신이 선봉에 서려고 했다. 자신의 전공이 크면 클수록 2인자인 안로카간에 비해 입지가 더 굳어지기 때문이었다. 그러나 안로카간은 자신의 수하 병사 수만 명이 죽는 것을 원치 않았다. 그래서 모든 기병이 수나라 군대를 에워싸고 화살을 쏘면서 적을 지치게 하는 전략을 제안했다.

 반면 이제는 백제가 자랑하는 발석차부대로 적의 주력을 궤멸시킨 후 대규모 철기군이 선두에 서고 그 뒤로 기병이 수나라 군대를 몰살시키자고 제안했다. 그리고 고구려 고보녕은 수나라에 대한 감정이 이쉬바라카간보다 더 나빠 모든 군대가 일시에 진격하여 수나라 군대를 몰살시키자고 제안했다.

 결국 장군들의 회의 끝에 백제의 발석차부대가 먼저 공격하고 그 뒤를 이어 돌궐의 기병이 화살을 쏘며 수나라 군대를 에워싼

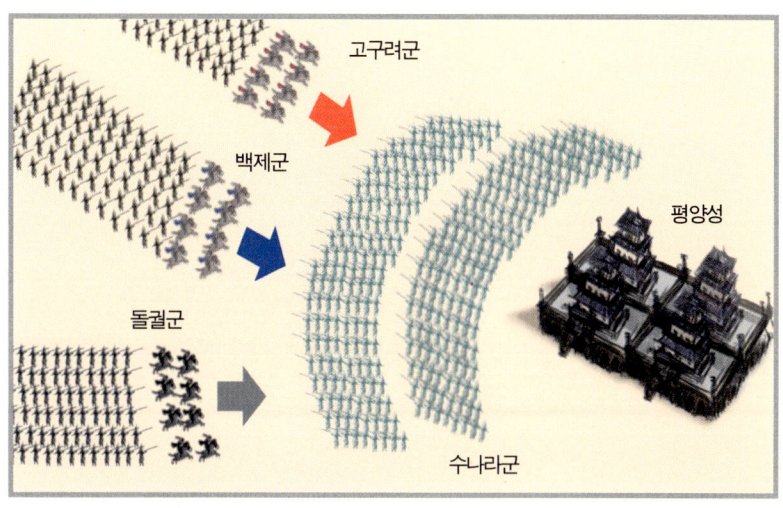

▲ 전투 상황도(연합군의 선공)

후 수나라 군대가 지치면 백제와 고구려의 철기군을 앞장세워 모든 군대가 일시에 공격하기로 했다.

백제군 5백, 고구려군 2백, 돌궐군 1백 대의 발석차가 정면에 배치되었다. 수나라 제1방어선의 보병들은 모두 활을 가지고 있었다. 5만의 제1방어선은 곧 몰려올 삼국 군대를 향해 활시위를 점검하고 있었다. 하지만 몰려온 것은 수백 개의 돌덩이였다. 한 시진 동안 날아온 수만 개의 돌덩이에 제1방어선의 수나라군은 수천 명이 죽었다. 제1방어선에 퇴각령이 내려졌다.

그러자 돌궐의 마상궁병 10만이 수나라 제2방어선 가까이 돌진했다. 제2방어선에는 4만의 수나라 창병이 돌궐 기병의 공격을 막으려고 밀집대형으로 배치되어 있었다. 그 뒤에는 제1방어선에서 후퇴한 수만의 궁병들이 활을 준비하고 있었다. 그래서 돌궐의 기병들은 모두 수나라 군대에 가까이 가지 않고 멀리서 활을 쏘기만

했다. 말을 타고 움직이면서 활을 쏘자 수나라 궁병들이 돌궐 기병을 맞추기가 힘들었다. 반면 정지한 상태에서 활을 쏘고 창을 들고 있는 수나라 군대는 계속 쓰러졌다. 제2방어선도 궤멸 직전이었다. 우문술은 제2방어선에서 버티고 있었지만 희생이 너무 크자 제3방어선으로 후퇴했다.

수나라 군대가 후퇴하는 것이 보이자 백제와 고구려 철기군 5만이 선두에 나서서 진격했다. 그 뒤를 이어 나머지 기병들이 돌진했다. 땅이 울리는 소리에 수나라 군대가 겁을 집어먹고 방어선을 갖추지 못하고 도망하는 병사가 속출했다. 그리하여 양광은 검군 수천 명에게 도망가는 병사들을 사정없이 베라고 명했다. 잠시 뒤, 수나라 군대에 양광의 명령이 제대로 전달되기 시작했다.

제3방어선은 제1, 제2방어선에서 후퇴한 수나라 군대가 정렬하여 백제, 고구려의 철기군을 맞았다. 그러나 미리 파둔 함정과 설치해둔 목책이 철기군을 제대로 막지는 못했다. 함정에 넘어져 죽은 병사도 많았지만 그보다 몇 배나 많은 철기군이 돌격해왔다. 제3방어선은 반 시진도 못 버티고 궤멸당했다.

제4방어선은 최고의 보병과 창병이 대기 중이었다. 앞서 무너진 진영과는 다른 병사들이 버티고 있었다. 철기군도 수나라 군대의 창병 앞에서는 잠시 주춤했다. 하지만 선두에 선 고구려 영주자사 고보녕은 병사들을 독려하며 창병의 우측면을 파고들었다. 이제는 백제 철기군을 이끌고 수나라군의 좌측으로 공격했다. 정면으로 올 줄 알고 버티던 수나라군은 뜻밖의 공격에 당황했다.

양광은 제4방어선이 무너지면 수나라 정예기병만으로는 힘들다고 판단하여 우선 우측의 고구려 철기군 쪽으로 공격했다. 하지만 제4방어선의 중앙을 지키던 수나라군이 양쪽 측면으로 이동하는 바람에 공백이 생기자 돌궐의 안로카간이 중앙군을 이끌고 돌격해버렸다. 가장 큰 공을 세울 수 있는 순간을 알아챈 것이다. 돌궐의 대칸인 이쉬바라카간은 이에 뒤질세라 모든 돌궐군을 이끌고 수나라 중앙으로 돌진했다.

돌궐군의 빠른 상황판단으로 제4방어선은 맥없이 부서졌다. 함정도 목책도 수십만의 기병을 막을 순 없었다. 양광의 기병이 고구려군을 기습하여 큰 타격을 주었지만 안로카간에 의해 방어선의 중앙이 돌파당하면서 양광의 기병은 앞에는 고구려군, 뒤에는 안로카간의 돌궐군에 포위되게 생겼다. 그리하여 양광은 평양성 안으로 들어갔다가 후문으로 퇴각해버렸다.

수나라 군대는 30만 중 보병 10만이 전사하고 8만이 포로로 잡혔고 기병과 일부 보병만이 퇴각해서 살 수 있었다. 평양성에 무

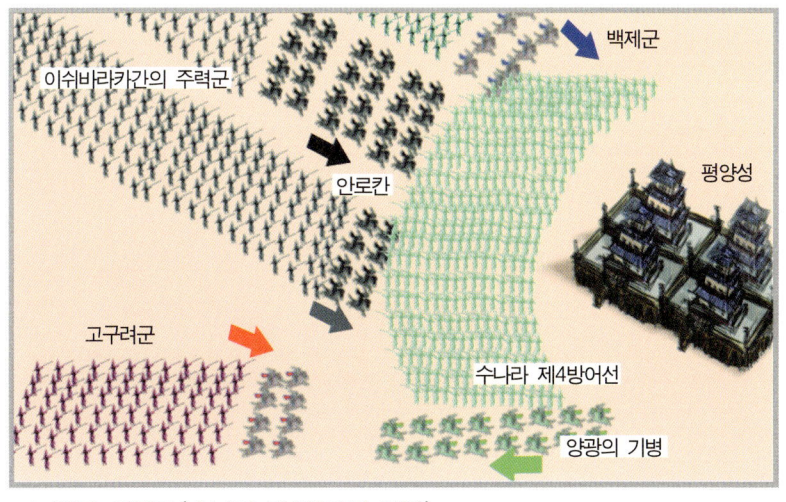

▲ 전투 상황도(수나라 제4방어선 괴멸)

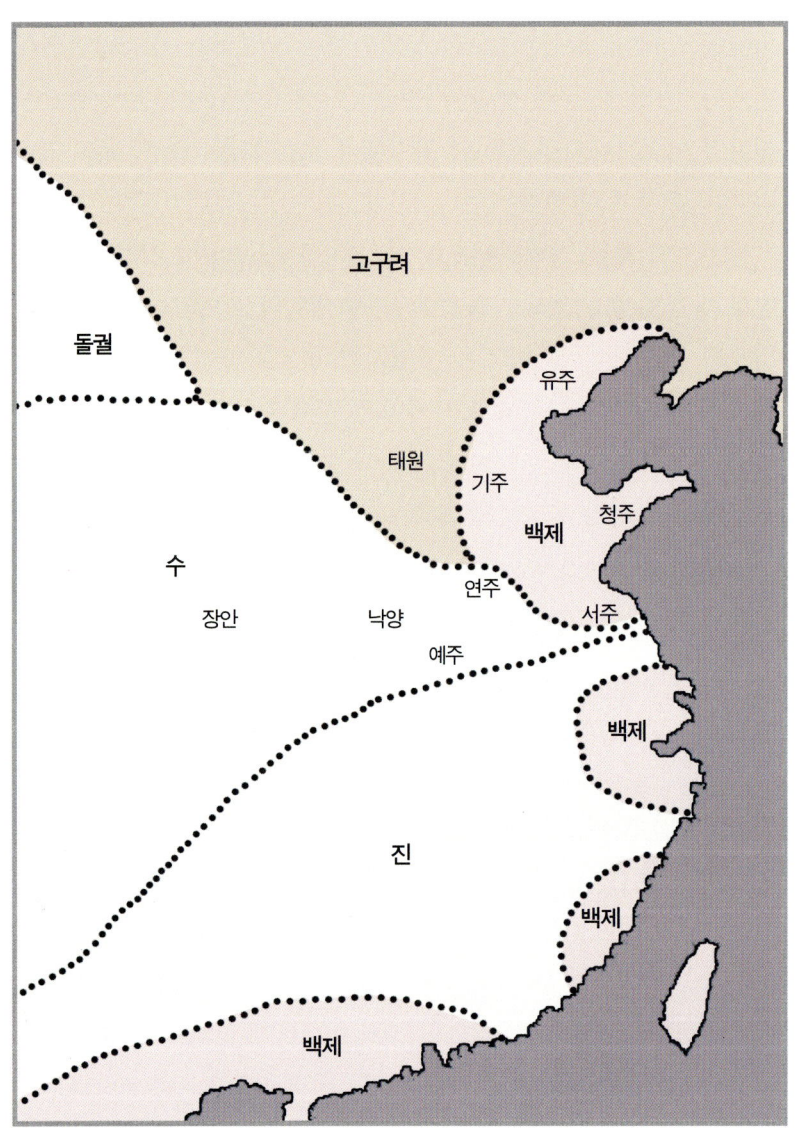

▲ 삼국의 북주 침공 후 분할된 대륙

혈입성한 삼국 군대는 향후 진격방향에 대해 격론이 벌어졌다. 수나라 왕 양견은 백제 위덕천황에게 사신을 보내 화의를 요청했다. 법왕은 비밀리에 많은 보화와 미인, 노비들을 선물로 받고 화의를 황제에게 간했다.

혜왕마저 이번 기회에 수나라를 삼국이 분할해야 한다고 주장했지만 법왕은 수나라와 동맹하여 고구려를 공격해야 한다고 주장했다. 현재 가장 강력한 나라는 아직 고구려이고, 지금 고구려와 전면전을 하기엔 백제의 힘이 부족하니 돌궐과 수나라를 이용하여 고구려를 견제하고 고구려를 친 후에 수나라를 치는 것이 옳다고 주장했다. 법왕은 이미 수나라와의 전쟁에서 몇 번 이긴 터라 자신감이 넘쳤다.

광릉군 일대의 수나라 땅을 넘겨받기로 하고 백제는 화의에 동의했다. 백제군이 평양성에서 철수하고 돌궐과 고구려는 정복한 땅을 놓고 이견이 분분했다. 결국 땅의 대부분을 고구려가 차지하는 데 불만을 품은 안로카간이 돌아가자 이쉬바라카간도 일단 회군하기로 했다. 그러나 고보녕은 혼자 힘만으로는 평양성을 지킬 수는 없다고 생각했다.

삼국, 수나라와 화친하다

582년, 수나라 왕 양견은 고구려와 돌궐 양국에 사절을 보냈다. 고구려에는, "전에 돌궐의 이계찰이 고구려군에 대패했고 고구려 사비얼은 돌궐의 홀지칸에 의해 죽었다. 지금에 와서 돌궐과 고구려가 동맹을 맺고 수나라의 땅을 침범하는 것은 어리석은 짓이다. 신생국 수나라는 강대국인 고구려의 보호 아래 공동의 적인 돌궐을 물리치고 싶다"라고 했다.

한편 돌궐에는, "수나라는 북주의 뒤를 이은 나라이고 북주는 대대로 돌궐에 충성했으므로 수나라 역시 돌궐에 충성할 것이니 우리의 공동의 적인 고구려를 멸하자"고 했다.

그리하여 결국 수나라의 양다리 외교는 천하의 패자 자리를 놓고 다투던 고구려와 돌궐 양국의 동맹을 막아냈다. 수나라 양견은 양국의 틈이 벌어진 때를 놓치지 않았다. 게다가 돌궐은 내분 중이었다.

먼저 둘째 아들 양광과 재상에 오른 양소를 중심으로 고구려 영주자사 고보녕을 토벌하기로 했다. 20만 대군을 일으킨 수나라는 백제에 지원요청을 했다. 동맹관계를 보여 달라는 것이었다. 백제 법왕은 수나라의 요구를 받아들여 대장군 이제에게 유주군사 5만을 이끌고 요동을 견제하라고 명했다. 또한 백제 수군 4만은 요서군에 상륙하여 고구려 수군의 동태를 감시했다. 그때 고구려 평원태왕은 와병 중이었다.

태자인 영양왕이 노발대발하며 대군을 일으키려 했지만 백제군이 요동 근처까지 전진했다는 소식에 요동군 10만은 움직일 수가 없었다. 영주자사 고보녕은 영주성에 파견된 고구려군과 그 일대 거란 용병들을 동원하여 양광의 군대에 대적했다. 하지만 20만의 수나라군에 비해 7만의 고구려군은 고전을 면치 못했다. 결국 고보녕은 평양성을 다시 빼앗기고 영주땅까지 밀렸다.

탁군을 점령한 수나라 군대는 영주성마저 함락시켰다. 고보녕은 돌궐에 지원요청을 했지만 돌궐은 그럴 형편이 아니었다. 고보녕은 백제의 유주자사 이제에게 지원요청을 했다. 이제는 법왕의 이번 정책에 반대했지만 명을 거역할 수 없어서 요동군 근처까지 왔으나 일부러 전진하지 않고 있었다. 이제는 사절을 보내 고보녕을 도울 수 없음을 얘기하고 사과의 뜻을 전했다. 결국 고보녕은 영주성을 포기하고 성 밖에서 백제의 지원군을 기다리던 고보녕은 요동으로 철군했다.

영양왕이 수나라에 대해 분노를 금치 못했으나 태왕이 와병 중이므로 별다른 방책이 없었다. 태자 영양왕은 분노하며 영주를 빼앗긴 고보녕을 유배시켰다. 영류왕을 비롯한 많은 대신들이 말렸지만 태자의 힘을 막진 못했다.

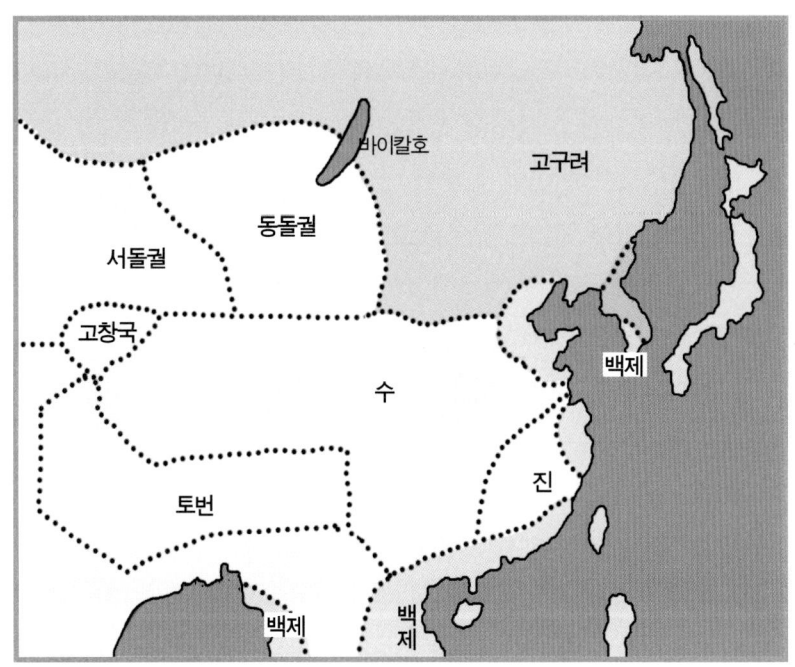

▲ 확대된 수나라 영역

돌궐, 분열되다

582년, 서돌궐의 칸인 타르두가 동부돌궐의 카간을 인정하지 않는다고 선언하여 돌궐은 공식적으로 동서로 양분되었다. 돌궐은 분열되고 북중국은 통일되니 돌궐, 특히 동돌궐의 열세는 분명해졌다. 이쉬바라카간이 서돌궐로 망명한 다로빈의 잔존 세력을 소탕하는 과정에서 왕족과 지휘관들의 심한 반발이 일어났다. 결국 서돌궐의 반격으로 궁지에 몰린 이쉬바라카간은 왕족들이 수나라로 망명하는 바람에 그 권위가 많이 쇠약해졌다.

584년 무렵, 이쉬바라는 서돌궐의 공격을 피해 고비사막을 넘어 수의 영내로 들어갔다. 이에 중국과 동돌궐의 입장은 완전히 바뀌었다. 양견이 돌궐에 파견한 사신 우경칙虞慶則과 장손성長孫晟이 돌궐 조정에서 오만하게 행동했으며 이들은 돌궐 카간이 중국 황제와 부자관계라 못 박고 카간을 수의 신하라 규정하고 돌아갔다.

기록에 의하면, 수문제 양견은 돌궐에 한자의 사용과 중국식 의복 착용을 요구했다. 이쉬바라는 585년에 보낸 답신에서 이를 거절했으나 수에 복속된 동돌궐의 처지가 역력히 드러난다.

"그대의 신하로 조공을 바치고 명마를 드립니다. 그러나 우리 언어를 버리고 중국식 의관을 차리고, 중국 관습을 취하기는 어렵습니다. 돌궐의 관습은 우리의 심장이기에 우리 백성이 매우 민감하기 때문임을 헤아리시오."

백년 이상 지속된 돌궐의 중국왕조에 대한 상국의 지위는 이쉬바라카간에서 상실되었다. 이미 이쉬바라카간이 튼튼한 기반 없이 황위에 오를 때부터 그 일은 시작되었다고 해도 과언이 아니다.

이쉬바라는 안로칸과 다로빈칸의 세력다툼 속에 어부지리로 카간의 지위에 올랐지만 왕족과 군부는 대부분 두 칸의 손아귀에 있었다. 게다가 수나라 정벌전쟁에서 안로칸이 보여준 활약으로 안로칸의 입지는 좋아졌지만 이쉬바라대칸의 입지는 더 좁아졌다.

설상가상으로 다로빈칸이 반란을 일으켜서 그의 입지가 더 궁지에 몰렸다. 게다가 동돌궐에 대해 신하의 예를 보여주었던 서돌궐이 오히려 동등한 위치를 원하자 이쉬바라는 더욱 오갈 데가 없어졌다. 내분과 서돌궐의 공격으로 결국 수나라의 보호 아래로 들어간 것이다.

무강천황

　　579년에 태어난 무강왕자는 태어날 때부터 하늘에 혜성이 20일 동안 머물러 있는 이변이 일어났다. 그의 출생은 위덕천황에게는 큰 기쁨이었다. 또한 아좌태사에게도 큰 힘이 되는 사건이었다.
　　환갑이 다된 나이에 아들을 얻은 위덕천황은 나라 안의 죄수를 방면하고 곳간을 풀어 가난한 백성을 먹이는 등 큰 잔치를 벌였다. 이때 위덕천황의 나이 60세였고, 혜왕은 58세, 법왕은 40세였다. 아좌태자가 42세로 이미 위덕황제의 손자가 무강왕자보다 2살이나 많았다.
　　그러나 백제 권력은 군권을 장악한 법왕에게 있었다. 혜왕은 몸이 약해서 자주 병중인 때가 많았다. 그래서 귀족들 사이에서는 혜왕이 형인 황제보다 먼저 죽을 것이라는 소문이 돌 정도였다. 제국 역사상 황제의 권위가 어떤 황제보다 추락했고 조카인 법왕은 그 기세가 황제를 초월했다.
　　한편 오랫동안 백제에 종속적이었던 중국 남조왕조는 내분으로

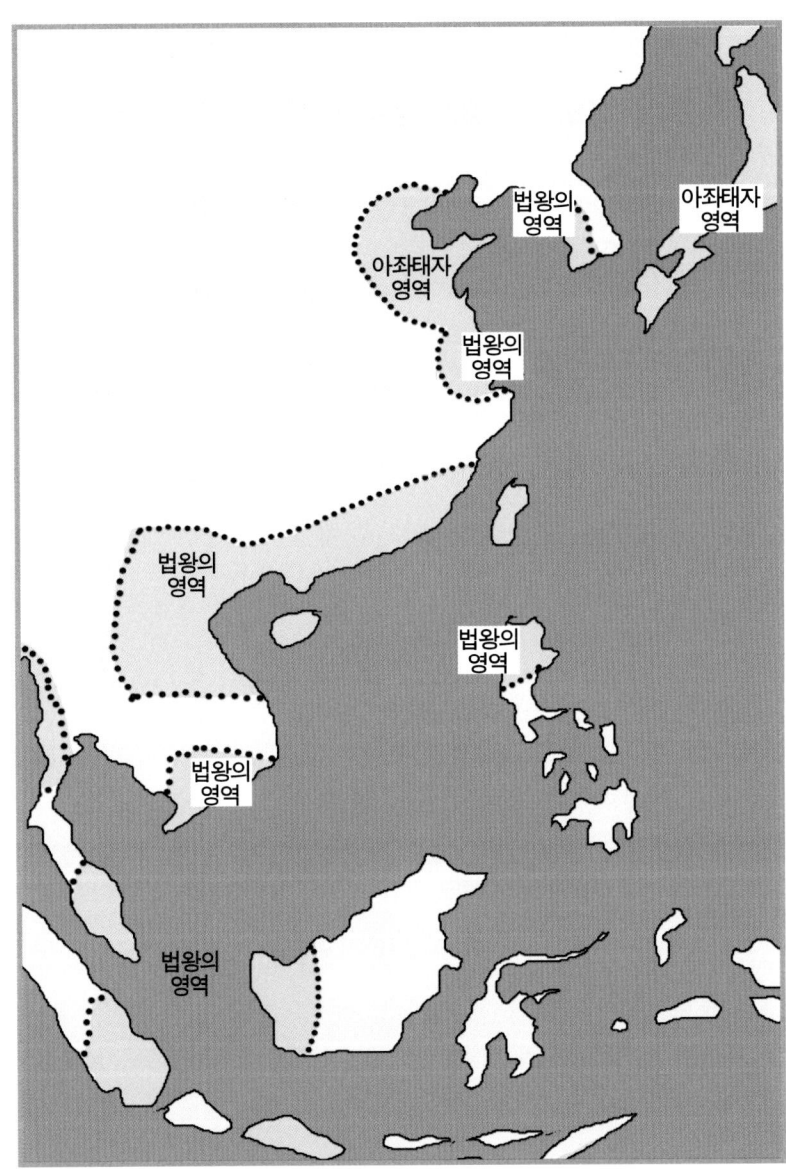

▲ 법왕과 아좌태자의 지지 세력 분포

자신의 나라조차 지키기 힘들었다. 북조의 왕조는 전통적으로 백제보다 약한 나라였으나 수나라는 이전의 북조왕조와 달랐다. 게다가 수나라와 국경을 접한 고구려와 돌궐은 그 힘이 예전 같지 않았다. 고구려가 추군과 세군의 내분으로 엄청난 땅을 잃고 힘이 약해진 것처럼 돌궐은 동돌궐과 서돌궐로 갈라지고, 세력이 더 강한 동돌궐은 내분으로 대칸이 수나라에 의탁하는 일까지 벌어졌다.

당시의 국제 정세는 고구려, 수나라, 백제, 서돌궐, 동돌궐, 진, 신라 등의 순으로 백제는 오랜 정적인 고구려에 맞서기 위해 수나라와 동맹을 맺거나 아니면 돌궐과 손을 잡아야 했다. 그런데 오랜 동맹관계였던 돌궐은 칸이 바뀌고 나서 힘이 약해져 동맹을 맺을 상대가 없었다.

돌궐의 붕괴로 이제 아시아의 천자 자리를 놓고 고구려, 수나라, 백제가 다투게 되었다. 전통의 강국 고구려, 백제와 신흥강국 수나라의 삼파전이 된 것이다.

587년, 이쉬바라카간이 사망하고 동생 막하莫何가 카간으로 즉위했다. 막하는 서돌궐로 망명한 다로빈을 생포하여 참수했으나 얼마 되지 않아 사망했다. 뒤를 이어 이쉬바라의 아들 툴란(都藍, 재위 587~600)이 카간이 되었으나 이에 막하카간의 아들인 계민이 반발했다.

수나라는 전형적인 이이제이以夷制夷의 수법으로 그들의 상국인 돌궐을 굴복시키고 자신들의 신하국으로 만들었다.

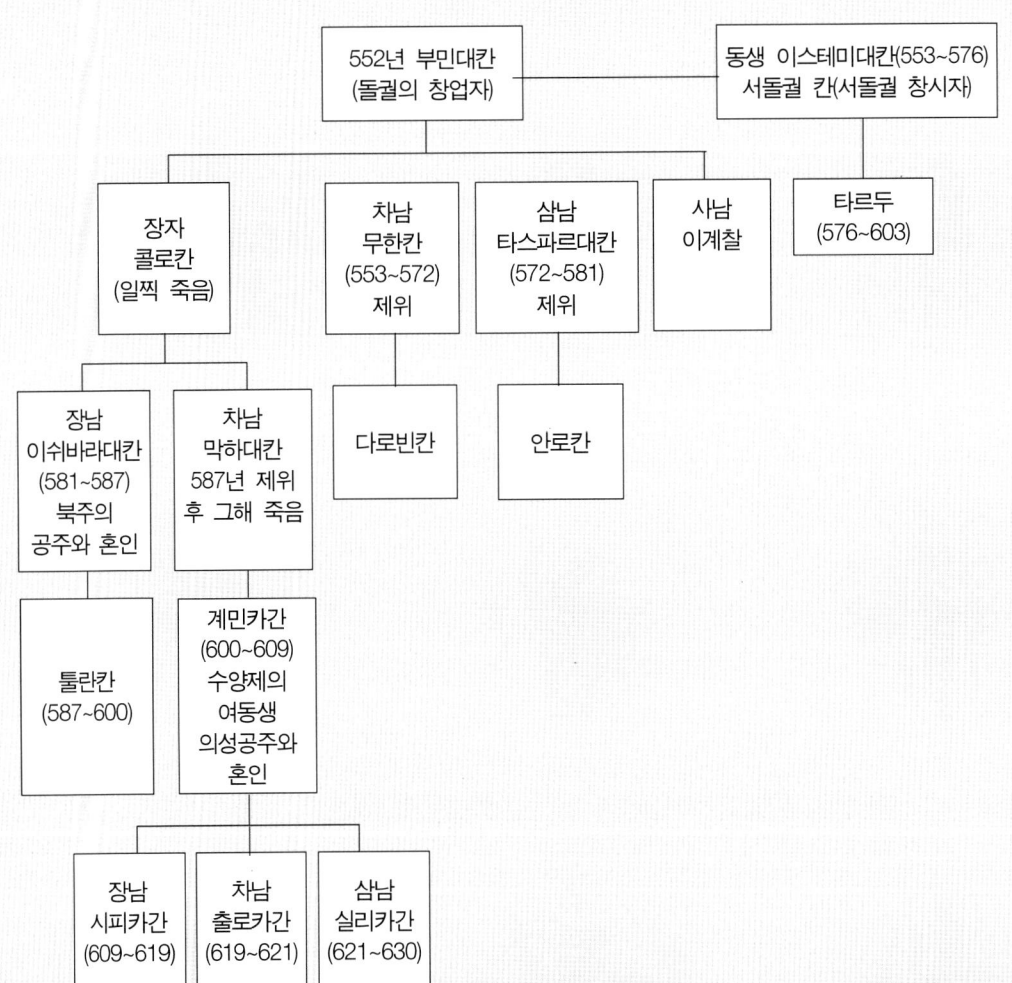

신라의 부흥

584년, 신라 진평왕은 연호를 건복으로 바꾸고 국가의 내실을 다져 과거 진흥왕이 이룩한 영광을 다시 재현하려 한다.

588년, 진평왕은 백제 위덕천황의 쇠약과 법왕의 권력찬탈 시도를 알고 백제의 내분을 틈타 대륙의 낙랑군 공격의지를 다진다.
이 무렵 권력을 장악한 법왕은 위사좌평, 병관좌평, 내신좌평 등 주요 좌평을 모두 자신의 사람으로 앉힌다. 군권은 8~9할이 법왕의 손아귀에 있었고, 백제의 만 리 영토 가운데 8할 이상이 법왕의 주변인물로 채워졌다. 각 지방의 왕과 제후, 군주, 지방 군대의 수령 등 모두가 법왕의 인물로 채워졌다.
해씨 세력과 사씨, 국씨 등 주요 백제 귀족들은 모두 법왕에게 충성을 맹세했고, 아좌태자의 장인이 좌장인 진씨와 법왕에게 항거했다가 몰락한 연씨, 목씨 등이 아좌태자의 편을 들었으나 그 힘은 미약했다.

당시 수나라의 왕 양견은 남조의 진나라를 멸망시키고 명실상부한 황제국이 되고 싶은 욕심에 병사들을 양성하고 있었다. 돌궐은 이미 수나라에 복속되었으나 북방의 대국 고구려를 견제하지 않을 수 없었다. 진나라 멸망에 약 30만의 병력이 동원될 거라고 예상하지만 텅 빈 나라 안에서 내분이나 고구려의 공격이 있으면 큰일인 것이다.

양견은 동맹국 백제를 이용하기로 했다. 법왕에게 사신을 보내 함께 고구려를 공격하자고 제안했다. 백제가 고구려의 요동을 공격하면 수나라는 고구려의 속국인 거란을 공격하여 고구려의 배후를 위협하겠다고 했다.

〈당시 아시아 각군의 군병력(추정)〉

나라	병력
수나라	50만(기병 10만, 보병 40만)
고구려	40만(거란, 말갈, 몽고 등 제후국 병사 포함; 기병 20만, 보병 20만)
백제	35만(유주, 청주, 광릉, 가야, 왜, 안남, 흑치, 남방 백제 식민지군 포함; 기병 15만, 보병 20만)
진나라	25만
동돌궐	15만(전군 기병)
서돌궐	10~15만(전군 기병)
토욕혼	10~20만
신라	8만(기병 2만, 보병 6만)

법왕은 양견의 제안에 응하기로 했다. 위덕천황은 지금 수나라가 진나라를 위협하는 상황이므로 혹시 고구려를 우리가 견제하길 바라는 의도가 아니겠느냐며 반대했지만 대신들의 찬성으로 어쩔 수 없이 동의한다.

수의 진나라 합병

　수나라 양견은 동돌궐의 툴란카간에게 거란을 견제하도록 요청한다. 툴란카간은 10만의 군대를 거란 접경으로 이동시킨다. 거란 주둔 고구려군은 태왕에게 소식을 전하고 지원을 요청한다.
　백제 유주자사 이제는 유주군 10만을 이끌고 요동군으로 출병했지만 이제는 고구려와 싸우고 싶지 않았다. 게다가 법왕의 명은 더욱 듣기 싫었다. 하지만 감시하러 온 법왕의 측근들을 속일 수 없어 어쩔 수 없이 출병했다.
　고구려는 이때 586년에 임시 수도였던 만주의 환도성에서 한반도 평양 장안성으로 수도를 이동하고, 제국의 영토를 정비하며 군제개편 및 군을 양성하고 있는 시기였다. 평원태왕이 와병 중이라 태자 영양왕이 정사를 돌보고 있었다.
　고구려의 입장에선 남쪽의 진나라는 동맹국으로서 수나라를 견제하기 좋은 위치에 있었다. 그러나 수나라가 직접 병력을 동원하지 않고 돌궐과 백제군을 이용한 것이 영양왕에게는 수나라가 진나라를 정벌하는 것이 아닌가 하는 의구심이 들게 했다.

587년, 문제는 그의 보호국으로 강릉(호북성)에 도읍을 정하고, 남조 양의 황실 자손이 다스리던 후량을 멸망시켰다. 또한 589년, 그의 차남인 진왕 광(양제)을 행군원수行軍元帥로 삼아 남조의 진을 멸망시켜 통합함으로써, 동진의 남천南遷 이래 317년에 걸쳤던 중국 분열에 종지부를 찍었다.

기록에 의하면 수문제의 치세는 개황(開皇, 581~600)과 인수(仁壽, 601~604) 두 연호로 이루어진다. 개황시대에는 고경, 소위 등의 명재상을 중용했고, 문제 자신도 정치에 힘썼으므로 '개황의 치治'라고도 한다.

이 시기에는 행정·군사 양면에 중앙집권을 강화하는 여러 획기적 정책을 실행했다. 남조에서는 이미 양나라 말엽에 양자강 중·상류지역을 북주에 빼앗겨 수나라가 이를 계승했으므로 진나라는 양자강 하류지역 일대를 근거로 삼는 데 그쳤다.

수나라는 진왕 광(뒤에 양제)을 행군원수로 하고 고경이 작전을 지도하여 30만 정벌군을 일으킨다. 진왕 양광은 15만 대군을 이끌고 후량을 거쳐 남진하고, 고경은 15만 대군으로 남경을 포위한다. 남경의 위쪽과 아래쪽에 있던 백제군은 국경을 강화하며 움직이지 않았고, 광릉과 광양군 태수들이 법왕에게 소식을 전하고 진나라를 도울 것인지 의견을 구했다.

진나라에는 백제와 신라의 사신이 와 있었다. 진나라는 수도 인근에만 왕의 영향력이 미칠 정도로 힘이 약해져 있었다. 해안지방

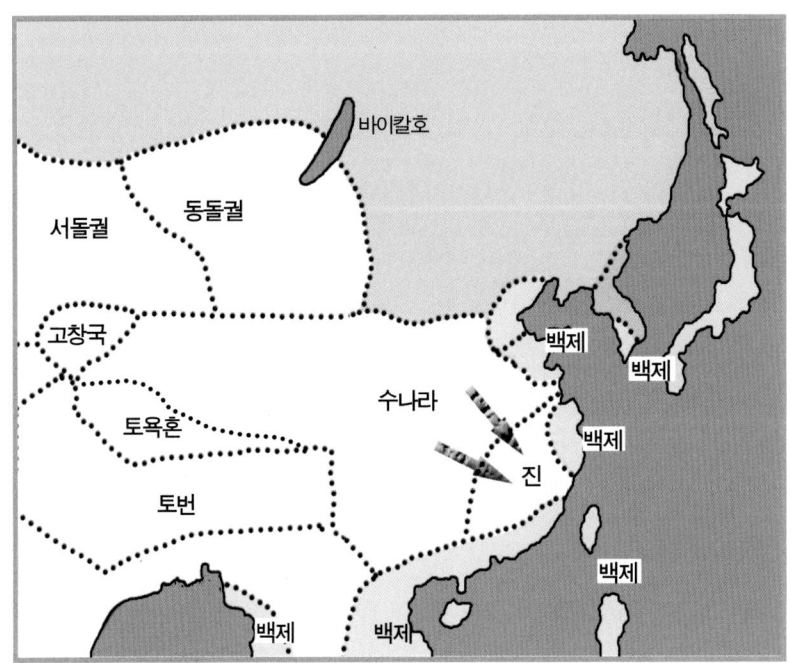

▲ 수나라군 진격로

은 백제군이 차지하고 남부지방조차도 백제의 군대가 상주하고 있었다. 서부 변경은 이미 수나라에 포위되어 있었고 동맹국인 백제의 힘이 없으면 지탱해 나갈 수가 없었다.

법왕은 수나라의 진나라 침공을 묵과했다. 위덕천황이 병사를 보내 진나라를 도와주라 했지만 이미 황제의 권위는 안중에도 없었다. 혜왕조차도 아들인 법왕의 독선에 반대하며 오랜 동맹국인 진나라를 도와주라 했다. 법왕은 그제야 수군 3만을 보내 진나라 수도 남경으로 급파한다.

진나라 왕은 백제 수군이 강을 거슬러 수도로 진입하자 그제서야 안도하고 항전의지를 다진다.

제2부
백제, 다시 강국이 되다

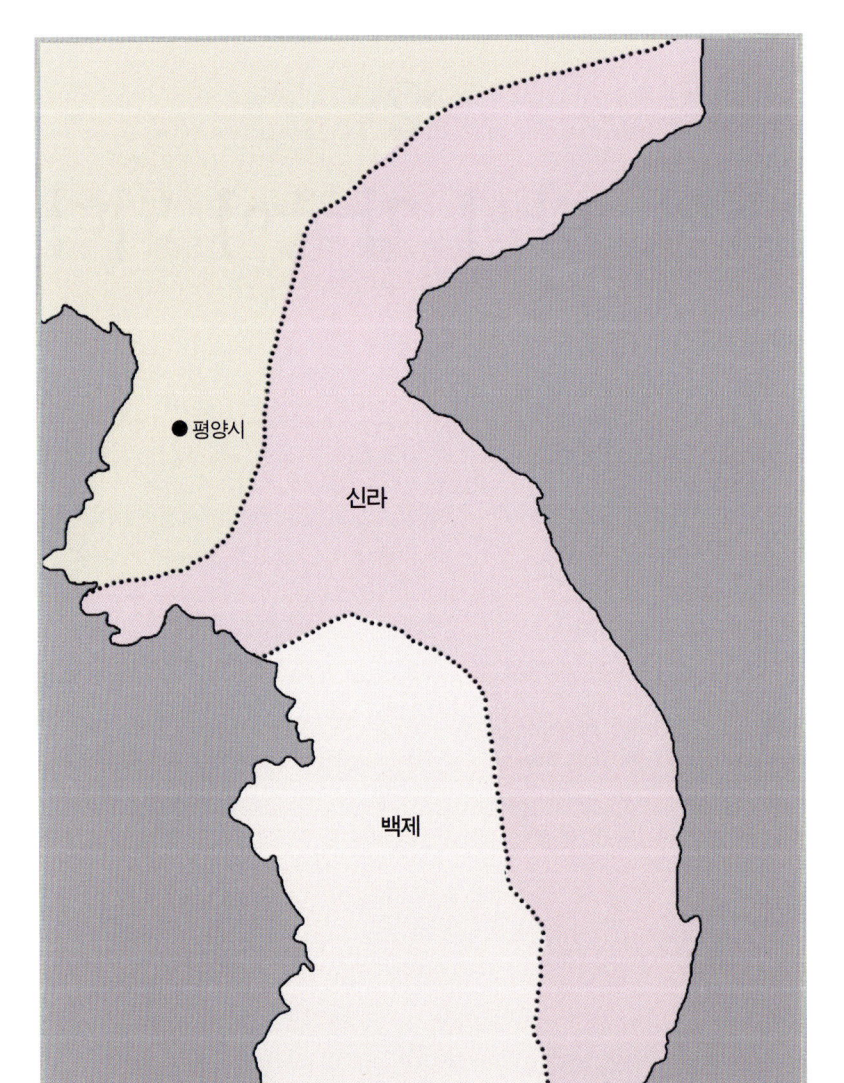

신라의 낙랑군 합병

　신라 진평왕은 즉위 후 고구려에 조공하고 백제와의 굴욕적인 화친과 동맹을 통해 나라를 부강하게 할 기틀을 마련했다. 군대의 양성도 이루어졌고 화랑을 통한 유능한 상교 보급도 원활해졌다.
　신라는 각지에 파견된 첩자를 통해 고구려, 백제, 수나라, 돌궐, 진나라의 형편을 알아보던 중 최고의 기회를 포착했다.
　한강 앞을 통제하던 고구려 수군은 백제군의 요동 이동으로 요동반도로 갔고 고구려 육군 또한 한강 이북에서 자취를 감췄다. 전부 돌궐전선으로 이동했기 때문이다. 게다가 신라의 서부 변경을 노리던 백제 육군도 요서와 광릉군으로 급파됐고, 가장 중요한 백제 수군 3만이 진나라를 돕기 위해 남경으로 파견되었다. 또한 수나라 군대의 대부분이 진나라 정벌에 나섬으로써 신라는 영토확장을 할 수 있는 계기가 된 것이다.
　신라 진평왕은 해군력이 약해 중국과의 교역과 진흥왕이 왜에 개척한 식민 도시들과의 소통이 원활하지 못함을 원통하게 생각하

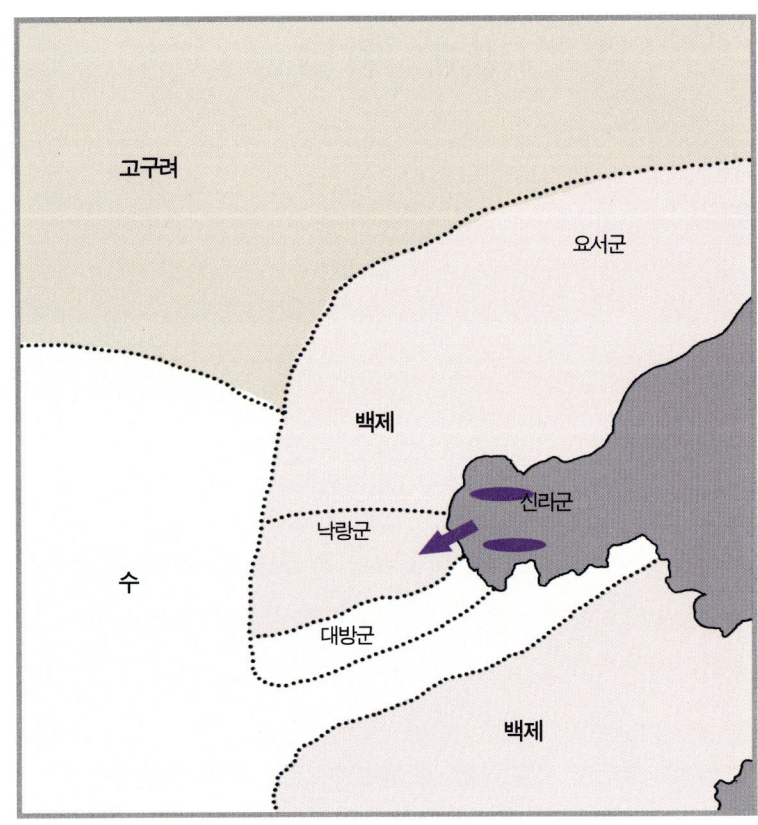

▲ 신라군의 낙랑군 침공

고 수군 증강에 힘썼다.

 즉위 후 수년간 노력한 끝에 대규모 해군력을 보유하게 된 신라는 3만의 수군을 동원하여 무주공산이 된 대륙의 낙랑군에 상륙한다. 낙랑군에 주둔 중인 백제군은 대부분이 유주자사 이제와 함께 요동 공략에 들어갔기 때문에 성들이 수비병 약간을 제외하고는 방어가 되어 있지 않았다. 고구려 수군과 백제 수군이 제자리만 지켰어도 신라 수군은 낙랑까지 올 생각은 꿈에도 못했을 것이다. 진평왕은 장군 김용춘, 귀산, 취향, 김서현 등 쟁쟁한 장수들을 총동원했다.

후한서의 기록을 참조하면, 한나라 당시 낙랑군의 세력이 18성城, 6만 1,492호戶, 257만 50명이었다고 기록되어 있다. 수백 년이 지났지만 백제 통치 당시 낙랑군의 인구가 2백만이 넘는 것은 확실하다.

각 성에는 천 명도 안 되는 수비군이 있었다. 해안지방에는 더 적었다. 설마 백제의 강력한 수군을 무시하고 낙랑군에 공격할 나라는 없다고 생각한 것이다. 백제는 동맹국인 수나라가 낙랑군을 공격할 리 없으므로 안심하고 병력을 뺀 것이다.

전투는 오래가지 않았다. 신라군은 전광석화처럼 각 성을 점령했다. 낙랑군의 수비병을 모두 합치면 1만5천도 안 되기 때문에 감히 들판에서 신라군과 정면승부할 생각을 못했고 성들은 각개격파 되었다.

신라 장군 중의 도도는 과거 백제의 성명천황을 암살한 바로 그 병사였다. 나이 환갑이 넘어서 장군의 반열에 오른 그는 낙랑군 남쪽 대방군에 가까운 성을 3천의 병력으로 공략하게 되었다. 대방성이라 불린 이 성에는 신라 진지왕을 암살한 노도가 성주로 있었다. 도도는 성 가까이로 진군하면서 성주의 이름을 듣자 이를 갈았다. 신라의 왕을 암살한 놈을 이제 자신이 징벌하게 되었다면서 좋아했다.

노도는 수하 병사가 1천도 안 되었기 때문에 평야에서의 회전은 생각하지 못했다. 일단 공성전을 생각하고 근처 잠현성을 지키던 예전의 상관 불출에게 지원병을 요청했다. 불출 또한 공로로 장군이 되어 성을 맡고 있었다. 불출은 예전의 백인대를 주축으로 정예

병사 300명을 훈련시켜 두었었다. 5백의 병사는 성을 지키고 불출은 직접 300의 병사를 이끌고 노도를 돕기 위해 출진했다.

도도와 아들 영걸은 노도의 대방성을 포위하고 항복할 것을 권유했다. 하지만 노도는 일기토를 제안했다. 자신이 지면 성을 내놓고 떠나겠으며 자신이 이기면 물러가라고 했다. 노도가 성문을 나와 소리치자 도도의 아들 영걸이 모욕을 참지 못하고 뛰쳐나갔다.

영걸은 노도에게 노비 출신으로 장군이 된 주제에 자신의 아버지를 모욕했다며 야단쳤다. 노도는 오히려 화를 내며 황제를 배신하고 죽인 속국 신라왕의 부덕함과 그에 앞장서 성명천황을 암살한 도도를 비난했다.

말 위에서 둘은 반 시진을 결투했으나 승부가 나지 않자 말에서 내려 또 반 시진을 싸웠다. 노도는 양손에 칼을 쓸 줄 아는 사람이었으나 영걸은 칼과 방패를 양손에 들고 싸웠다. 노도의 칼을 방패로 막은 영걸이 방패로 밀자 노도가 옆으로 밀리면서 돌부리에 걸려 넘어졌다. 영걸이 칼을 들어 내리치려 하자 노도가 오른쪽으로 피하며 오른손의 칼을 던졌다. 던진 칼에 목을 스친 영걸은 목을 부여잡고 쓰러졌다.

이때 아들의 위험을 본 도도가 궁수들에게 활을 쏘도록 지시하여 노도가 뒤로 물러났다. 그때 부장들이 영걸을 구해냈다. 신라장군 도도는 일단 병사들을 철수시켰다. 기세가 눌린 병사들로 이기기는 힘들었다.

그날 밤 마침 초승달에 안개가 끼었다. 새벽녘 불출의 3백 무사들은 신라군 진영 가까이 다가갔다. 노도도 수하의 날랜 병사 7백인을 대기시켰다. 불출의 신호로 1천의 백제군이 신라 진영을 급습했다. 신라군은 즉시 일어나 전투태세를 갖추었지만 불출의 무사들은 그 칼솜씨가 남달랐다. 3~4명의 신라군이 불출의 병사 1인을 당하지 못했다. 해가 뜰 때까지 지속된 전투로 신라군은 도도가 죽고 영걸은 부상당한 채로 달아났다.

도도의 목은 노도가 취하여 유주자사 이제에게 보내지고 아좌태자에게 전달되었다. 아좌태자는 도도의 목을 성명천황의 사당 앞에서 불에 태우고 황제의 영혼을 위로했다. 황제의 암살에 관여한 신라군 중 몇몇은 늙어서 죽었지만 도도처럼 백제군에 붙잡혀 죽은 자도 몇 있었다.

요동성 앞까지 진출해서는 계속 법왕의 요동성 공격을 무시하던 유주자사 이제는 서둘러 낙랑군지역으로 돌아오려 했다. 하지만 고구려의 태자 영양왕이 국내성의 군대와 동부지역 군대 10만을 이끌고 요동반도로 오는 바람에 군대를 빼지 못하고 요하 서쪽 요

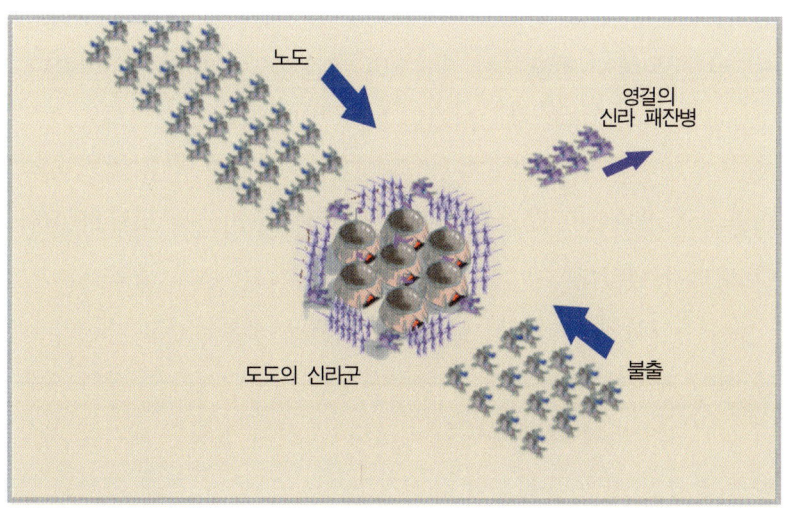

▲ 전투 상황도

서군에 군대를 집중 배치시킨다. 결국 낙랑군 전토가 신라군에 점령될 때까지 백제군은 힘을 쓰지 못한다.

이번 영양왕의 이러한 공격적인 군대배치는 이유가 있었다.

신라 진평왕이 고구려에 사신을 보내 요동을 공격하는 백제군을 뒤에서 기습하여 고구려를 돕겠다는 내용의 서신을 보낸 후 신라가 행동으로 보이자 영양왕이 그 답례로 백제를 견제하기 위해 군대를 이동한 것이다.

낙랑군의 주요 성은 모두 함락되고 백제의 주요 곡창기지였던 낙랑군이 신라에 넘어가면서 백제의 조정에서는 엄청난 소용돌이가 몰아쳤다. 이번 낙랑군을 잃은 데에는 한강 앞을 지키던 백제 수군을 요동반도로 돌린 법왕의 책임이 크지만 어느 누가 실권을 가지고 있는 법왕의 잘못을 지적할 수 있었겠는가.

법왕의 측근인 장인 내신좌평 해금명, 위사좌평 흑치원, 병관좌평 국사력 등은 일제히 유주자사 이제의 책임이라고 몰아붙였으며, 낙랑군 태수 찬도류는 본국으로 소환된 후 참형에 처해졌다. 찬도류도 아좌태자의 측근이었던 탓에 법왕은 재고의 기회도 주지 않았다. 대방군 태수 양명은 그나마 대방군에 속한 성을 지킨 탓에 목숨을 부지했지만 태수직에서 물러났다. 그 자리는 법왕의 처남인 해려가 맡았다.

유주자사직에서 박탈된 이제는 본국으로 소환되었고 가문이 대를 이어 황실에 충성한 점과 동성천황을 지키던 근위대장의 후손인 점이 감안되어 왜로 유배를 떠났다. 그러나 법왕은 해적을 가장한 사병 1천 명을 동원하여 유배지로 가는 배를 습격해 이제를 암살한다. 한편 이제의 아들 은솔 이현은 위덕천황의 배려로 요서군

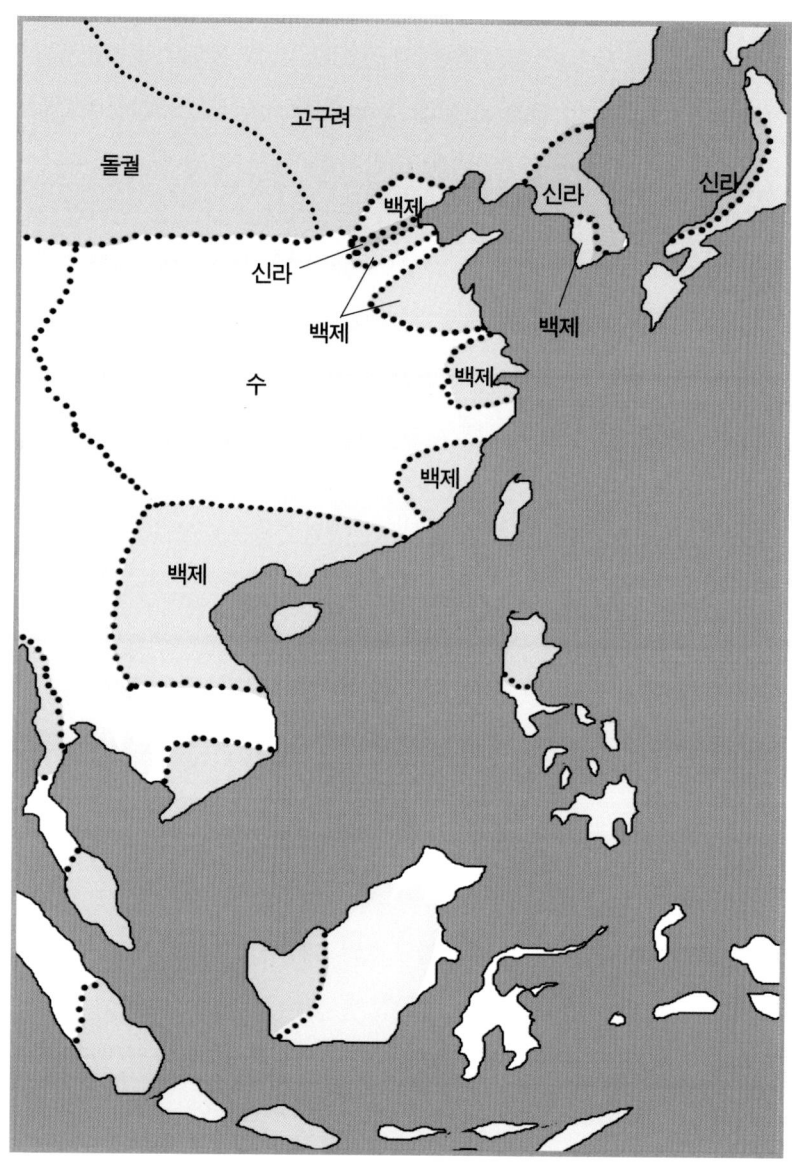

▲ 신라 최전성기 때의 영토

태수직을 맡게 된다.

진나라 수도 남경에 파견된 백제군은 즉시 회군하여 대방군으로 이동한다. 신라군이 대방군 쪽으로 남하할 가능성도 있기 때문이었다. 백제군이 철수하자 남경의 진나라 왕은 절망에 빠졌다.

수나라 양광은 진나라의 남부지방을 평정하고 남경을 포위한 고경과 합세한다. 이듬해 수도 건강(지금의 남경)을 점령하여 멸망시켰다. 이리하여 중국은 3세기 만에 통일되었다.

586년, 수도를 한반도 평양으로 옮기고 대대적인 국가정비에 들어간 고구려는 태자 영양왕을 중심으로 전군의 개혁과 귀족 세력 탄압, 황권강화에 힘을 기울였다. 대외적으로는 신라로부터 조공을 받고 북쪽의 실위, 흑수 말갈, 남쪽의 거란에 대한 지배권을 강화했으며 서쪽의 돌궐을 주적으로 삼고 남쪽의 수나라를 가상의 적으로 대했다. 돌궐이 수에 항복한 후 수나라가 제1주적이 되었다. 백제와 수나라가 연합하여 고구려를 남쪽에서 압박하고 있었으므로 여러모로 좋지 않은 상황이었다.

589년의 전쟁으로 고구려는 별다른 피해를 입지는 않았으나 남조의 진나라가 수나라에 멸망함으로써 그동안 수나라가 고구려에 대해 저자세를 취하던 것이 일순간에 달라졌다.

그해 10월, 고구려 평원태왕이 서거하고 태자 원이 영양태왕으로 즉위했다. 수문제는 영양태왕에게 '상개부의동삼사 요동군공'이란 표를 올리고 축하했다. 허나 이는 허울뿐인 축하라서 영양태왕은 이를 괘씸하게 생각했다.

온달 장군

　590년, 온달 대장군은 영양태왕에게 죽령 이북의 땅을 되찾지 아니하면 돌아오지 않겠다고 맹세하고 친히 5만 대군을 이끌고 출발한다. 이 무렵 신라의 주력군은 낙랑에 있었다. 낙랑군을 병합하고 왜국의 일부까지 차지한 진평왕은 기세가 높았다. 영양태왕은 이번 기회에 신라의 콧대를 꺾어 놓을 생각이었다.

　신라군은 총 규모 10만에 가까운 대군으로 성장했다. 왜국의 일부에 성을 쌓고 백제군의 공격에 대비했고 낙랑군의 각 성에는 신라군이 속속 배치되었다.

　진평왕은 낙랑군 점령 후 당항성에 돌아와 대륙의 정세를 관망 중이었다. 온달 대장군도 신라군의 주력이 낙랑군에 있음을 알기 때문에 이번 전쟁은 순식간에 끝날 것으로 예상했다. 2만의 기병과 3만의 보병은 별다른 저항 없이 남진했다. 신라 장군 찬덕과 용준은 수하 군사 4만을 모집하여 온달 장군과 대적한다.

　온달 장군의 전략은 만주에서 함경남도를 거쳐 남진하는 것이

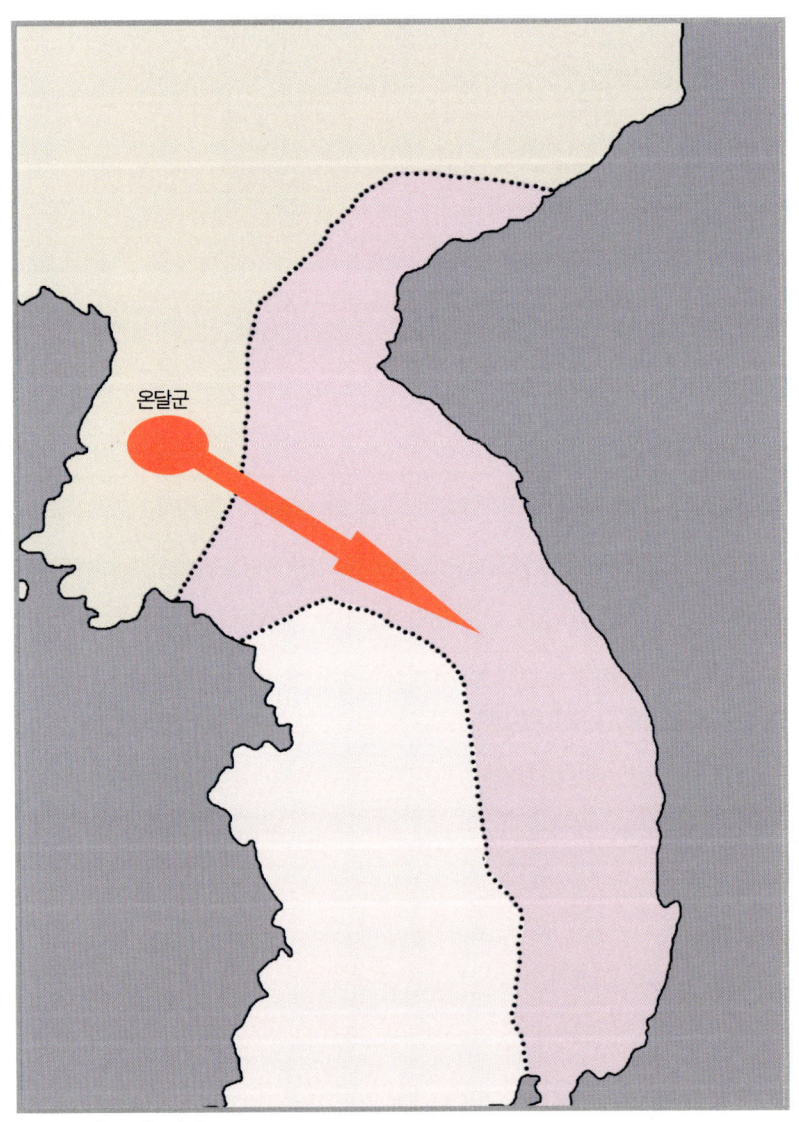

▲ 온달군의 진격로

아니라 평양에서 군대를 동쪽으로 출진하여 원산 근처에서 남하하여 춘천 방향으로 남진하는 것이 1차 목표였다. 그렇게 되면 함경도와 강원도에 있는 신라군은 허리가 끊기게 되기 때문이다.

한편 신라 월성에선 장군 용준이 2만의 군대를 모집하여 북쪽으로 진군하고, 장군 찬덕은 당항성을 출발하여 한강유역의 신라군을 모아서 2만의 군대를 만들고 춘천 방향으로 진군한다. 진평왕은 당항성을 근거지로 남게 된다.

만일 신라군이 패배하면 한강유역의 신라 성들은 고립무원孤立無援으로 육지 가운데의 섬처럼 남게 된다. 한강 앞에는 2만의 고구려 수군이 상륙을 준비 중이었다. 찬덕 장군은 한강을 배수진으로 삼아 온달 장군의 군대에 반격을 개시했다. 하지만 첫 교전에서 고구려 철기군 수천 기에게 짓밟히고 강을 건너 퇴각했다. 강 건너편에는 지원군으로 온 용준이 2만의 병사를 이끌고 대기 중이었다.

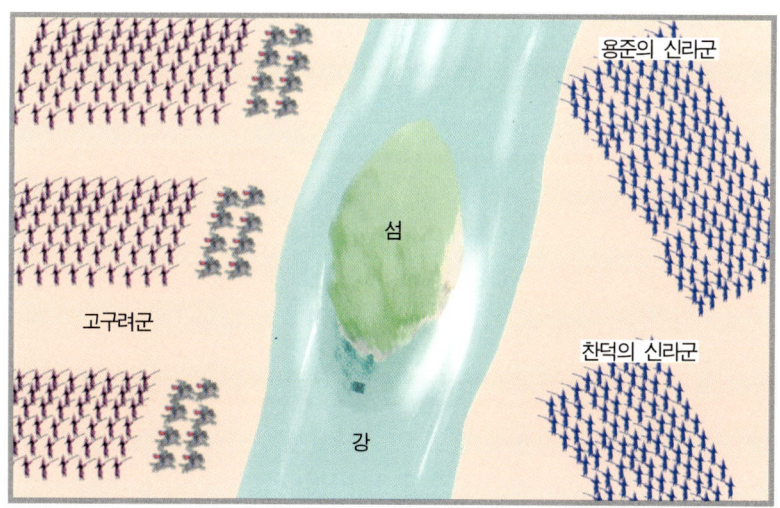

▲ 전투 상황도

고구려군은 신라군이 강의 배를 모두 태우거나 이동시켜서 강을 건널 수가 없었다. 온달은 즉시 나무를 베어 뗏목을 만들도록 했다. 한강에서 모집한 신라군 중에는 강을 자유자재로 건널 정도의 수영 실력을 가진 병사들이 많았다. 반면 고구려군은 수영에 서투른 병사들이 많았다. 강폭이 수㎞ 정도 되었기 때문에 해전을 각오해야 했다.

신라군은 벌써 배를 준비하고 만반의 태세를 갖춘 반면에 고구려군은 먼 길을 행군해서 더욱 지쳐 있었다. 상류 쪽으로 군대를 보내었지만 상류에도 감시하는 신라군이 있었다. 어쩔 수 없이 온달은 배를 만드는 데 시간을 지체했다. 대충 만들 경우 강에서 신라군에게 호되게 당할 수 있으므로 철저히 만들도록 지시한다. 이 무렵 강화도에는 고구려군이 상륙하여 섬 안의 신라군을 소탕하는 중이었다.

낙랑군에서 돌아온 신라 해군은 한강 입구에 있는 신라 해군기지에서 고구려 수군과의 일전을 준비했다. 찬덕과 용준은 밤에 수백 명의 신라군을 섬 안에 침투시켜서 발석차와 쇠뇌를 설치하게 했다.

보름 만에 뗏목이 완성되고 1만의 고구려군이 일시에 뗏목을 타고 이동했다. 뗏목 위에는 궁병을 전진·배치시켜서 신라군과의 교전에 대비했다. 신라군도 배를 타고 강 중앙으로 몰려갔다. 한참 동안 서로가 화살을 교환한 끝에 배끼리 부딪쳤다. 신라군은 조금 싸우다가 섬 쪽으로 퇴각하기 시작했다.

온달은 즉시 공격을 명했고 섬까지 쫓아갔다. 그러자 섬 안에서 수많은 돌과 화살이 날아왔다. 섬에 상륙한 일부 고구려군은 오히

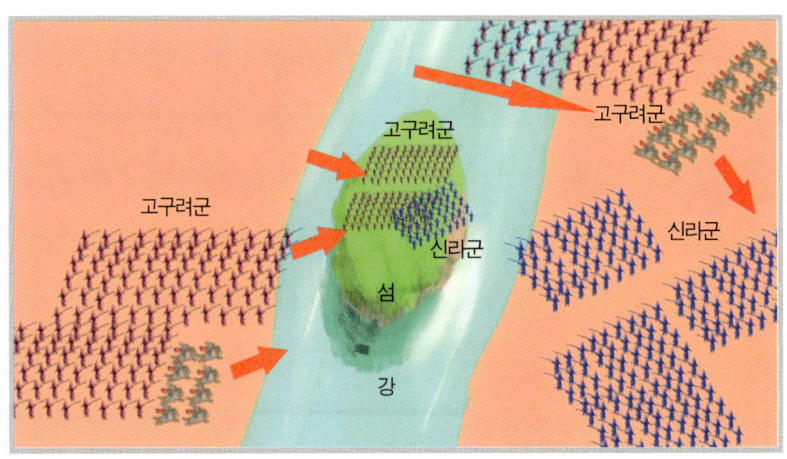

▲ 고구려군의 도하작전

려 강 쪽으로 내몰렸다. 섬은 가로 2㎞, 세로 1㎞의 타원형으로 생각보다 컸다. 섬에는 신라군 3천이 매복하고 있었다.

패주하는 신라군을 쫓아 섬까지 따라갔던 고구려군은 수백 명을 잃었다. 뗏목은 수십 척이 부서졌다. 이날 낮 전투로 고구려군 8백이 죽었고 신라군은 2백이 죽었다. 무엇보다 뗏목의 1/3이 부서져서 또 며칠을 허비하게 되었다.

온달은 군영을 수습하고 수영할 수 있는 병사들을 골라냈다. 약 1천 명이 모여졌다. 그날 저녁 초승달이 비치는 날에 1천 명의 결사대는 입에 단검을 물고 등에 칼을 차고 강을 헤엄쳐서 섬에 도달했다. 승리에 취한 신라군 3천은 경비가 허술했다. 보초병을 먼저 제압한 뒤 섬 안의 신라군을 학살하기 시작했다. 수백 명이 죽은 뒤에야 기습을 안 신라군은 징과 북을 울려 건너편의 신라군에 도움을 요청했다.

하지만 이때 불화살 하나가 밤하늘을 갈랐다. 고구려군이 움직

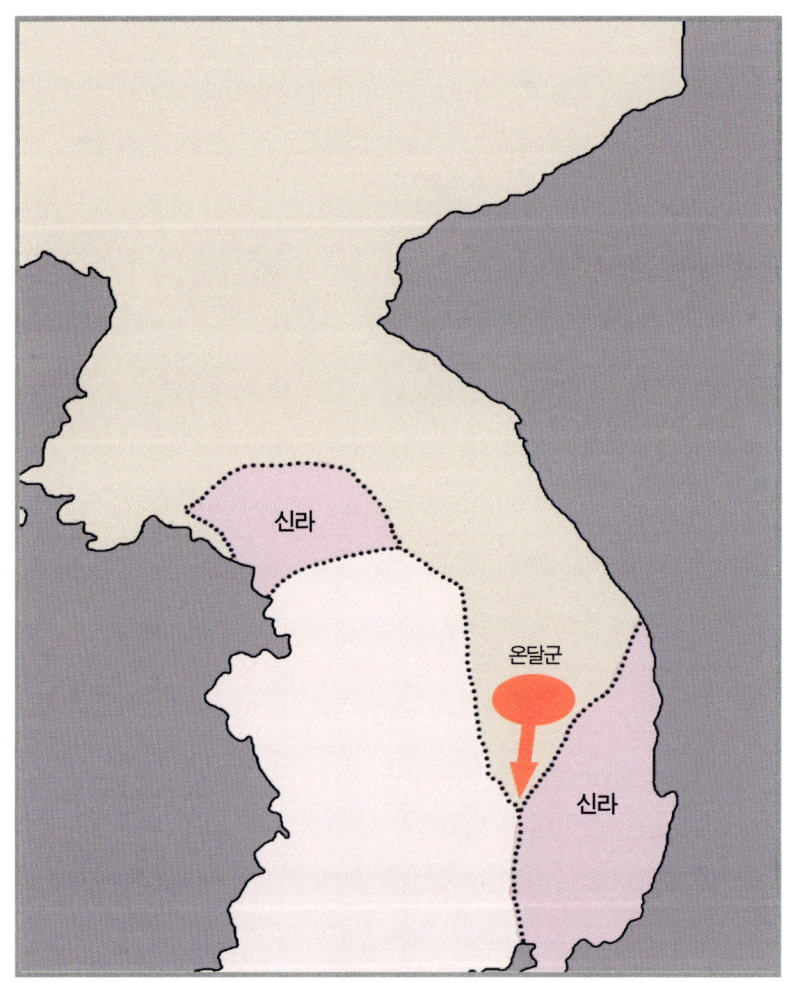

▲ 온달군의 진격 방향과 고구려의 영토 확장

이기 시작한 것이다. 낮의 패배를 잊어버렸는지 수천의 고구려군이 뗏목을 타고 섬으로 건너왔다. 섬이 점령되자 고구려군은 발석차와 쇠뇌의 방향을 신라군 쪽으로 바꾸었다. 섬으로 건너오려던 신라군은 돌 세례를 받았다. 어두워서 잘 보이지 않았던 것이 그나마 구사일생이었다. 횃불을 들고 배에 올라탄 신라군은 좋은 표적이 되었다. 순식간에 돌 세례를 받고 배가 부서졌다.

이때였다. 신라군 진영의 뒤쪽에서 함성이 들렸다. 상류 쪽으로 돌아간 고구려군 기병이 도착한 것이다. 신라군은 죽기를 각오하고 싸웠지만 고구려의 기병대 앞에선 어쩔 수 없었다. 1만이 넘는 병사를 잃은 신라군은 패주했다. 기세를 몰아 온달은 아차산까지 진격했으나 신라군은 더 이상 성 밖에서 교전하지 않고 공성전만 하게 된다.

신라의 국토가 반 토막이 나버렸다. 온달의 군대는 충청도 일대를 휩쓸며 각 성을 점령했다. 개전 후 3달도 안 되어 온달의 군대는 500리의 땅을 회복했다. 온달은 태왕에게 서신을 보내 이대로 월성까지 진군하여 신라를 점령하겠다고 했다.

강화도를 점령한 고구려 수군은 한강의 신라 수군기지를 공격했다. 신라 수군 1만5천은 2만이 넘는 고구려 수군과 정면대결하지 않고 강을 거슬러 퇴각했다. 수군기지는 점령되었고 진평왕은 당항성에 갇혀서 오도 가도 못하게 되었다.

무강왕자의 망명

위덕천황은 진평왕에게 비밀리에 사절을 보낸다. 고구려 수군을 막아주는 조건으로 무강왕자를 받아주도록 요청했다.

백제 수군대장 진력은 위덕천황 계열의 장군이었다. 황제의 비밀 명령에 백제 수군 2만을 이끌고 강화도 근방으로 이동한다.

한편 법왕은 고구려군이 신라를 반 토막 냈다는 소식을 듣고 진평왕을 잡으러 군대 3만을 당항성으로 파병할 계획을 세운다. 위덕천황은 조회에서 법왕의 계획을 듣고 이번에는 법왕이 직접 진평왕을 잡아서 내 앞에 무릎을 꿇리도록 하라고 명했다. 법왕은 이번 기회에 입지를 더욱 굳히려는 속셈으로 직접 군대를 지휘하여 출진한다.

측근들은 더 많은 병력을 데리고 출진하라 했으나 황제가, "법왕은 무훈이 많고 또한 계략이 능한 명장이므로 적은 군대로도 큰 승리를 거둘 수 있다"고 치켜세우는 바람에 법왕이 3만의 군대만을 이끌고 출전했다. 진평왕의 군대는 1만5천도 되지 않았기 때문에 법왕은 승리를 자신했다. 또한 법왕도 고구려 수군이 신라 수군을 공격한다는 소식을 들었기 때문에 진평왕의 본대 1만5천만 격파하면 된다는 생각이었다.

고구려 수군 대장 고충은 백제 수군이 강화도에 나타나자 철수했다. 잘못 하다간 백제와 신라군에게 협공을 당할 수 있기 때문이었다. 고충은 군을 강화도에 일부만 남겨두고 평양성으로 회군한다. 백제 수군은 고구려 수군이 철수하자 바로 귀환해버린다.

법왕은 3만의 병력으로 당항성을 겹겹이 포위하고 항복을 권했다. 하지만 일주일간 지속된 공방전에서도 신라군은 잘 버텨냈다. 법왕이 당항성 근처에서 진영을 만들고 장기전에 들어갈 준비를 하고 있을 때 어디선가 수만의 신라군이 기습해왔다. 신라 수군이 상륙한 것이다.

고구려 수군이 돌아가자 신라 수군은 왕을 구하기 위해 당항성으로 몰려왔다. 또한 춘천 전투에서 패한 용준이 1만의 병사를 이끌고 온 것이다. 법왕은 크게 패전하고 1만의 병사를 잃었다.

백제 수군 대장 진력은 무강왕자를 모시고 신라에 망명한다. 고구려 수군을 견제한 사실이 밝혀지면 문책을 면치 못할 것이고 황제에게까지 화가 미칠까봐 미리 망명한 것이다. 황제의 4남인 무강왕자가 사라지자 법왕은 백제 전역에 수색 명령을 내렸다. 하지만 무강왕자의 행방을 알 수는 없었다.

한편 아차산성을 포위한 온달의 군대는 신라군이 백제군을 격파하고 이곳으로 온다는 소문을 들었다. 온달은 급한 마음에 선두에 서서 공격했으나 성 위에서 쏜 화살에 죽고 만다. 온달의 시신이 움직이지 않아 부인인 평강공주가 직접 와서 온달의 시신을 모시고 갔다. 고구려군은 일부 철수했지만 수만의 군대가 새로 점령한 땅에 남아서 신라의 당항성과 월성의 연결을 막았다.

실직군(삼척), 우진야군(울진) 방면으로 파견된 고구려군은 온달 장군의 전사소식이 전해지자 진격을 멈추고 회군하기 시작했다. 실직주 방면군 총사령관 고운은 휘하 병력 5천을 전부 실직성에 집결시켰다. 월성에서 파견된 신라군 8천은 영덕, 울진을 거쳐 실직성에 다다랐다. 8천의 병사로 5천의 병사가 지키는 성을 차지하기란 쉽지 않았다.

신라군 장군 김찬은 고운에게 사절을 보내 안전한 퇴각을 보장하겠다고 했다. 하지만 고운은 퇴각할 생각이 없었다. 그리하여 고운은 사절을 감금해버렸다. 분노한 김찬이 총공격했지만 성은 꿈적도 하지 않았다. 성내에는 식량도 몇 달치 있었던 데다가 실직성

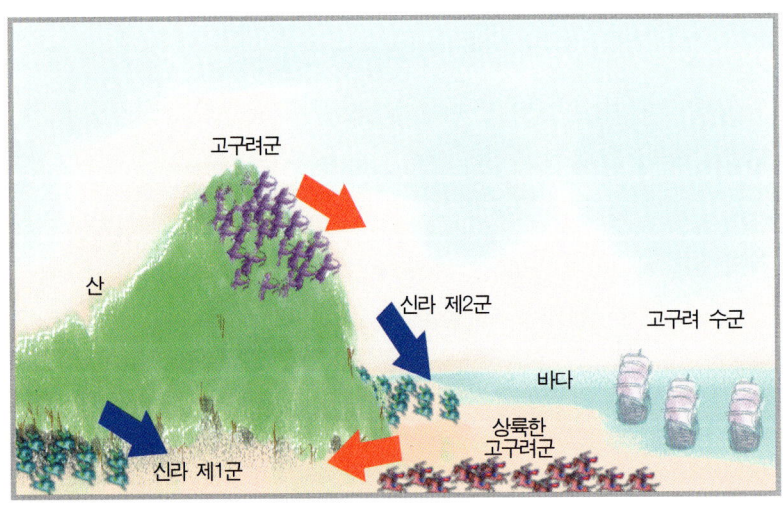

▲ 전투 상황도

의 포위소식을 듣고 평양에서 원군이 오고 있었기 때문이다.

김찬은 아무런 소득 없이 회군하기로 하고 저녁에 병사들을 이동시켜 고개를 넘어 퇴각했다. 바다 옆길로도 수천 명이 퇴각했고 산으로 난 길로도 수천 명이 퇴각했다. 혹시 있을지 모르는 고구려군의 매복으로부터 군을 2부대로 나누어 한 부대가 공격당하면 다른 부대가 매복한 고구려군을 기습하기 위해서였다.

아니나 다를까 동해 방면 고구려 수군 3천은 실직성을 구원하기 위해 우진야군을 기습하기로 하고 우진야군의 태수를 죽인 후 돌아오는 길에 신라군의 이동을 감지했다. 신라군은 고구려군이 막아놓은 장애물 앞에서 당황하다 산 위에서 매복한 고구려군의 화살에 맞아 무수히 쓰러졌다.

한편 산 반대쪽에서 고개를 넘어 이동 중이던 신라군은 제2군의 공격소식을 듣고 즉시 산을 넘어 매복한 고구려군을 공격하기 시작했다. 고구려군은 산 위에서 공격하는 신라군에 당황하며 포위를 풀고 신라군의 정면을 막고 있는 고구려군에 합류했다. 하지만 실직성에서 신라군을 주시하던 고운이 신라군이 퇴각한다는 보고를 받자 즉시 군대를 이끌고 신라군을 추격했다. 앞뒤로 신라군이 포위되는 형국이 되었다.

김찬과 수하 부장들은 앞을 가로막는 고구려 수군을 돌파하기로 했다. 고구려군은 창병이 앞장서고 궁병이 뒤에서 화살을 쏘면서 신라군을 막았다. 한 시진 동안 수천의 신라군과 고구려군이 죽었다. 김찬은 죽고 3~4천의 신라군은 고구려군을 돌파하여 우진야군으로 퇴각했다. 추격하는 고운의 군대는 우진야성 밖에서 추격을 멈추고 회군했다. 고구려군의 자진 철수로 신라는 잃은 영토를 일

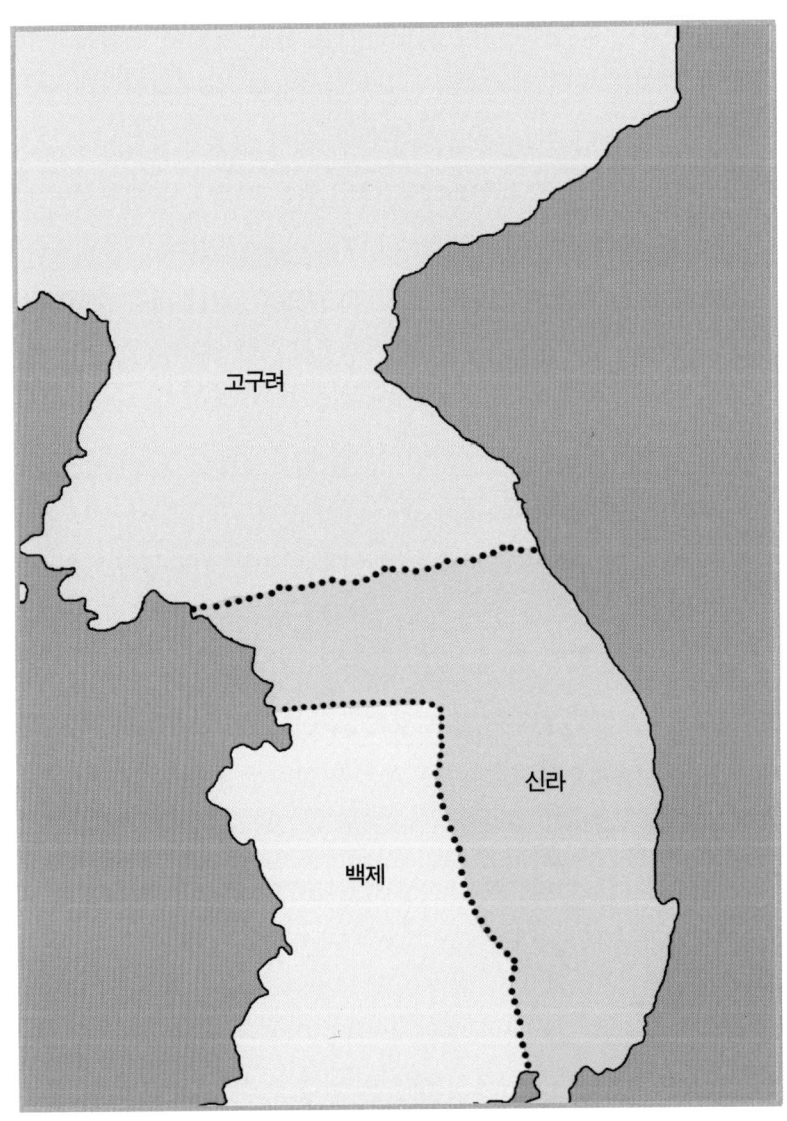

▲ 온달 장군 전사 후의 신라 영토(일부 회복)

부나마 회복할 수 있었다.

신라 진평왕은 할아버지 진흥왕의 영토확장 유훈을 받들어 집권 후 고구려, 백제와 화친함으로써 영토를 보전하고 고구려, 백제의 역학 관계를 이용하여 낙랑군을 차지함으로써 발전의 전기를 마련했다.

신라는 낙랑군 18성, 한반도 40성, 왜에 20성을 두고 이제 제대로 된 나라의 기틀을 다져나갔다. 인구가 많은 한강유역과 낙랑군을 차지하여 신라의 인구는 급증했고, 문자태왕 때에는 신라의 영토가 경상남도 정도 크기였던 것이 이제는 20만㎢에 이르는 나라로 발전했다.

▲ 당시 각국 영역도

무강왕자가 신라에 망명하자 신라 진평왕은 더없이 좋은 기회라고 생각했다. 진평왕은 자신의 삼녀인 선화공주를 무강왕자에게 정혼시키고 무강왕자를 남부 신라의 귀족 집안에 맡겼다. 진평왕은 고구려와 백제에 대비해 미리 성을 쌓고 군대를 육성했다. 남산성과 명활산성을 쌓아 백제군과 고구려군의 한강유역 확보 전략에 대비했다.

북방의 강국 돌궐이 쇠퇴하고 이제 고구려와 신흥강국 수나라의 일전이 남았다. 백제는 내분과 황권다툼 속에 귀족들의 세력만 커졌다.

신라로 망명한 무강왕자는 선화공주와 혼인한 뒤 신라 남부에 있던 가야계 귀족들을 포섭하여 자신의 편으로 만든다. 또한 함께 망명한 백제 진씨 귀족들과 백제에서 억울하게 반역으로 몰려 신라로 망명한 연씨 귀족들을 규합하여 법왕에 반감을 가진 백제 내부의 귀족들과 연계하려 했다.

596년, 수나라와 고구려의 힘겨루기가 계속되는 가운데 백제 법왕은 황위 계승을 위해 제반 물밑 작업을 거의 마친다. 아좌태자와 그 측근들은 이제 선택의 여지가 없었다. 요서군 태수 이현만이 유일한 아좌태자의 우군이었고 백제 30만 대군 중 26만 이상이 법왕의 친위 귀족과 장군으로 채워졌다. 단지 4만의 요서군만이 아좌태자를 받들고 있었다.

이렇게 된 원인에는 아좌태자의 비호전적인 성격이 큰 영향을 미쳤다. 그림을 좋아한 아좌태자는 왜로 갈 결심을 한다. 이미 태자의 이름만 있을 뿐 실권도 없는 허수아비 신세였기 때문이다. 아좌태자의 측근들은 법왕의 측근들과 회합을 가지고 아좌태자의 목숨을 보장하고 아좌태자를 따르던 무리들의 기득권을 보장하는 조건으로 황위를 양보하기로 한다.

그러나 이번에도 법왕의 측근들은 아좌태자가 왜로 가는 도중에 해적을 위장하여 그를 죽이도록 권했지만 법왕은 거절한다. 모두가 그를 의심할 것이기 때문이었다. 반면 아좌태자는 측근들과 법왕에 반감을 가진 귀족들을 설득하여 신라로 망명한 무강왕자를 돕도록 지시한다.

598년, 아좌태자는 왜의 교토로 간다. 법왕은 성을 크게 지어주고 부족함이 없도록 배려한다. 대신 수십 명의 감시병을 붙여서 아좌태자의 일거수일투족을 감시한다.

그해에 황제가 붕어하고 혜왕이 78의 나이에 황제에 등극한다. 혜명천황이 된 혜왕의 실권은 이미 아들인 법왕에게 다 넘겨주었고 병상에서 생활하다 일생을 마친다. 무강왕자는 타국에서 이 소식을 듣고 제를 지낸다.

고구려 영양태왕은 수나라의 오만불손한 태도에 화를 참지 못하고 기회를 엿보던 중 수나라의 동맹국인 백제의 황제가 붕어하여 혼란하다는 소식을 접했다. 백제 내부사정을 어느 정도 알고 있었던 영양태왕은 백제군이 요동을 위협하지 않는 지금이 전쟁의 적기라고 생각했다.

제1차 고수전쟁은 이렇게 시작되었다.

고구려와 수나라의 전쟁

당시 수나라 인구는 5천만이 넘고 고구려 인구는 900~1,000만가량이었다. 수왕 양견은 자신이 정복한 진나라의 인구가 천만이 넘으므로 이를 인용하여 고구려보다 인구가 많은 진나라를 점령한 수나라가 고구려를 겁내겠느냐며 수나라에 굴복할 것을 통보했다. 고구려의 라이벌이며 북방의 강자였던 돌궐이 굴복한 상태라 양견은 자신감에 넘쳤다. 게다가 고구려를 남쪽에서 위협할 수 있는 백제가 동맹국이라는 점이 양견을 더욱 고무시켰다.

영양태왕은 근위 기병 1만과 말갈 기병 1만, 거란 기병1만을 동원하여 수나라를 선제공격하기로 한다. 한반도 평양성을 출발한 영양태왕은 근위 기병 1만을 대동한 채 요동성 앞에서 대기하던 말갈 기병 1만과 합류하여 요하를 건넌 뒤 영주에서 거란 기병 1만과 합류한 뒤 영주성을 공격한다.

영양태왕은 고구려와 수나라에 말갈 기병 1만을 대동한 채 전쟁에 나간다고 공표했다. 소문으로 태왕이 고작 1만의 기병을 이끌

⟨각국의 국력⟩

나라	인구	군사
수나라	5,200~5,500만	80만
고구려	900~1,000만	40만(거란, 실위, 말갈 포함)
백제	800~900만	30만 (가야, 안남, 흑치, 대륙백제군, 왜 포함)
신라	200~250만	군사 8만(대방군, 왜 포함)
돌궐	300~400만	15만

고 온다고 생각한 영주자사 위충이 영주성 군대 2만을 이끌고 성 밖으로 나왔다. 태왕은 말갈 기병만 보여주고 계속 후퇴하면서 수나라군을 수풀이 무성한 들판까지 유인했다. 위충은 매복한 고구려군에 의해 제대로 싸워보지도 못하고 모든 군을 잃었다. 결국 위충은 태왕의 근위병들에게 둘러싸여 목이 달아났다.

영주성을 점령한 고구려군은 다시 남진하여 북경 부근 창평까지 진격한다. 수나라 군대의 패전소식을 들은 양견은 노하여 10만의 군대를 4남인 한왕 양량에게 맡기고 영양태왕을 공격하게 한다. 북경 인근의 벌판에서 10만의 수나라 군대는 3만의 고구려 기병과 맞서게 된다. 이번에도 영양태왕은 수나라 군대와 교전하다가 패퇴하는 척했다. 고구려 기병이 퇴각하자 양량은 전군에 추격명을 내렸다. 수나라 군대는 2만의 기병과 8만의 보병으로 구성되어 있었다. 기병이 앞서서 고구려군을 추격하고 보병은 그 뒤를 따랐다.

고구려군이 10리 이상을 후퇴하자 수나라군의 대열이 어지럽고 길어졌다. 이때 영양태왕은 고구려군을 돌려서 수나라 기병을 먼저 공격했다. 수적으로 3만 대 2만인 기병전에서 수나라 군대는 고구려 기병을 당할 수 없었다.

보병이 도착할 때까지 버티자며 양량이 기병들을 격려하고 있을 때 돌연 수나라군의 후미로 수만의 기병이 보였다. 거란군이었다. 정확히 하면 거란군과 고구려군이었다. 거란 땅에 주둔한 고구려 2만과 거란 기병 3만이 북경에서 100리 떨어진 곳에서 대기하고 있다가 수나라 군대가 깊숙이 들어오자 출진한 것이다. 10만의 수나라 군대는 고구려와 거란 기병에 둘러싸여 전멸했다. 한왕 양량은 수천의 기병들의 호위를 받으며 목숨을 부지해 도망쳤다.

양량의 패전소식을 들은 수왕 양견은 미칠 듯이 화를 냈다. 고구려를 진나라 수준으로 생각한 양견은 30만의 대병을 일으키고, 수군 4만을 동원했다. 34만의 수나라 군대는 고구려를 정벌하기 위해 출정한다. 낙양에서 출발한 30만 육군은 북쪽으로 백제 접경을 따라서 북진하고, 산둥성 수나라 영역에서 출진한 수나라 수군 4만은 요동반도로 출진한다.

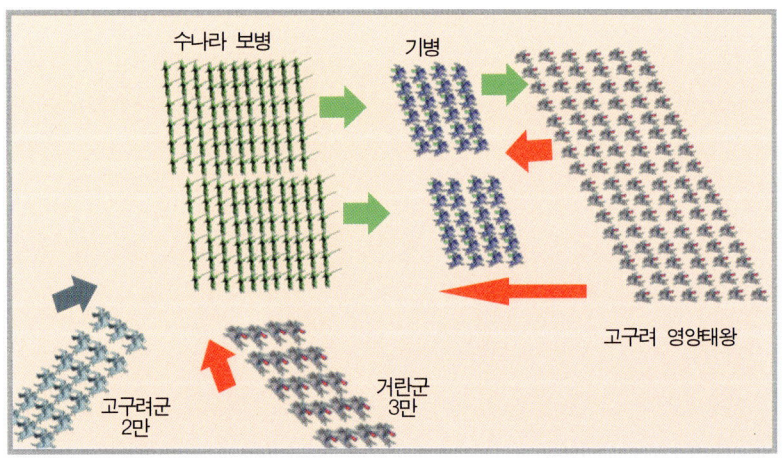

▲ 전투 상황도

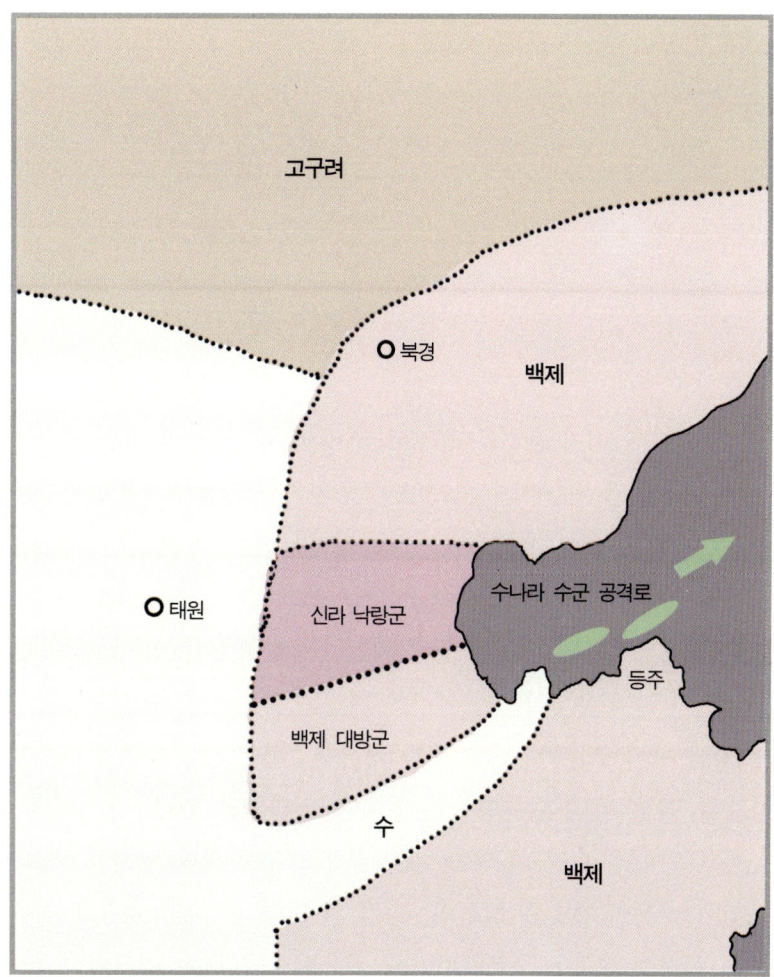

▲ 수나라 수군 공격로

요하 전투

고구려는 막리지 을지문덕, 대장군 강이식, 장군 양만춘, 대걸중상, 연개소문을 육군지휘관으로, 수군은 영류왕을 총사령관, 상장군 고승을 부사령관으로 전쟁에 임했다.

북경 인근에 집결한 고구려군은 태왕의 친위군을 포함하여 10만 정도였고 수군은 3만을 동원했다. 영양태왕은 우선 10만의 기병을 동원하여 수나라군과 싸우다 패하는 척하여 깊숙이 끌어들인 후 거란 땅에 주둔한 고구려군과 거란군 7만을 동원하여 수나라의 보급을 끊고 앞뒤로 공격하는 전략을 취하기로 했다.

한왕 양량은 고구려군과의 패전에서 입은 오명을 씻기 위해 다분히 공격적인 전술을 취했다. 출진 전에 몇 달 내로 고구려 평양성을 함락하겠다고 큰소리쳤기에 마음이 조급했기 때문이다.

한왕은 북경 인근의 탁군을 지나 고구려군과 마주했다. 이번 전쟁에는 수나라군은 보병 22만, 기병 8만으로 기병을 많이 증강했다. 진나라 정벌에 참여했던 노장들과 군사들을 전진 배치시켰다.

아울러 양견은 백제에 사신을 보내 고구려군의 후방을 칠 것을 요청했다. 법왕은 이때 동청주에 있었기 때문에 수나라 왕의 요청을 받고 즉시 요서군 태수 이현에게 출진할 것을 명했다.

이현은 비밀리에 무강왕자와 연락을 취하고 있었다. 환갑이 된 법왕에 비해 이제 20살이 된 무강왕자는 상황판단이 빨랐다. 무강왕자는 법왕의 10명이나 되는 아들 중에서 막내아들보다도 어렸고 법왕의 맏손자보다도 2살이나 젊었다. 무강왕자는 신라 남부에서 신라로 망명한 백제 귀족과 가야 출신 귀족들의 후원 아래 병사 5천을 모았다. 법왕에게 버림받았거나 고초를 당한 병사들 300인을 모아서 무강왕자의 근위병으로 삼았다.

이현은 법왕이 지금 동청주에 있고 고구려와 수나라의 전쟁에 신경을 쓰고 있을 때 무강왕자가 백제로 진격하여 세력기반을 강화하도록 조인했다.

탁군 위쪽 어양군에서 고구려군과 수나라군이 일전을 벌였다. 영양태왕은 기병을 횡대로 배치하고 수나라군과 정면대결을 펼쳤다. 반면 한왕 양량은 30만 대군 중 기병을 선두에 포진시키고, 보병을 뒤에 배치하고 정면 공격을 감행했다. 반 시진 동안의 전투 끝에 고구려군이 퇴각했다. 양량의 참모들은 이번에도 고구려군의 함정이라며 추격하지 말 것을 권했다. 한왕도 이에 동의하고 군대를 천천히 전진시킨다.

수나라 왕 양견은 이번 4남의 출정에 돌궐군이 협력할 것을 명한다. 수왕의 도움으로 칸에 오른 계필카간은 어쩔 수 없이 기병 2만을 이끌고 어양군 쪽으로 이동한다. 계필카간은 이동하는 도중에 거란 땅에서 대규모 고구려군과 거란군이 매복 중인 것을 알아챘다. 하지만 즉시 회군하면서 수나라에는 보고하지 않았다. 나라에 반란이 있어 이를 진압해야 한다고 양견에게 보고하고는 철수해버렸다.

한편 한왕은 요하 근처까지 전진했다. 요하 바로 앞에서 백제 요서군 4만과 합류하기로 했다. 이현은 이런 사실을 고구려 을지문덕 막리지에게 전한다. 수나라군은 백제군과 만나기로 한 장소에 다다른다. 요하가 바로 앞에 보이고 백제군이 강을 건널 배를 준비하기로 해서 한왕은 별다른 걱정을 하지 않았다.

영양태왕은 막리지의 보고를 받고 수나라군을 깰 계책을 생각해낸다. 백제 군복을 입은 병사 5천이 나룻배 수백 척을 몰고 수나라 진영에 도착한다. 백제 군사라고 하는 이들은 요서군 태수 이현의 명으로 수나라군을 도우러 왔다고 했으며 백제군은 이미 요하를 건너 요동성을 포위했다고 했다.

한왕은 이 말을 믿고 그들이 가져온 나룻배를 타고 강을 건너기 시작했다. 병사들 중 기병이 먼저 건너고 보병이 나중에 건너기로 했으며, 기병 8만이 거의 건너가는 데 하루 이상이 걸렸다. 밤새도록 강을 건너서 피곤해진 병사들은 강 건너편에서 잠이 들었다. 새벽녘까지 병사들은 강을 계속 건너고 있었다.

아침 동이 틀 무렵 수만의 고구려 기병은 언덕을 넘어서 수나라 기병에게 돌진했다. 10만의 고구려 기병은 철기군 2만을 앞세워 피곤에 지친 수나라 기병을 공격했다. 한왕이 잠에서 깨어 수비형태를 갖추려 했지만 피곤에 지친 병사들은 싸울 의지를 잃었다. 순식간에 진영이 반으로 쪼개졌으며 고구려 철기군에게 짓밟힌 병사들이 부지기수였다.

▲ 요하 전투 상황도

 8만이나 되는 수나라 기병은 한 시진의 전투 끝에 절반 이상이 죽고 나머지는 포로가 되었다. 고구려군의 피해는 수천 명 정도였다. 한왕은 나룻배를 타고 다시 왔던 길로 돌아갔다. 강 건너편에서 수나라 기병이 일방적으로 당하는 광경을 보고만 있을 수밖에 없었다. 그때였다. 수나라 보병 뒤로 수만의 기병대가 나타났다. 고구려군과 거란군이었다. 7만이 넘는 기병은 20만이 넘는 수나라 보병들을 몰아붙이며 공격했다. 제대로 진형도 갖추기 전에 수나라군은 도망가기 바빴다. 일부 용감한 병사들이 화살을 쏘며 저항했지만 이내 제압되었다.
 거란군은 말 위에서 화살을 쏘며 수나라군을 괴롭혔다. 일부 용감한 거란군이 수나라 보병 진영의 한가운데로 들어갔다. 수나라군은 옆으로 퍼지면서 오히려 거란군을 포위하는 진형이 되었다. 참모로 따라간 고경은 즉시 수나라군에게 거란 기병을 공격하도록

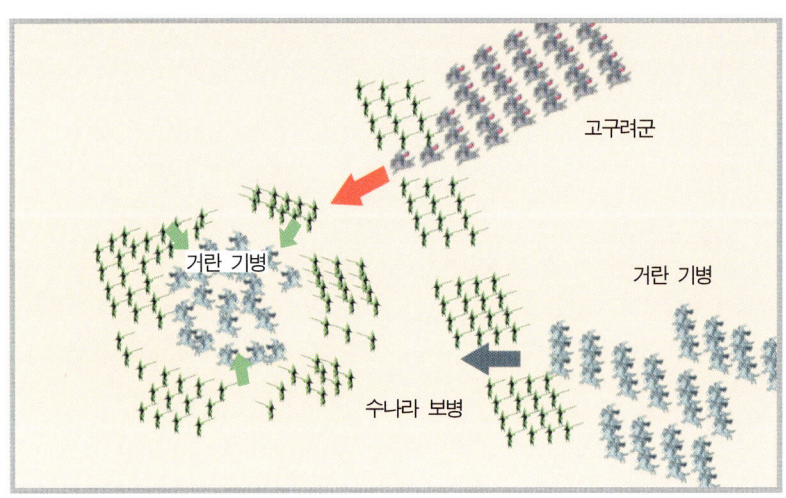

▲ 요하 반대편 수나라 보병 진영

했다. 사방에서 화살과 창이 날아들며 거란 기병을 공격하자 진형 한가운데로 쳐들어간 거란 기병 수백이 몰살당했다.

일부 용감한 수나라군이 고구려군과 거란 기병에게 타격을 주었지만 대세는 이미 기울어진 뒤였다. 보병이 기병을 상대할 수는 없었다. 고경이 군대를 수습하여 병사들을 쐐기모양으로 만들었다. 창병을 앞에 배치시키고 중앙에 궁병을 배치하여 기병이 함부로 뚫지 못하게 했다. 이렇게 만든 쐐기형태의 진형으로 대학살 현장을 빠져나올 수 있었다.

30만 정벌군 중에 15만을 단 하루의 전투에서 잃었다. 살아남은 병사도 대부분 보병이었다. 일단 요하를 벗어난 수나라군은 안도의 한숨을 쉬었다. 참모 중 고경은 회군할 것을 주장했지만 일부 장군들은 여기서 백제 요서군이 가까우니 요서군으로 후퇴했다가 백제 철기군의 지원을 받아서 다시 한 번 고구려와 일전을 벌이는 것이 어떠냐고 했다. 그리하여 한왕은 백제 요서군에 사절을 보내 수나라 군대를 호위해 줄 것을 요청했다.

　요서군 태수 이현은 수나라군을 요택으로 안내했다. 요하에 가까운 데다 고구려 기병이 공격하기가 쉽지 않으니 군대를 정비할 시간을 벌 수 있다고 했다. 그리고 법왕에게 연락을 하여 수나라군을 지원하라는 어명이 있으면 철기군을 내어주겠다고 했다.

　한왕은 이 말에 안심하고 요택에 진지를 만들었다. 하지만 우기가 시작되면서 수나라 진영에 돌림병까지 돌았다. 더구나 약속했던 백제군의 지원은 아무리 기다려도 오지 않았다. 이때 이현은 고구려군에 연락하여 수나라군이 곤란을 겪고 있어서 곧 회군할 것이니 매복하고 있다가 공격하여 전멸시키라고 전했다.

　한 달 동안 수나라군은 돌림병으로 수만 명을 잃었고 탈영병도 속출했다. 15만 병사 중 10만이 남았다. 백제군은 오지 않고 병사들의 사기가 바닥나자 결국 철수하기로 한다. 어양군을 넘어서 탁군경계로 진입하는 순간, 무려 20만의 고구려군이 에워쌌다.

　승리를 앞둔 시점에서 고구려 각 귀족들이 앞 다투어 사병을 보냈다. 남부와 북부, 동부에서 자원병이 앞 다투어 입대했고 태왕의 권위는 하늘을 찔렀다. 고구려군은 수나라군을 에워싼 후 수십만 개의 화살을 쏘았다. 하늘이 까맣게 덮히면서 순간 그늘이 질 정도였다. 한왕은 수천의 호위군과 함께 진영을 빠져나왔다. 10만의 수나라군은 전멸했다.

　영양태왕은 남진을 명령했다. 20만의 고구려군은 남진하여 탁군을 점령하고 남으로 계속 전진했다. 고구려 육군은 태원 앞에서 멈추었다.

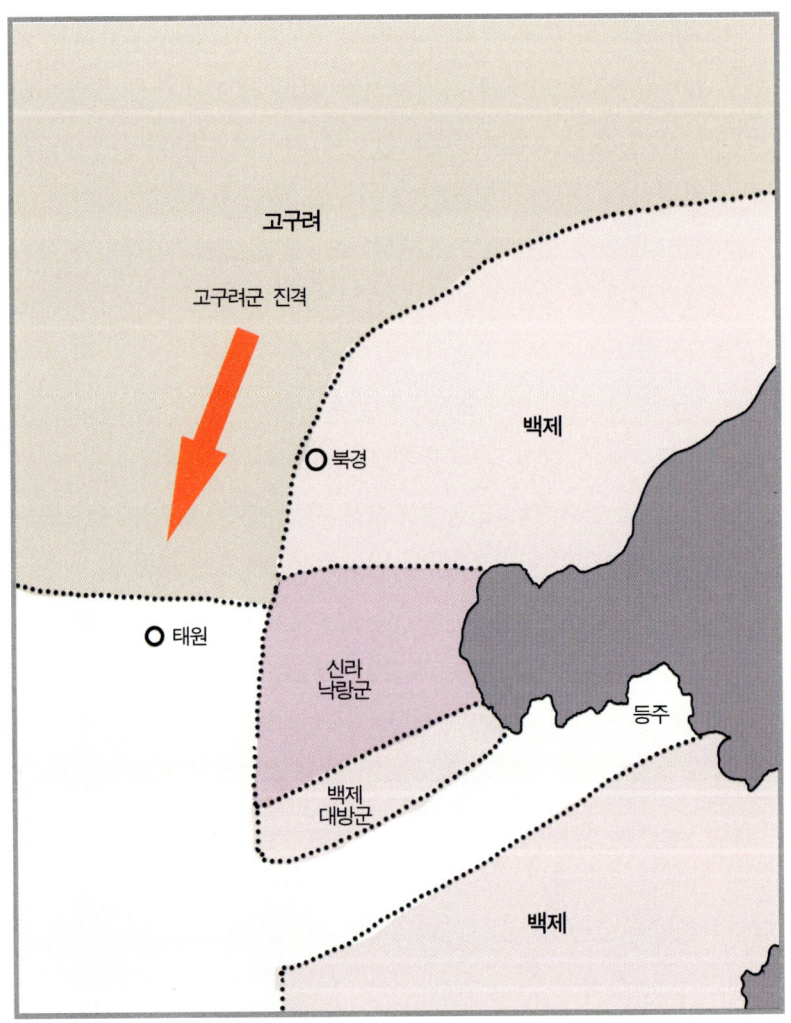

▲ 전후 확장된 고구려 영토

주라후, 해전에서 패하다

 수나라 수군은 주라후가 이끄는 4만 명 규모로 등주를 출발하여 백제 수군 3만의 호위를 받으며 요동반도에 상륙하려 했다. 백제 수군은 전투에 직접적으로 휘말리기 싫어서 곧 철수하고, 수나라 수군은 요동반도 앞에 포진하여 육군이 요동성과 안시성을 점령

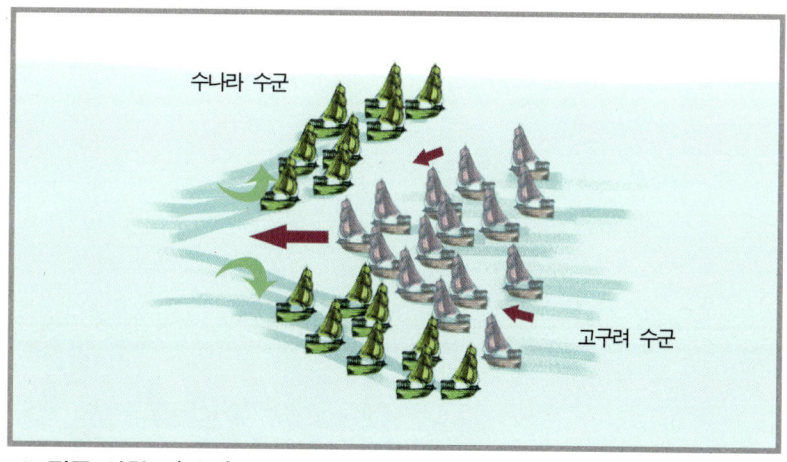

▲ 전투 상황도(전기)

하고 비사성 쪽으로 오기를 기다렸다. 그러나 육군이 요하에서 패배했다는 소식이 전해진 것은 한왕이 요하에서 패배하고 요서군으로 후퇴한 지 열흘이 지난 후였다.

고구려 수군 대장 영류왕은 고승 장군을 선봉으로 새벽에 수나라수군을 기습한다. 육군의 패전소식에 사기가 떨어진 주라후의 수군은 기습공격을 받고 여지없이 무너져버렸다. 고구려 수군은 백제 수군과의 잦은 전투로 단련이 된 반면, 수나라 수군은 강에서 전투하던 연안 수군을 대해로 불러들여 급조한 대양해군이었다. 바다의 거친 파도에 적응도 제대로 못한 수나라 수군은 해전에서 고구려 수군의 상대가 되지 않았다. 결국 고구려 수군은 정면으로 수나라 수군을 공격하여 반으로 갈라놓았다.

고구려 수군은 반 토막 난 수나라 수군의 한쪽부터 먼저 공격하기 시작했다. 때마침 바람이 불고 비가 왔다. 수나라 수군으로선 화공을 피할 수 있게 되었으나 풍랑으로 균형을 잡기 힘들었다.

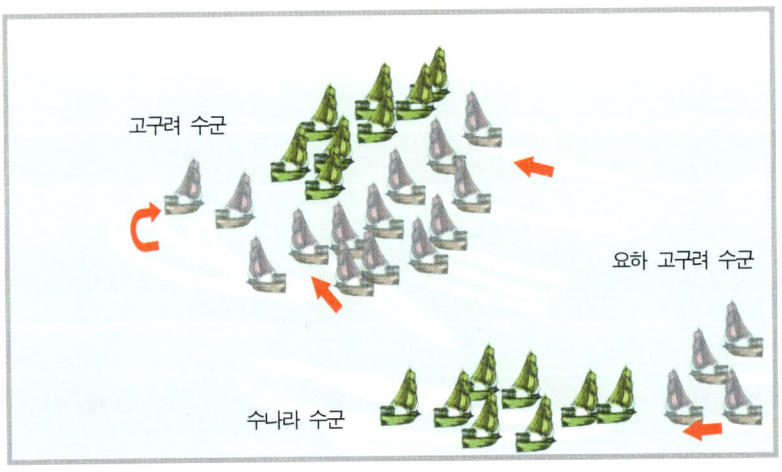

▲ 전투 상황도(후기)

포위된 절반의 수나라군은 엄청난 화살세례를 받았고 나머지 절반의 수나라군은 도망가기 바빴다. 주라후는 포위되지 않은 쪽에 있었지만 손을 쓸 수가 없었다. 이미 수나라군은 지휘체계가 먹히지 않았다.

멀리서 수십 척의 배가 보였다. 주라후는 백제 수군이 자신들을 구하러 오는 줄 알았다. 하지만 이들은 요하에 있던 고구려 수군이었다. 한왕의 요하 도하를 막기 위해 보내진 약 50척의 전함들은 한왕을 격파한 뒤 강을 내려와 수나라 수군을 잡기 위해 온 것이다.

비사성 앞에는 이미 수나라 수군의 깨진 전함들이 즐비했다. 게다가 고구려 지원군이 왔으니 주라후는 절망했다. 그러나 배를 돌려 요하에서 온 고구려 전함 중 제일 큰 배를 들이받았다. 주라후와 그 병사들은 고구려 배에 올라타고 죽기 살기로 싸웠다.

그런데 배 위에서 웃음소리가 들렸다. 자신을 요동성주 겸 요동군 총사령관이라 밝힌 그는 강이식 대장군이라고 했다. 대장군 휘하의 요동군은 해전에서도 용맹한 병사들이었다. 고구려군이 주라후의 배로 옮겨 탄 뒤 주라후의 병사들은 모두 고구려군에게 목이 잘리고 주라후는 할복한 후 배에서 뛰어내렸다. 수나라의 패전은 백제와 돌궐에도 영향을 주었다. 양국은 수나라를 별 거 아니라고 생각하게 되었고, 수나라의 위신은 땅에 떨어졌다.

한편 고구려 육군은 태원을 점령하고 진격을 멈추었다. 더 이상 깊이 들어가면 보급로가 길어지고 마침 수나라 왕이 대군을 모집하여 낙양에서 군대를 결집시키고 있었기 때문이다. 아직 수나라에는 50만의 대군이 남아있었다. 게다가 고구려의 진격로를 따라 양옆에 위치한 돌궐과 백제의 힘도 무시하지 못했다.

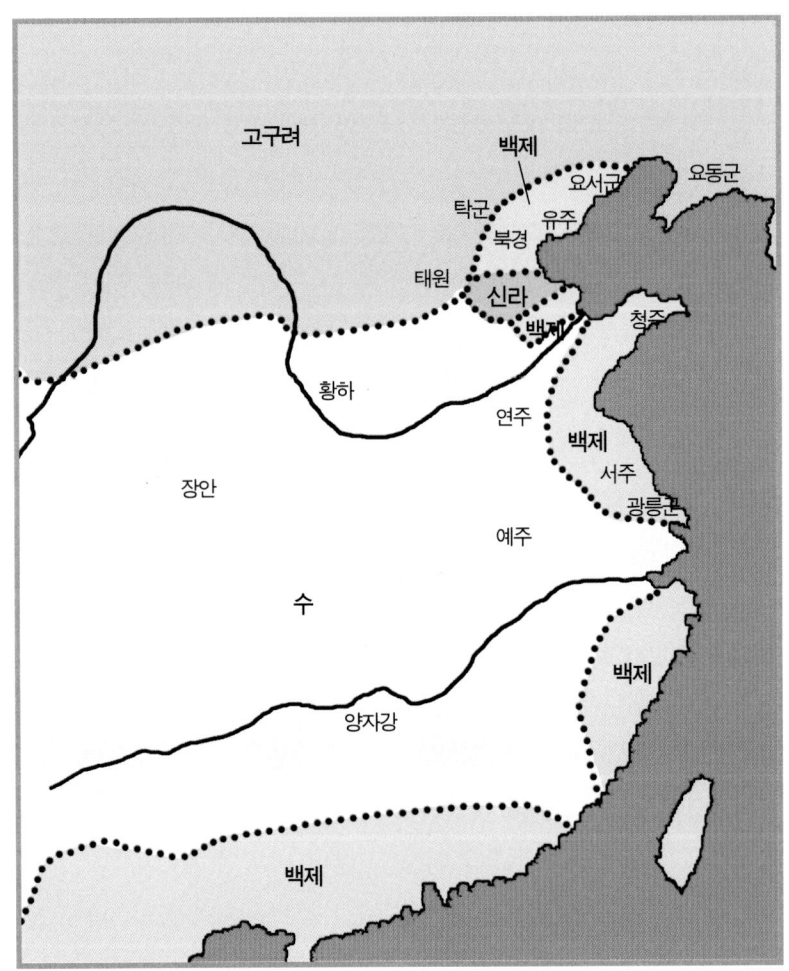

▲ 전쟁 후 남하한 고구려 영역

개선하는 무강왕자

 무강왕자는 법왕이 동청주에 가 있는 사이에 백제 국경을 넘게 된다. 수천의 호위병을 거느리고 개선한 무강왕자는 우선 백제국 내의 가야계 귀족이 나스리는 땅을 접수한다. 과거 가야의 왕들이 다스리던 땅에는 아직 가야계 귀족들이 많이 남아있었다. 가야지방에서 2만의 대군을 얻은 무강왕자는 서서히 한반도백제 남부지방으로 세력을 넓혀갔다.
 이 무렵 무강왕자는 진평왕과 고구려 영양태왕의 지원을 얻게 된다. 진평왕과의 화의는 부인인 선화공주가 맡았으며 영양태왕은 요서군 태수 이현이 나서게 된다. 선화공주의 간청으로 진평왕은 한성에 군대를 집중하여 한강 이남을 위협한다.
 동청주의 화려한 궁궐에서 지내던 법왕은 일련의 사태에 깜짝 놀라지 않을 수 없었다. 우선 이번 사태의 배후로 아좌태자를 지목한 법왕은 혜명천황에게 보고하지 않고 자객들을 왜로 급파한다. 하지만 아좌태자는 무강왕자의 백제 진격소식을 듣고 바로 몸을

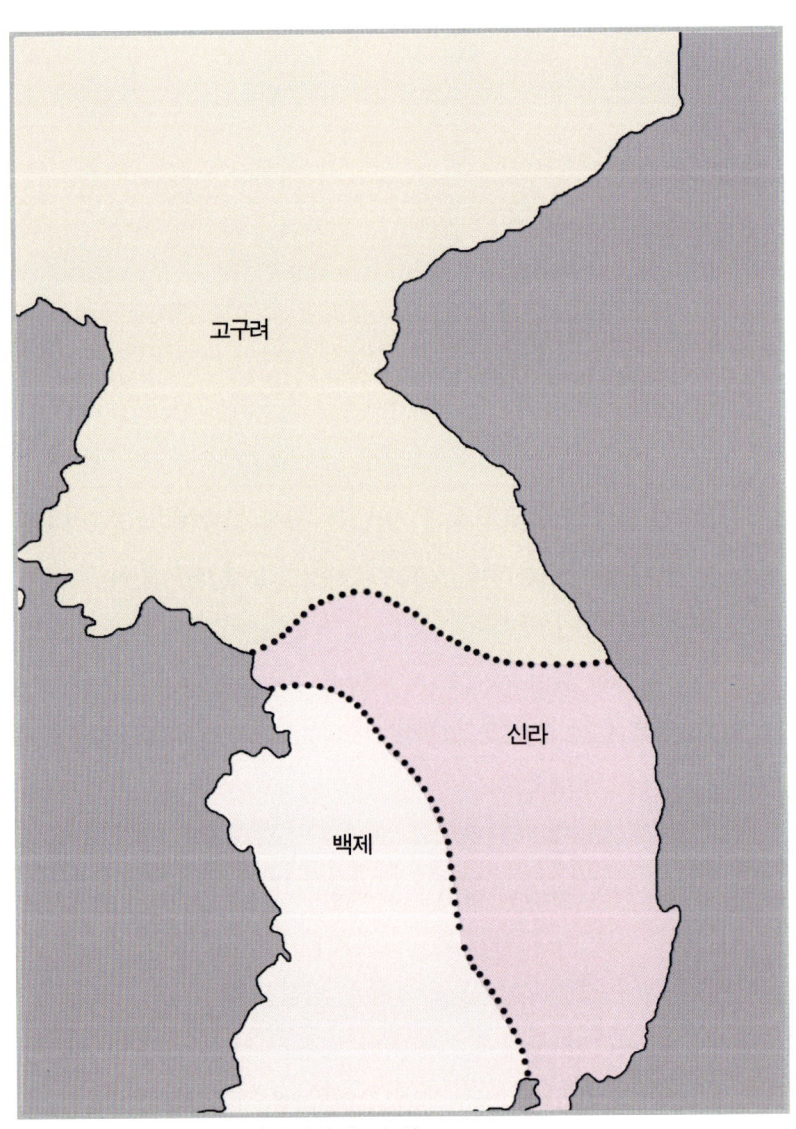

▲ 한반도 삼국의 영역(위덕황제 말기)

피해 고구려의 왜식민지로 들어가 버린다.

다음 조치로 법왕은 백제 수군 3만을 강화도에 집결시킨다. 강화도에는 아직 고구려 수군 3천이 지키고 있었다. 고구려의 강력한 힘을 목격한 법왕은 굳이 고구려와 전쟁을 하고 싶지 않았다. 그리하여 미추홀(인천) 근처에 수군을 집결시키고 신라 수군 1만 5천을 잡기 위해 한강으로 거슬러 올라간다. 또한 한강유역에 병력 3만을 집결시키고 백제 수군이 신라 수군을 잡는 즉시 한강을 도하하여 신라 당항성을 공격할 준비를 한다.

영양태왕은 요서군 태수 이현의 요청을 받고 요동군 10만을 요서군 경계로 이동시킨다. 영주에 새로 배치된 태왕의 군대 10만은

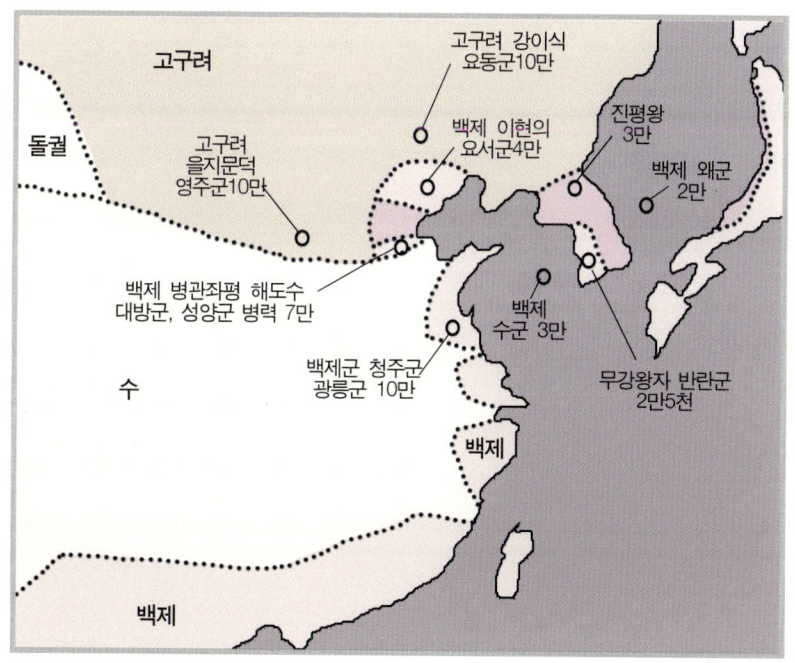

▲ 각국의 군대 배치도

탁군 근처로 이동하여 백제 대방권과 동청주 군대를 견제한다.

한편 대륙의 광양군과 광릉군 복건성 안남에 배치된 백제군은 고구려군의 대규모 이동에 대비하기 위해 동청주로 모이기 시작한다. 백제군의 수많은 배 행렬이 황해를 뒤덮었다. 법왕은 왜의 군대에도 동원령을 내려 2만의 군대로 신라 월성에 상륙하여 신라 수도를 점령하도록 명령한다.

백제의 내분

 법왕은 수나라에 도움을 요청했다. 패전한 지 1년도 안 된 수나라는 백제 법왕의 지원요청에 난색을 표했다. 하지만 백제의 내분은 수나라에 이로울 것이 없다는 판단에 양견의 둘째 아들 진왕이 20만 대군을 이끌고 고구려를 견제하기 위해 태원으로 진출한다. 영주자사직을 겸한 을지문덕 막리지는 휘하 병력 15만 중 5만을 태원 근교로, 10만을 백제 대방군 쪽으로 배치했다.

 수나라 군대가 진격해 오자 을지문덕은 4만의 병력을 대방군 근교에 배치하고는 11만의 군대를 태원에 주둔시켰다. 태원으로 오는 길목에는 고구려 대막리지 연태조의 아들 연개소문이 병사 3천을 이끌고 지키고 있었다.

 고구려의 정예병사 조의로 구성된 3천의 병사들은 20만 대군의 수나라 군대를 보고도 겁내지 않았다. 고원지대의 길목을 차단한 고구려군은 수나라 군대가 오기를 기다렸다. 길목은 폭이 1㎞ 이상 되는 비교적 넓은 공간으로 3천의 병사로 지키기에는 너무 넓었다.

막리지 을지문덕으로부터 후퇴하라는 명령이 내려졌다. 하지만 연개소문은 후퇴할 생각이 없었다. 3천의 철기병으로 구성된 연개소문의 정예부대는 수나라 군대의 선봉장으로 나선 장군 우중문의 1만 기병과 대면했다. 연개소문과 말갈 장군 의제 생해는 군의 선두에서 장검을 들고 돌진했다. 우중문도 휘하 부장들과 함께 돌격했다.

계곡의 중앙에서 만난 양군은 멈추지 않고 부딪쳤고 양군의 말들이 부딪히며 쓰러졌다. 우중문은 5천의 병력을 빼내 고구려군의 우익으로 돌아서 포위하려 했다. 연개소문은 수나라 기병의 절반가량이 돌아서 고구려군의 후미로 가려는 것을 간파했다.

연개소문 휘하 고구려군은 그대로 5천의 수나라 기병을 정면으로 돌파했다. 연개소문은 우중문을 잡으러 뛰어갔다. 우중문과 휘하 부장들이 연개소문을 막으려 했지만 오히려 연개소문에게 목이 잘렸다. 우중문이 놀라서 연개소문과 직접 대결했지만 몇 합을 채우지 못하고 후퇴한다.

정면의 수나라군이 패퇴하자 고구려군의 후미로 돌아가던 수나라군이 당황했다. 계곡의 안쪽에는 고구려군이, 바깥쪽에는 수나라군이 있었던 처음 전투상황에서 이제는 양군의 위치가 반대로 되어버렸다.

연개소문이 추격을 중지하고 후방의 수나라군을 공격하자 수나라 기병들이 크게 동요했다. 게다가 멀리서 수만의 기병이 뛰어오는 소리가 들렸다. 제대로 전투 한 번 못해보고 1만의 수나라 선봉대는 퇴각했다. 마침 양만춘과 대걸중상 고사계 등의 장군들이 5

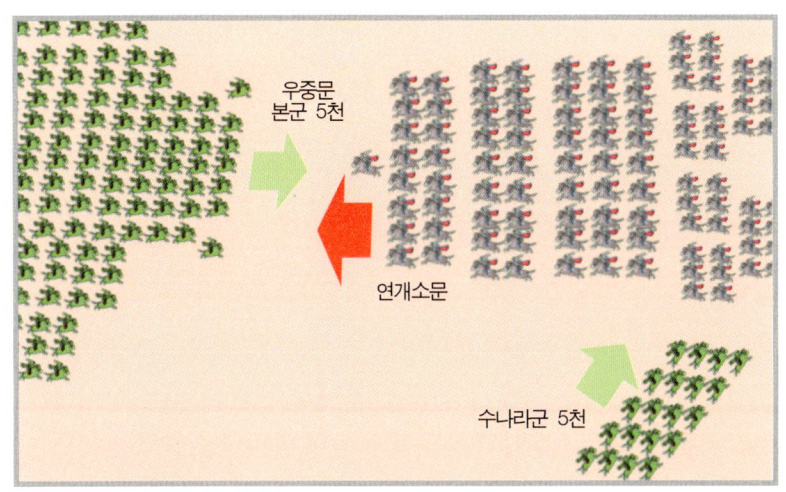
▲ 전투 상황도

만의 기병을 이끌고 도착했다. 계곡을 사이에 두고 양군은 대치만 할뿐 더 이상의 전투는 하지 않았다.

599년, 돌궐의 2인자 계민카간은 반기를 들고 대칸인 툴란카간에 대항했다. 툴란카간은 즉시 반란을 제압하고 계민카간을 따르던 귀족과 병사들을 학살한다. 계민은 고구려와 수나라 중 어느 곳으로 망명할까 고민하다 전에 수왕의 명으로 고구려 접경지역으로 진출했던 적이 있으므로 수나라에 망명한다. 수문제는 계민을 중국 변경인 오르도스지방으로 맞아들이고 지원했다. 결국 툴란이 사망하자 계민이 동돌궐의 카간이 되었고 수에 순종했다.

백제 무강왕자는 이제 한반도 백제 남부의 귀족들에 대한 통치권을 확보한다. 병력은 이미 4만을 넘었으며 대륙백제의 남부지방 지배자인 좌현왕 해원이 무강왕자에게 충성을 비밀리에 맹세한다.

왜에서는 각 제후들과 왕들이 속속 충성을 맹세했다. 그러나 표면적으론 법왕이 무강왕자를 무강왕 겸 우현왕에 봉함으로써 대백제제국의 수많은 왕들 중 하나에 지나지 않았다.

혜명천황은 병상에 누워 있은 지 몇 달 만에 의식이 많이 흐려졌으나 이미 실권은 예전부터 법왕이 갖고 있으므로 제국의 혼란은 일어나지 않았다. 전년부터 계속된 고구려, 신라의 백제 국경에 대한 병력 집중은 법왕에게 부담이었다. 우현왕 무강을 치고 싶으나 병력이 없었고 병사들을 모집하고 훈련시키는 데 많은 돈이 들었다. 돈줄은 이미 우현왕이 장악하고 있었다. 각 상단을 장악한 데 이어 대륙과 한반도 왜를 잇는 무역로의 주요 제후들은 모두 무강왕 계열의 귀족이었다. 당연히 돈은 전부 무강왕에게 모여들었다.

수도 내에서의 반란은 적은 병사로도 가능하지만 외부에서 수도로 공격하는 데는 엄청난 대군이 필요했다. 무강왕에게도 지금의 상황이 이롭지만은 않았다. 백제의 인구가 지금 천만에 가까운데 700만 이상이 사는 주요지역은 아직 법왕의 지배 하에 있었다. 무강왕은 축적된 자금으로 군대를 모으고 주변 귀족들을 복속시켜나갔다.

법왕은 혜명천황이 붕어하자 법명천황으로 등극한다. 대관식에 무강왕도 초청되었지만 가지 아니한다. 이듬해 대규모로 가뭄이 들게 된다. 백제 전역이 가뭄에 시달리자 민심이 많이 나빠졌다. 법왕은 무강왕을 견제하기 위해 군대를 확충하는 데 정신이 팔려서 나라 안 사정이 그렇게 나쁜지 몰랐던 것이다.

20만이 넘는 군대를 보유한 법명천황은 그제서야 주변 대신들의 권고로 기우제를 드리러 칠악사에 가게 된다. 사찰 주변에 수천의

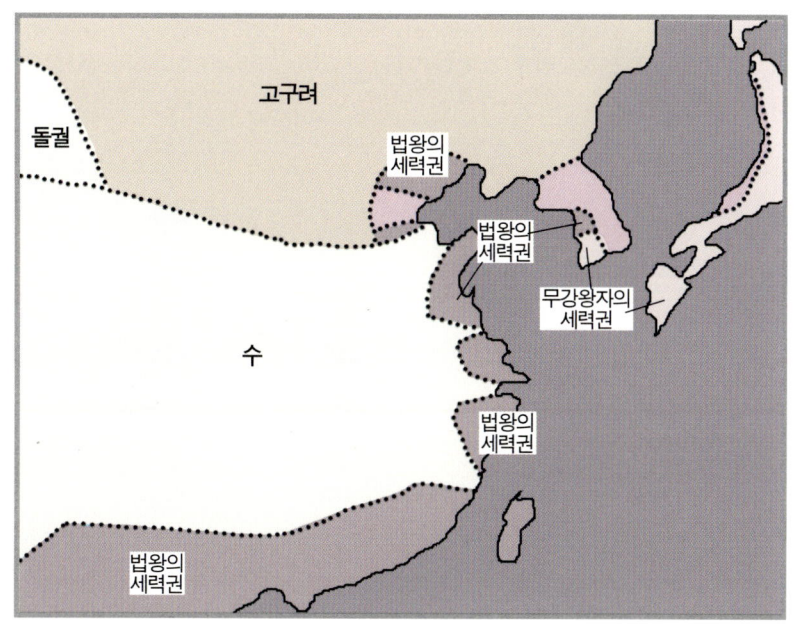

▲ 법왕과 무강왕자의 세력권

병사들을 배치하고 기우제를 7일간 하고는 동청주로 돌아온다. 아무래도 사비성은 위험하다고 생각해서 수도에는 오래 있지 않았다.

동청주에 10만이 넘는 친위군이 배치되었고 백제 수군 3만은 청주 근방을 지키고 있었다. 과거 동성천황이 지은 임유각을 재건한 후 거기에 머무른 황제는 갈수록 커져가는 무강왕의 세력에 너무 신경을 쓰다 몸이 쇠약해졌다.

무강천황의 등극

600년, 61세의 일기로 법명천황이 붕어한다. 황제는 등극 후 계속 무강왕을 견제하려는 생각에 몸이 쇠약해져 결국 오래 살지 못한다. 아버지인 혜명천황이나 큰아버지인 위덕천황이 80까지 살았던 것에 비하면 장수한 왕은 아니었다.

동청주 임유각에는 법명천황의 장자 부여태가 벽중왕 겸 동청주자사로 있었다.

〈현재의 세력판도(백제)〉

부여태의 세력	무강왕의 세력
· 유주자사 해도주	· 요서군 태수 이현
· 벽중왕 겸 동청주자사 부여태	· 가야왕 김을
· 광릉군 태수 사제원	· 왜왕 부여원
· 서주자사 국시랑	· 좌현왕 해원
	· 흑치국왕 부여강
	· 안남왕 부여서

백제제국 10명의 왕 중 5명이 무강왕을 따랐다. 백제제국 1천만 인구 35만 군대 중 현재 무강왕 계열은 4백만 인구에 15만 병력이었다. 인구가 많고 병사가 많이 주둔되어 있는 청주와 서주를 부여태가 장악하고 있었기 때문이다.

위·오·촉 삼국시대 때 서주의 인구가 3백만에 달했다. 현재는 서주의 대부분을 백제군이 장악하고 있어서 대부분의 서주 인구는 백제로 편입되었다. 동성천황 때 백제의 인구가 1,500만을 넘어서 최고의 전성기를 자랑했지만 현재는 많은 영토가 수나라에 잠식된 상태였다.

부여태는 수도 사비성이 자신의 영역이었으므로 대관식을 하고 황제계승을 선포하려 했다. 청주에서 3만의 백제 수군을 대동하고 미추홀(인천)에 상륙했다. 오는 도중 아무런 제재도 받지 않았다. 사비성에 입성한 부여태는 한상 이남의 백제군을 집결시켰다. 약 5만의 병력이 수도 사비성 근처에 모여들었고 수군 3만은 미추홀에 대기 중이었다.

한반도 백제에 부여태의 병력은 총 8만으로 무강왕의 5만 병력을 압도했다. 게다가 무강왕의 군대는 가야군과 왜군, 신라로 망명한 백제 귀족의 사병, 백제로 입성한 뒤 무강왕을 따르는 진씨 귀족 세력의 사병들로 구성되어 정예군으로 편성된 부여태의 병력을 도저히 이길 수가 없었다. 속전속결로 전쟁을 끝내지 않으면 외세의 개입 여지가 있어서 양측은 모두 빠른 대결을 원했다.

황산벌에서 벌어진 첫 전투에서 무강왕은 패하여 2천의 전사자를 남기고 물러났다. 신이 난 부여태는 다음 날 전투에서 전군을 투입한다. 양군의 규모는 5만으로 비슷하지만 정예군인 부여태의 군대가 무강왕을 밀기 시작했다. 진씨 사병들이 먼저 도망치기 시작했고, 뒤를 이어 가야군과 왜군이 도망치기 시작했다. 승기를 잡았다고 생각한 부여태가 전군에 공격령을 내렸다.

그런데 10리를 도망가다가 갑자기 무강왕이 멈춰 섰다. 순간 부여태의 군대 양옆에서 숨어있던 수만의 병사들이 일제히 일어서서 화살을 쏘기 시작했다. 그리고 무강왕의 병사들이 일제히 반격하기 시작했다. 순식간에 전세가 역전되었다. 앞장서서 지휘하던 부여태는 너무 선두에 서는 바람에 포위되어 버렸다. 부여태의 동청주군단 1만 명이 부여태를 구하기 위해 뛰어들었다.

부여태는 무강왕의 근위대장이자 법왕에 의해 제거된 좌평 연호력의 아들 연가에게 사로잡혔다. 연가는 다른 병사보다 머리하나가 더 크고, 힘은 장정 5명과 줄다리기를 하여도 밀리지 않는 장사였다. 연가가 장검을 내리치니 부여태의 칼이 두 동강 나면서

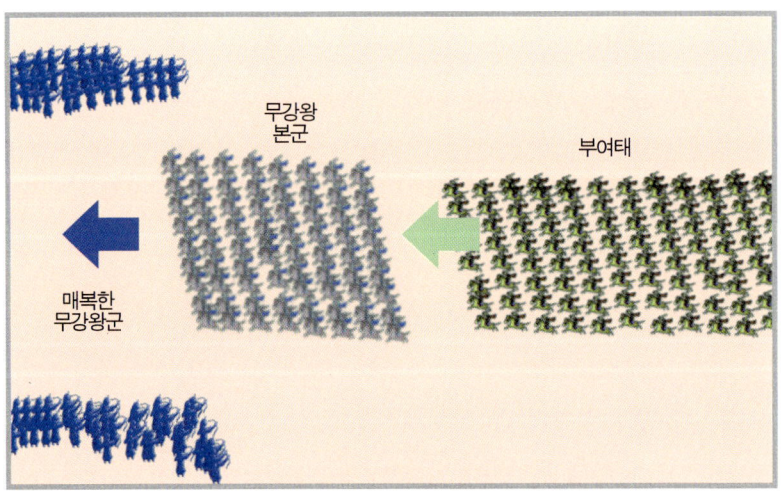

▲ 전투 초기 상황도(무강왕이 부여태의 군대를 유인한다)

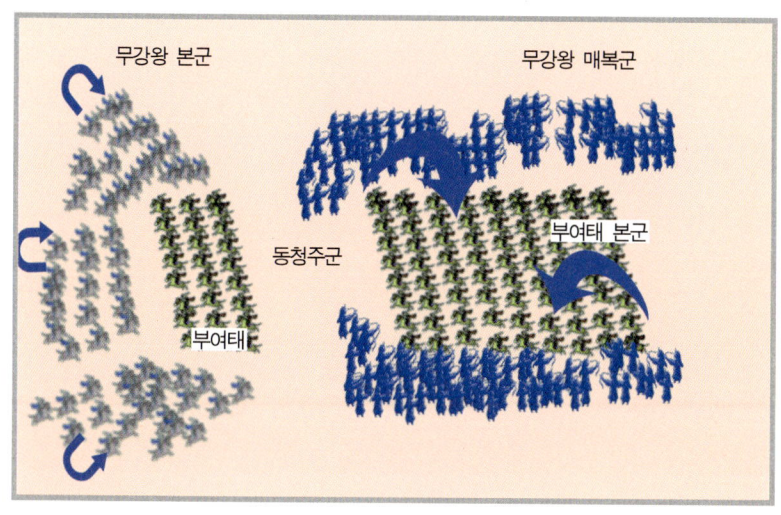

▲ 전투 후기

연가가 장검을 부여태의 목에 겨누었다. 부여태는 놀라 항복하고 주력군인 동청주군단은 부여태를 구하려다 포위되어 버렸나.

동청주군단의 무예 솜씨는 대단하여 무강왕의 근위군 5천이 이들을 막다가 절반이 죽었다. 전투는 쉽사리 끝나고 무강왕은 사로잡은 부여태를 앞장세워 사비성에 입성했다. 사비성 성주 해계명은 성문을 열고 무강왕에게 충성을 맹세했다. 수군 대장 부여진은 부여태의 동생으로 이미 대세가 기울어졌음을 깨닫고 항복한다.

무강왕은 인구 천만, 병사 35만의 대국 백제의 황제로 등극한다. 고구려, 수나라, 신라, 돌궐에서 축하사절이 왔으며 무강천황은 대내외적으로 평화를 선포한다.

백제의 내분 동안 몇몇 태수와 귀족들이 수나라에 투항했다. 특히 법명천황 계열의 귀족들은 동맹국이던 수나라에 투항하여 땅을 바쳤다.

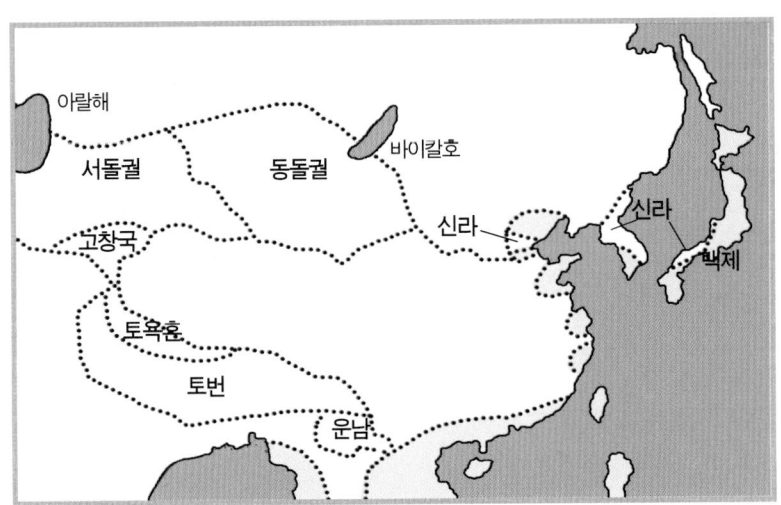
▲ 줄어든 백제 제국의 영토(운남은 백제에서 독립, 6조 성립)

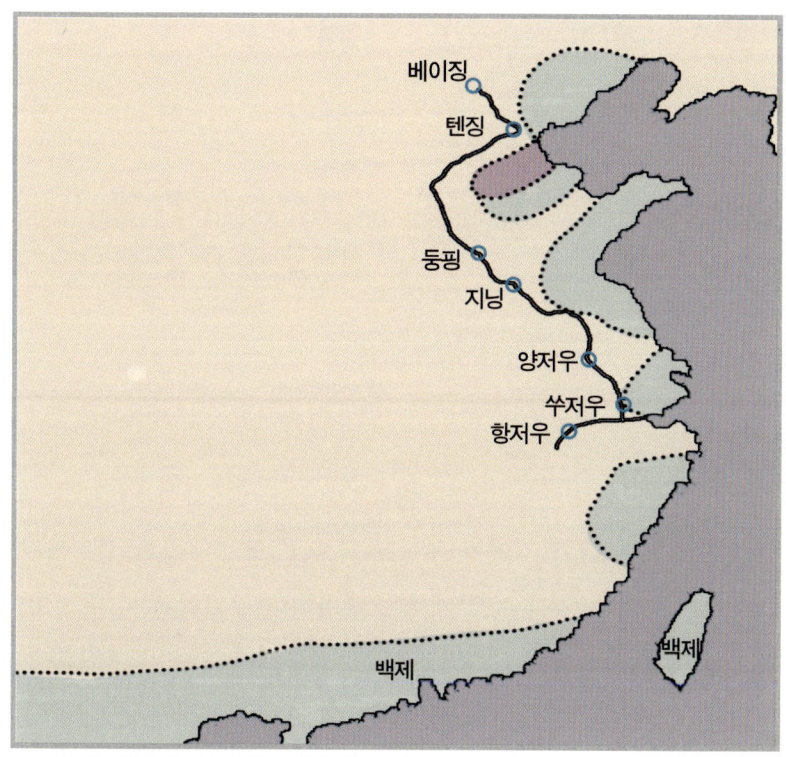

▲ 중국 정부가 주장하는 대운하 노선도

    수나라가 뱃길을 두고 대운하를 건설한 것은 필자가 보기에 해안지방이 백제군에 의해 막혀있었기 때문이다. 묘하게도 운하의 동쪽 해안지방이 당시 백제 영토와 어느 정도 일치한다. 강남지방에서 거둔 막대한 세금을 안전하게 수송하기 위해 건설한 것으로 보여지며, 대운하를 건설한 이유가 고구려 정벌에 있다는 일부의 이야기도 맞는 것으로 보인다. 즉 해안지방이 백제군에 의해 점거되어 있었고 당시 동맹국으로 있었지만 보다 안전한 운송로 확보와 빠른 물자수송으로 궁극적으로는 고구려 침공에 그 건설 원인이 있는 것으로 보인다.

    그리고 실제 수나라가 운하를 그림과 같이 대규모로 건설한 것도 의문시된다. 당시의 노동력과 기술력으로 북방의 고구려와 돌궐이 아직 건재한 상황에서 국경 바로 앞까지 운하를 건설했다는 것은 의문이다. 아마도 황하와 양자강을 잇는 일부 노선을 건설한 것이 타당하다고 본다.

서돌궐과 수의 전쟁

601년, 서돌궐의 지배자 타르두는 3년 전 수나라와 고구려의 대전에서 수나라가 진 사실 때문에 굉장히 고무되어 있었다. 이번에 수나라를 쳐서 항복시키면 사실상 천하 제국의 주인 역할을 할 수 있고, 마지막으로 고구려까지 치면 명실상부한 천자가 될 수 있다고 생각했다. 그리하여 20만 대군을 동원한 타르두는 곧장 국경을 돌파하여 장안으로 향했다.

수나라는 3년 전 30만을 잃은 까닭에 그때의 피해에서 아직 회복이 덜된 상태였다. 수나라 장군 장손성은 수도방위군과 지방군 20만을 모아 맞섰다. 장안 근처까지 진군한 서돌궐군은 파죽지세였다. 20만 대군 대부분이 기병인 서돌궐에 비해 수나라는 10만 기병과 10만 보병이었다. 남부지방에서 지원군이 도착하려면 아직 시간이 더 필요했다.

수나라 문제는 둘째 아들 진왕에게 남부지방의 군대를 모아서 장안으로 오라고 했다. 좌복야(재상) 고경은 서부지역 군대 10만을 이끌고 장안으로 오고 있었다. 고구려 접경지역에는 우복야(재상) 양소가 10만 군대로 고구려를 방어하고 있어서 지원을 할 수 없었다. 장손성은 들판에서 서돌궐군과 정면대결하면 승산이 없다고 보고 일단 장안성을 지키기로 했다.

서돌궐의 타르두는 곧장 장안을 포위했다. 장손성은 장안에 수비군 5만을 남겨두고 15만 군대를 장안의 남쪽 30리에 포진시켰다. 고경의 서부 군대 10만과 진왕의 남부 군대 15만이 도착하면 반격할 생각이었다. 타르두는 정찰병으로부터 장안성 남쪽에 수나라 대군이 포진하고 있다는 소식을 들었다. 타르두는 우선 장손성의 군대를 격파한 뒤 장안성을 점령할 계획이었다. 수나라 문제와 주요 귀족과 왕족들은 이미 낙양으로 도주한 뒤였다.

장손성은 군대를 언덕에 주둔시키고 목책을 세워 돌궐군의 기습에 대비했다. 이른 새벽에 타르두는 돌궐군 15만을 이끌고 장손성을 기습했다. 5만의 돌궐군은 장안성 밖에 매복해 있다가 혹시나 장안성 안의 군대가 장손성을 도우려 나오면 타격을 주기로 했다.

장손성은 목책 뒤에 수만의 궁병을 배치하여 돌궐군의 공격을 방어하려 했다. 목책에 갈고리를 던진 돌궐 기병들은 일시에 끌어당겨 목책을 무너뜨리고 기병이 화살을 쏘면 전진했다. 아직 해뜨기 전이라 피아 구별이 잘 안 되어 수나라 궁병이 쏜 화살이 돌궐군에 잘 맞지 않았다.

장손성은 창병들을 준비하여 막아서게 했다. 하지만 돌궐의 창병들은 창을 무수히 던져 수나라 창병이 밀집대형을 유지하지 못하게 했다. 수나라 주요 정예 군대는 이미 고수전쟁에서 대부분 전사했고 경험이 적은 병사들이 대다수였다. 돌궐군이 말을 타고 전진하는 광경에 당황한 수나라 병사들이 이리저리 흩어졌다.

장손성의 진지에 불길이 타오르는 것을 먼발치에서 본 장안성의 병사들은 장손성을 구원하기 위해 성 밖을 나섰다. 4만의 병사가 성문을 나서서 10리를 행군하는 순간 양쪽에서 돌궐 기병 5만이 먹이를 만난 호랑이처럼 덮쳤다. 수나라군은 도망치기 바빴고, 일부 용맹한 군사들이 젊은 장군 이연의 지휘 하에 밀집대형으로 뭉쳐서 저항했다. 그러나 말을 타면서 화살을 쏘는 돌궐군을 막아낼 수 없었다. 이연은 병사들을 모아서 성안으로 후퇴했다. 마침 성 위에서 수나라 궁병들이 돌궐군을 향해 화살을 쏘아 수나라군의 퇴각을 도왔다.

반 시진도 못 되어 2만 이상의 수나라군이 죽었다. 돌궐군 5만은 곧장 장손성을 공격했다. 겨우 막아내고 있던 장손성은 추가된 돌궐군의 공세를 당해내지 못했다. 장손성은 수레와 마차 등 동원 가능한 모든 나무를 모아 진지를 보강했다. 또한 창병을 결집시켜 돌궐군을 막아내고 궁병은 뒤에서 화살을 쏘아댔다. 아침이 될 때까지 죽은 수나라군이 5만을 넘었다. 하지만 장손성은 버텨냈다. 정오까지 공격하던 돌궐군도 지친 모양인지 더 이상 공격하지 않았다.

이때였다. 북소리가 남쪽에서 들리고 서쪽에서 뿔나팔 소리가 울려 퍼졌다. 고경의 10만 군대와 진왕의 15만 군대가 도착했다. 돌궐의 타르두는 당황하기 시작했다. 수나라가 30만 군대를 잃은 지 얼마 안 되는데 이렇게 군대가 많을 줄은 몰랐던 것이다. 타르두는 수나라 군대를 50만으로 생각했는데, 30만을 잃었으니 자신의 20만 대군으로 남은 수나라 군대 20만을 공격하면 승리할 줄

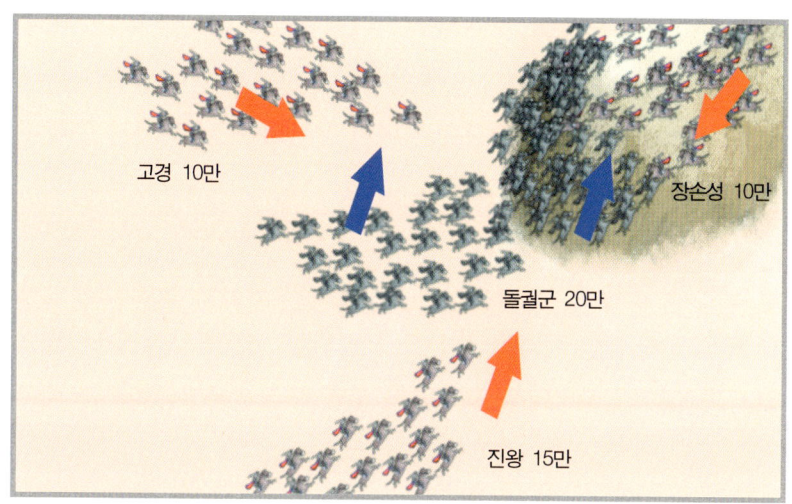

▲ 양군 전투 상황도

안 것이다.

　타르두가 당황하여 우왕좌왕하사 장손성이 일시에 총공격령을 내렸다. 타르두는 세 방향에서 쏟아진 수십만의 군대를 당해낼 수 없었다. 돌궐군이 패했다. 언덕 위에서 내려오는 장손성군을 막아내지 못하고 내려왔고 고경과 진왕의 군대에 측면을 공격당했다. 결국 타르두는 패하여 청해로 도망한다.

　이 무렵 백제 무강천황은 수나라에 항복한 백제 귀족들을 공격하기 시작하여 청주와 서주군 10만, 유주군 5만을 동원하여 주변 지역을 평정한다. 낙양에 있던 수문제는 지금 백제와의 전쟁은 힘들다고 판단하여 간섭하지 못한다. 그리고 그 땅은 원래 백제의 땅이었기 때문에 영유권 주장이 어렵다고 생각했다.

　무강천황은 즉위 후 고구려, 신라와 평화관계를 유지했다.

602년, 무강천황은 고구려의 사신을 응대했다. 고구려는 백제에 손을 내밀었다. 이전의 법명천황과 혜명천황이 수나라를 동맹국으로 삼아 고구려와 전쟁을 벌였지만 이제 새로운 백제 황제에게 고구려가 손을 내민 것이다.

고구려에서 온 사신은 신라의 진평왕이 아들이 없다는 것도 알고 있었다. 진평왕이 죽으면 장녀인 선덕이 왕위에 오를 가능성이 많은데 셋째 딸인 선화를 부인으로 맞이한 무강천황이 왕위 계승권을 주장하는 상황에서 고구려가 힘을 보태겠다고 했다. 그러면 서라벌에 무혈입성할 기회를 얻게 되는 것이다.

이에 고구려 사신은 고구려가 수나라와 전쟁을 할 때 백제가 고구려를 도와 달라고 요청했다. 백제가 차지한 곡창지대의 힘을 의지하려는 것이었다. 비록 엄청난 땅을 잃었지만 아직도 백제는 대륙 해안과 남부를 지배하고 있었다. 특히 안남에는 벼농사가 잘되어 소출이 많았고 백성들은 배를 곯지 않고 살 수 있었다. 무강천황은 흔쾌히 동맹에 응했다.

한편 세작들로부터 고구려, 백제의 동맹소식을 들은 진평왕이 노했다. 안 그래도 고구려로부터 입조 요구와 조공 요구를 동시에 받고 있던 신라로서는 사위인 무강천황에 의지해 고구려를 물리칠 생각이었는데, 오히려 백제 쪽에서 신라의 다음 왕위계승권을 노리고 있다는 소식에 불같이 노했다.

무강, 장인을 공격하다

 8월, 무강천황은 군사 1만을 출동시켜 신라의 아모산성(또는 모산성)을 포위했다. 신라왕 진평이 정예기병 수천 명을 보내 항전했다. 산성 주위에 포진한 백제군은 새벽에 기습한 진평왕의 기병 5천에 당황하여 10리를 후퇴했다. 백제 장군 해모달이 황제에게 서신을 보내 진평왕을 쳐도 되는 것인가 하고 물었다. 황후 선화가 이 일을 알고 황제를 설득하여 해모달은 철수했다.

 신라가 소타, 외석, 천산, 옹잠 등 4개의 성을 쌓고, 백제 변경에 침범했다. 황제가 노하여 좌평 해수에게 명령하여 보병과 기병 4만 명을 거느리고 그 성들을 공격케 했다. 신라 장군 건품, 무은이 군사를 거느리고 마주 싸웠다.

 좌평 해수는 계략에 능한 장군으로 신라군 2만이 4개의 성을 수비하고 있는 상태를 파악한 후 정면 공격하면 성을 능히 취할 수 있으나 백제군의 피해가 클 것으로 생각했다. 그리하여 천산성 앞에서 2만의 군사로 시위한 후 신라군의 반응을 살폈다.

신라 장군 건품과 무은은 백제군의 수가 신라군과 비슷하므로 성내에서 싸울 것이 아니라 성 밖으로 출진하기로 동의했다. 해수의 2만 군사와 건품 무은의 2만 군대가 평야에서 전투를 벌였다. 해수는 일부러 불리한 척하여 신라군을 유인했고, 해수가 불리해서 패한다고 생각한 신라군은 승세를 타고 쫓아갔다. 해수는 백제 군사를 이끌고 천산 서쪽의 소택지로 퇴각하여 기다렸다.

무은이 승세를 타고 병사 1천 명을 선두로 전군을 거느리고 소택지까지 추격하여 왔을 때, 매복해 있던 병사들이 달려들어 갑자기 공격했다. 무은은 말에서 떨어지고 군사들은 놀라 당황하여 어찌할 줄을 몰랐다. 신라군은 포위망을 벗어나기 위해 안절부절못했다.

이때 무은의 아들 화랑 귀산이 큰소리로 소리쳤다.

"내 일찍이 스승에게 들으니, 군사는 적을 만나서는 물러서지 말라고 했는데 어찌 감히 도망하여 스승의 가르침을 저버리겠느냐!"

그는 말을 아버지에게 주고 즉시 소장 추항과 함께 창을 휘두르며 힘껏 싸우다가 사망했다. 나머지 군사들이 이를 보고 더욱 분발하여 퇴로를 뚫고 성으로 돌아왔다. 이날 신라군은 1만을 잃었다. 하지만 신라군을 포위한 백제군도 1만의 병사를 잃어 절반도 안 되는 신라군을 포위하여 전멸시키지 못하고 적군과 비슷한 사상자를 내자 황제가 노하여 해수를 소환했다.

603년, 무강천황은 지난해 백제가 수만의 군대를 내어 신라를 침공할 때 고구려의 소극적인 태도에 실망했다는 내용을 고구려 사신에 전해 보내었다. 이에 영양태왕은 장군 고승과 1만의 군대를 보내 신라의 북한산성을 공격했다. 북한산성은 고구려군에 포위되어 7일을 버텼으나 곧 함락될 기세였다.

지난 가을에 백제군의 공격으로 입은 피해를 만회하기 위해 노력하던 진평왕은 성을 구원하기 위하여 직접 1만 군사를 거느리고 한수를 건너왔다. 그때 북한산성의 신라군이 북을 치고 함성을 지르며 신라군의 함성과 호응했다. 고승이 성 안팎으로 신라군에 둘러싸여 포위될까 두려워했고, 적군의 소리가 크니 필시 아군보다 군사가 많으므로 아군이 승리하지 못할 것이라고 생각하여 물러났다.

605년 2월, 신라 접경에 각산성을 쌓았다.

8월, 신라 진평왕은 몇 년 전 백제와 고구려에게 당한 분풀이를 위해 3년 동안 절치부심切齒腐心하며 군대를 증강시켰다. 또한 수나라와 고구려에 사신을 보내 선물을 바치고 동맹을 제의했다. 수나라에는 고구려의 후방을 견제할 나라는 신라밖에 없음을 부각시키고, 고구려에는 백제의 후방을 견제할 나라는 신라뿐임을 각인시켰다.

고구려와 수나라는 신라의 지정학적 위치를 모두 인정하여 고구려 영양태왕은 신라가 백제를 공격하면 중립을 지키기로 했고, 또한 수나라도 군을 백제 국경에 배치하고 신라를 지원하기로 했다.

진평왕은 군사 3만을 이끌고 백제 접경 각산성으로 출발했다. 무강천황은 진평왕과 직접 대면하고 싶지 않았다. 그리하여 왕족 부여설을 총사령관으로 하여 병사 4만을 보냈다. 백제가 자랑하는 철기군도 1만이나 투입시켰다.

진평왕은 각산성 인근에서 진을 치고 백제군이 오기를 기다렸다. 이번 전투는 수나라가 백제 국경에 군대를 배치시키면 백제군이 바다를 건너 청주와 요서 광양군으로 지원하러 갈 수밖에 없으니 그때 백제를 친다는 계략이었다. 수나라군은 벌써 백제 청주와 요서, 광양으로 이동했다. 때마침 고구려군도 요동에서 요하를 건너 남하하고 있었다. 엄청난 선물을 받은 두 강대국이 백제를 위협하는 상황이었다.

무강천황은 고구려군의 남하에 놀라 사신을 보내 항의하고, 수나라에도 진의를 파악하기 위해 사신을 급파했다. 수나라는 지난번 돌궐군이 장안을 공격했을 때 백제군이 수나라에 항복한 백제 귀족들의 영지를 차지한 것에 대한 반환을 요구했다. 또한 고구려로부터는 수나라를 견제하기 위해 남하했을 뿐이라는 답신이 왔다.

즉시 동청주와 동서주, 동유주 일대에 비상경계령이 내려졌다. 광릉과 광양군에는 한반도 백제로부터 지원군이 속속 도착했다. 각 백제의 제후국에서는 병선들이 도착하고, 왜와 가야군들은 우선 한반도 남해안에 집결한 후 다시 배를 타고 황해를 가로질러 청주로 급파됐다. 백제군 전군 25만 중에 20만이 대륙백제 해안 지방으로 집결하고 있었다.

무강천황은 신라에 사신을 보내 각산성을 양보할 터이니 철군할 것을 요구했다. 진평왕도 우선 백제로부터 성을 할양받는 조건에 동의하고 철군하기로 했다.

신라군이 철군하자 무강천황은 동청주로 급히 갔다. 20만 백제군이 황제의 명령을 기다리고 있었다. 수나라도 남하하는 고구려군 때문에 백제군과 전쟁을 하고 싶지는 않았다. 수나라군은 철군하고 고구려군도 남하를 멈추었다. 이번 일로 무강천황은 수나라

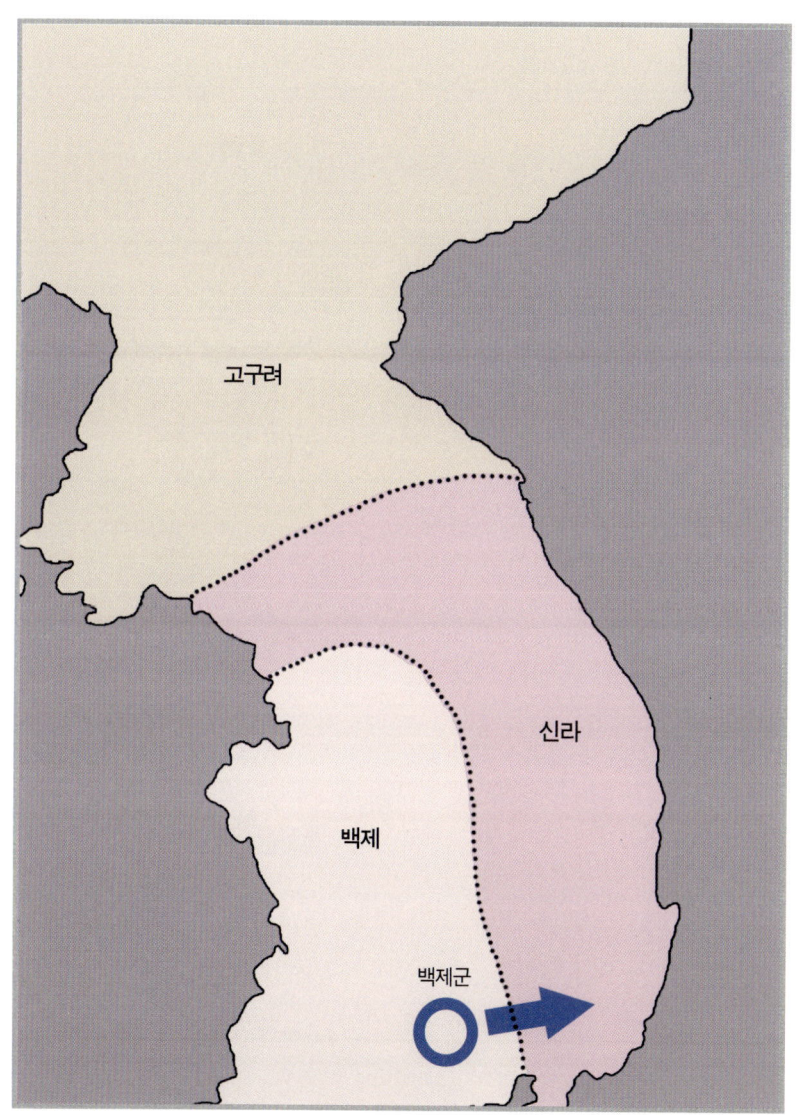

▲ 백제군 진격로(각산성 전투 상황도)

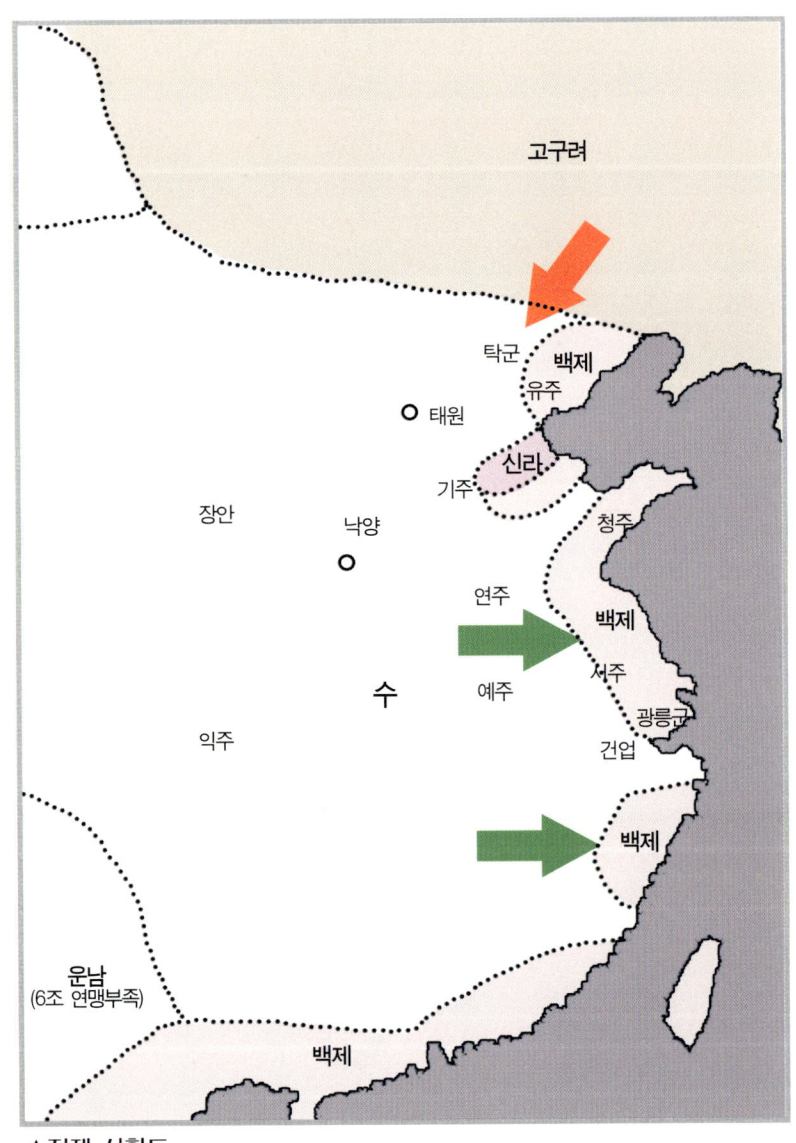

▲전쟁 상황도

와 고구려에 앙심을 품게 되었다.

606년 3월, 백제 서울에 흙비가 내리고 낮이 어두웠다.
4월, 크게 가물어 기근이 들었다.

607년 3월, 백제 무강천황은 한솔 연문진을 수나라에 보내 무역교류를 하게 했다. 또한 좌평이며 매라왕 효린을 보내 선물을 바치면서 고구려를 치자고 요청했다. 양제가 이에 동의하고 고구려의 동정을 살펴달라고 했다.
5월, 고구려가 백제의 요서군에 대한 공격을 감행했다. 고구려 태왕의 동생 영류왕은 병사 1만을 거느리고 요서군의 송산성을 공격하다가 함락시키지 못하고 다시 석두성을 습격했다. 석두성의 백제군은 송산성을 구원하러 출병했고, 백세군이 출병한 틈을 타서 백제군과 길을 엇갈리게 행군한 고구려군은 성내에 침입하여 남녀 3천 명을 사로잡아 돌아갔다. 천황이 이로 인해 크게 분노했다.

608년 3월, 수나라 문림랑 배청이 왜국에 사신으로 가면서 백제 남쪽 길을 통과했다.
2월에 고구려군은 대대적인 신라 토벌에 나선다. 이는 장차 있을 수나라와의 일전에서 후방을 튼튼히 하기 위함이고, 또 한편으론 군부의 전쟁경험을 쌓기 위함이었다.
수나라군이 탁군 근처에 집결하고 있는 상황이었으므로 대군을 동원하지 못하고 보기병 5만을 준비하여 남진했다. 신라군은 진평왕의 지휘 하에 3만의 병사를 동원하여 막아섰다. 고구려군은 한강 근처 평지까지 진군하여 진을 쳤다. 신라군이 죽기를 각오하고 배수진을 쳤다.

고구려군은 궁병을 전진 배치하고 그 뒤로 철기군과 기병을, 그 뒤로 보병을 배치했다. 화살을 쏜 후 철기병으로 신라군을 밀어낼 작정이었다. 신라군은 뒤로 밀리면 강이었으므로 후퇴할 곳이 없었다. 모든 병사들은 화랑을 선두로 하여 기병과 보병이 섞인 상태로 진을 쳤다.

신라군 근처 사정거리까지 진격한 고구려군 궁병은 일제히 화살을 쏟아 부었다. 신라군도 대응했다. 양군의 화살 공격이 반 시진 동안 지속되었다. 양군에서 수천의 전사자가 발생했다. 고구려 궁병이 일제히 뒤로 후퇴하면서 멀리 떨어져 있던 철기군과 기병이 동시에 진격했다. 신라군도 철기군이 일부 있었으나 규모 면에서 비교가 되지 않았다.

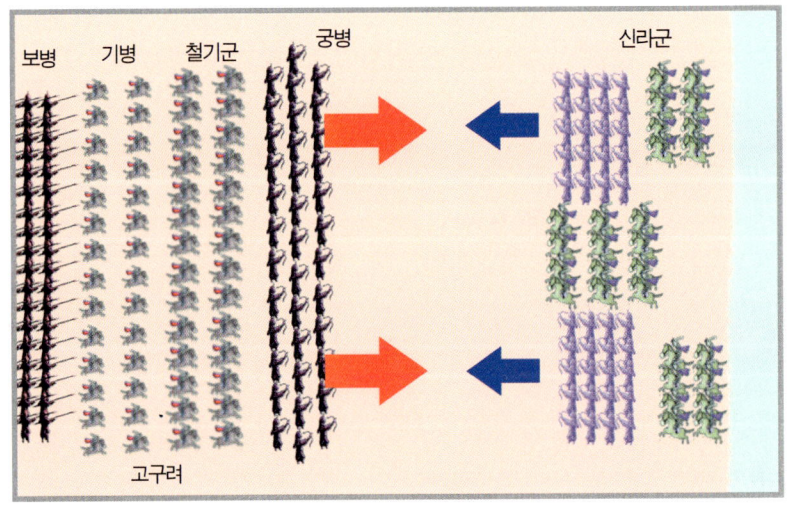

▲ 전투 상황도

신라 장군 무은과 가은, 이찬 김욱, 파진찬 최현 등은 왕을 일부러 군에서 멀찍이 떨어뜨렸다. 신라군이 질 것이 뻔하므로 왕을 피신시키기 위함이었다. 고구려 철기군이 신라군과 맞닥뜨리자 신라군 기병들이 우수수 나가떨어졌다. 화랑들이 놀라운 무예실력을 보이면 고구려 철기군을 상대하려 했지만 칼과 창에 맞아도 끄떡없는 고구려군은 손쉽게 신라군을 돌파했다.

신라군의 최후 방어선은 왕의 근위대 5천 명이었다. 근위군은 죽기로 고구려군과 싸웠다. 왕은 그 틈을 타서 강에 마련해 놓은 배를 타고 강을 건너 도망했다. 신라의 화랑 중에 고구려 철기군을 쓰러뜨린 자가 있었으나 이내 다른 고구려 기병에 의해 죽었다. 신라 보병들은 모두 고구려 기병에 쫓기다 죽어갔다. 일방적인 전투였다. 1만 4천이 죽었고 8천 명의 포로가 고구려로 끌려갔다. 살아남은 신라군은 당항성으로 도망치거나 강을 건너 남하했다. 일부는 강원도 산악지대로 도망치기도 했다.

4월, 고구려군은 남하하여 신라의 우명산성을 빼앗았다. 신라군은 이미 성을 버리고 남하했다. 고구려군의 대규모 침공은 몇 해 전 온달 장군 이후 처음이었다. 신라군은 이미 전의를 상실하고 패주했고, 고구려군의 남하는 백제 국경까지 왔다가 멈추었다. 백제군도 국경으로 이동 중이어서 더 이상 고구려군은 신라군을 추격하지 않았다.

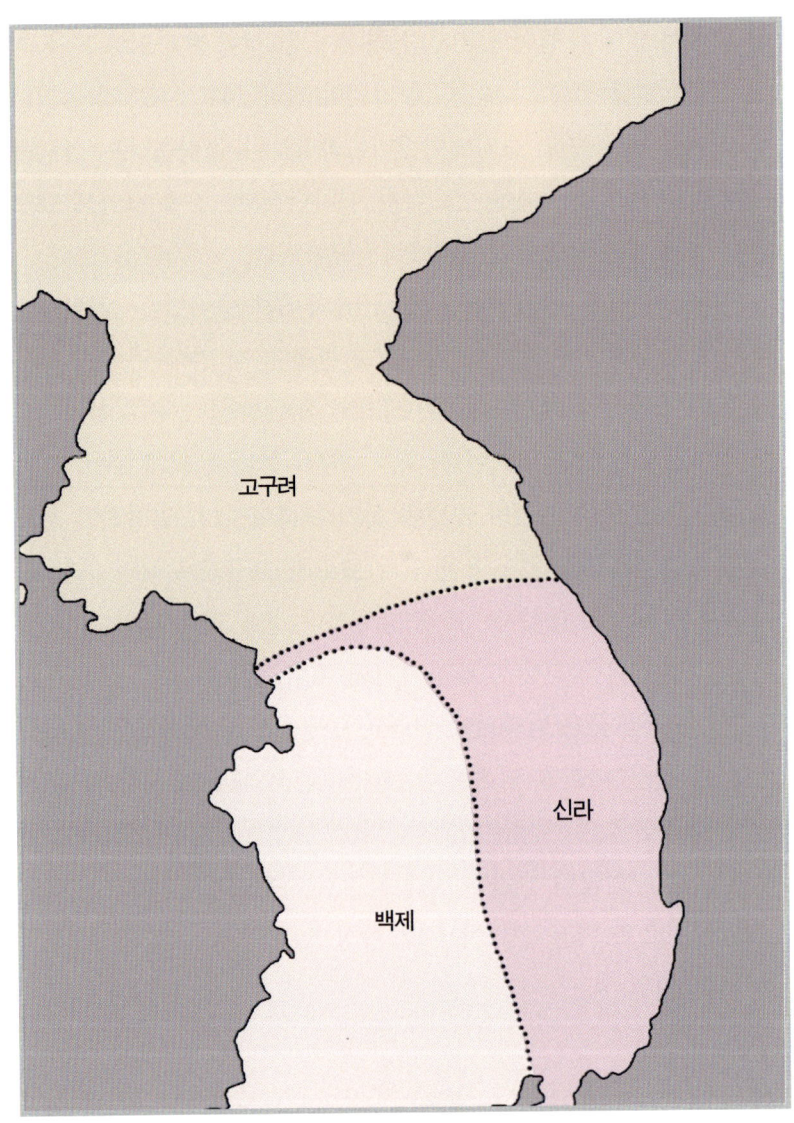
▲ 전투 후 각국 영역도(신라는 북방 영토를 대부분 상실)

수양제, 120만 대군으로 고구려를 침공하다

612년, 수양제가 육군 113만, 수군 7만을 일으켜 고구려를 침공했다. 24군단 113만 육군에는 돌궐과 토욕혼, 타림분지의 수많은 유목민족 군대까지 동원했다. 행렬이 천 리에 이르니 그 또한 장관이었다.

수양제는 출발 전 백제에 사신을 보내 협조할 것을 요청했다. 백제 무강천황은 우선 엄청난 대군의 규모에 놀라 수양제의 요청에 협조하는 것처럼 공문을 보내었다.

고구려는 이미 백제와 신라를 침공하여 만일 수나라와의 전쟁에서 수나라 편을 들면 어떻게 된다는 것을 보여주었다. 특히 신라는 궤멸적 타격을 입었다. 백제는 큰 피해를 입지는 않았으나 고구려에 반감을 가지기에는 충분했다.

수나라 양제는 백제군이 이번 전쟁에 참전해 주길 바랐다. 당시 국력으로 고구려는 30만에 가까운 정규군을 가지고 있었으나 수

▲ 수나라군의 진격로

나라군이 탁군에 집결하기 시작하면서 지원군과 징집을 통해 40만까지 군대를 증강시켰다. 백제는 상비군이 20~25만가량 있었으나 수나라군이 대거 늘어났다는 소식에 30만까지 증강시켰다. 신라는 지난 전쟁에서 고구려에 엄청난 타격을 입어서 8~10만가량이던 군대가 5만 정도로 줄었다.

   탁군을 출발할 때 천리에 걸쳐 행군하면서 위용을 과시하던 수나라군은 요하 근처에서 백제군 10만과 만나기로 되어 있었다. 그러나 백제군은 요하 근처에서 나타나지 않았다. 다만 병사 3천의 철기군을 보내 구색을 맞추었다. 너무나 적은 백제군 규모에 실망한 수양제는 항의 서한을 보냈으나 무강천황은 무시해버렸다. 오히려 백제 유주 땅에 15만의 병사를 집결시키고 10만의 군대는 동청주에 집결시켰다. 은근히 수양제를 압박한 것이다. 상황을 봐서 수나라군의 퇴로를 차단할 수도 있는 규모였다.

   무강천황은 고구려 영양태왕에게 사절을 보냈다. 지난번 잡아간 포로를 돌려주고, 나중에 신라 공격에 협조하며, 수나라를 치고 얻은 땅의 반을 할양한다는 조건에 동의하면 백제는 고구려의 편을 들 것이라고 했다. 영양태왕은 백제의 조건에 동의했다.

   백제의 전략을 맡고 있는 위사좌평 부여계수는 황제에게 수나라군이 요하를 건너면 수나라군의 요하 서쪽에 남은 군대를 백제 철기군으로 궤멸시키고 수나라군의 식량공급을 막으면 전쟁에서 손쉽게 승리할 수 있다고 건의했다.

   백제군이 백제 땅 유주로 이동하기 시작했다. 동청주에서 긴급하게 수군을 통해 실어 나른 병사들도 수만이었다. 무강황제가 직접 도합 20만의 백제 정예군을 이끌고 요서군에 집결했다. 그리고 수양제에게 사신을 보내 백제군이 수나라군을 도와 고구려를 치기 위해 집결하고 있다고 통보했다. 수양제는 크게 기뻐하며 선물을 보내었다.

요하 근처에는 고구려군이 20만 정도 집결했다. 이미 영주에서부터 철군하기 시작한 고구려군은 요하를 경계로 113만 수나라군과 대결했다. 강 양편에서 서로의 진영을 본 후 고구려 영양태왕은 과연 이길 수 있을지 의문이었다. 수양제는 자신의 군대에 1/5도 되지 않는 고구려군을 보고 크게 자신 있어 했다.

영양태왕은 요하를 돌아 거란 거주지역에 고구려군 3만을 보내었다. 수나라군의 식량보급로를 차단하기 위함이었다.

수나라군이 요하를 건너는 동안 병사 3만가량이 전사했다. 하지만 밤을 이용해 대규모 도하작전을 감행해 10만의 병사가 먼저 강을 건너왔다. 이때를 기다려 고구려군이 기습하여 크게 이겼다. 수나라군은 5만이 죽었다. 하지만 계속해서 수나라군은 건너왔고 마침 요하를 거슬러 온 수나라 수군 100척의 도움을 받아 대규모 도하를 감행했다. 요하를 건넌 수나라군이 30만이 넘자 고구려군도 뒤로 물러서기 시작했다.

영양태왕의 지휘 하에 고구려군이 일제히 공격했다. 궁병이 수만 개의 화살을 쏘고, 그 뒤로 철기군이 우측으로, 경기병이 좌측으로 수나라군을 공격했다. 수나라 기병도 그 규모가 엄청나서 고구려군과 싸울 만했다. 저녁 늦게까지 접전을 벌여 고구려군이 2만의 피해를 입고 수나라군은 5만의 피해를 입었다.

다음날 아침 고구려군은 각 성으로 철군했다. 반 시진이 지나자 수나라 100만 대군이 모두 요동에 도착했다. 강 건너 기지를 확보

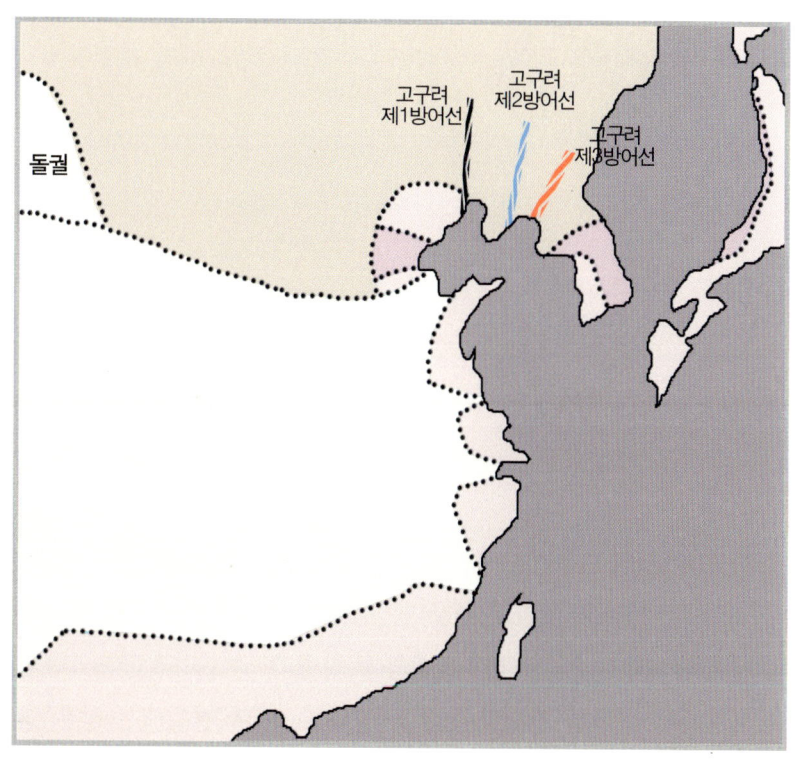

하는 데 13만을 잃자 양제가 분노했다. 양제는 각 군단을 목표지로 이동시켜 요동과 부여성까지 고구려군의 1차 방어선을 모두 포위했다. 요동성 공격에는 수양제가 직접 50만 대군을 이끌고 공격했다. 요동성에는 대장군 강이식과 5만의 고구려군이 수비하고 있었다.

살수대첩

　제1방어선의 20만 고구려군은 각 성으로 흩어지고 제2방어선인 압수 근처로 군대가 결집했다. 고구려 중앙군단 총사령관이자 막리지 을지문덕은 10만의 군대를 배치했다. 수도방위군단 5만의 총사령관은 고건무 영류왕이 맡고 있었다. 이번 전쟁에는 젊은 장군들이 많이 참전했다. 연개소문, 양만춘, 대걸중상, 검모잠, 온사문, 이기우, 연정토 등의 젊은 장군들은 각기 맡은 바 군대를 이끌고 전투에서 공을 세웠다.

　한편 신라 진평왕은 수나라군의 침공 후 고구려군이 대거 북방으로 이동하면서 한강유역과 강원도 주변의 고구려군 수가 5만에서 2만가량으로 줄어들자 즉시 신라군에 총반격령을 내렸다. 진평왕은 직접 출진하여 고구려의 성들을 함락하기 시작했다.

　요동성에서 발목이 잡힌 수양제는 요동에 30만 군대를 남겨두고 70만 군대는 남하하여 고구려 평양성을 도모하려 했다. 그러나 백제군 20만이 요서군에 있는 데다 거란에 고구려군과 거란군 수만이 있다는 정보를 접한 후 대군을 움직일 수 없게 되었다. 참모들은 백제가 지금 고구려와 수나라 사이에서 양다리 외교를 하는 것 같다고 했다. 수나라가 이길 것 같으면 백제의 수십만 대군은 요하를 건너 고구려를 침공할 것이고, 수나라가 질 것 같으면 수나라군의 보급로를 끊을 것이라고 말했다. 백제군이 움직이지 않는 상황에서도 고구려 유격대의 활약으로 곳곳에 식량공급이 원활하지 않았다. 이에 수양제는 우중문과 우문술로 하여금 30만 5천의 대군을 이끌고 남하하여 평양성을 점령하도록 명한다.

한편 수나라 좌익위 대장군 내호아가 장강과 회수지방의 수군을 싣고 수백 리에 달하는 선단을 이끌고 바다를 통해 패수로부터 들어오니, 평양과의 거리가 60리였다. 이들이 고구려 군사와 조우하자 진격했고 고구려군이 일부러 패한 척하며 적군을 유인했다. 내호아는 승세를 타고 성으로 진격하려 했다. 그러나 부총관 주 법상이 만류하며 여러 군사들이 오기를 기다려 함께 진격하자고 했다. 내호아가 이를 듣지 않고 정예병 수만 명을 선발하여 곧장 성 밑까지 왔다.

고구려 장수는 외성에 있는 빈 절간에 군사를 숨겨 놓고, 군사를 출동시켜 내호아와 싸우다가 거짓으로 패하는 체했다. 이에 내호아가 성안으로 쫓아 들어와 군사들을 풀어 백성들을 사로잡고 재물을 약탈하며 미처 대오를 정비하지 못하고 있었다. 이때 고구려의 숨었던 군사들이 출동하니 내호아가 대패했다. 내호아는 간신히 포로 신세를 면했고, 살아서 돌아간 군사는 수천 명에 불과했다.

고구려 군사는 선창까지 내호아를 추격했다. 그러나 수나라 장수 주법상이 진을 정비하여 대비하고 있으므로 고구려 군사는 곧

물러났다. 내호아는 군사들을 데리고 바닷가로 돌아가서 주둔했으나 다시는 다른 군사들과 호응하고 접촉할 수 없게 되었다.

좌익위 대장군 우문술은 부여로 출동하고, 우익위 대장군 우중문은 낙랑(한반도를 달리 부르는 고대 언어) 으로 출동하고, 좌효위 대장군 형원항은 요동으로 출동하고, 우익위 대장군 설세웅은 옥저로 출동하고, 우둔위 장군 신세웅은 현토로 출동하고, 우어위 장군 장근은 양평으로 출동하고, 우무후 장군 조효재는 갈석으로 출동하고, 탁군태수 검교좌무위 장군 최홍승은 수성으로 출동하고, 검교우어위호분랑장 위문승은 증지로 출동하여 모두 압록강 서쪽에 집결했다.

우문술 등의 군사가 노하와 회원 두 진 지역에서 군사와 말에게 각각 백일 분의 식량을 주고, 또한 갑옷, 짧은 창, 긴 창, 옷감, 전투기재, 장막 등을 주었다. 이에 따라 군사마다 3섬 이상의 짐을 지게 되어 그 무게를 당해낼 수 없었다. 우문술은 군사들에게 명을 내려 도중에서 곡식을 버리는 자는 참수한다고 했다. 그러나 군졸들은 모두 장막 밑에 구덩이를 파고 식량을 몰래 묻었다. 이에 따라 겨우 중간쯤 행군했을 때 군량은 이미 거의 떨어졌다.

이때 영양태왕은 대신 을지문덕을 수나라 군영으로 보내 거짓으로 항복하게 했다. 그러나 사실은 그들의 실력 유무를 알아보고자 한 것이었다.

이보다 앞서 우중문은 양제로부터 만일 고구려왕이나 을지문덕이 찾아오는 기회가 있거든 꼭 사로잡으라는 비밀 지시를 받고 있었으므로 우중문은 을지문덕을 잡으려 했다. 그러나 상서우승 유사룡이 위무사로 와 있다가 강력히 이를 말렸다. 우중문은 마침내

이 말을 듣고 을지문덕을 돌아가게 했다. 우중문은 곧 이를 후회하여 사람을 보내 을지문덕에게, "다시 하고 싶은 말이 있으면 또 와도 좋다"라고 거짓으로 말했다. 그러나 을지문덕은 뒤돌아보지 않고 압록강을 건넜다.

우중문과 우문술 등은 을지문덕을 놓치고 내심 불안했다. 우문술은 군량이 떨어졌다 하여 돌아가려 했으나 우중문이 정예부대로 을지문덕을 추격하면 성공할 수 있을 것이라고 말했으나 우문술이 강하게 말렸다. 그러나 우중문이 화를 내며 말하기를, "장군이 십만 대병을 거느리고도 적은 수의 적군을 깨뜨리지 못하고 무슨 낯으로 황제를 보려는가? 그리고 나는 이번 정벌에서 공이 없을 줄 미리부터 짐작했다. 왜냐하면 옛날 명장들이 공을 이룬 것은 군사에 관한 일이 한 사람에 의해 결정되었기 때문인데, 지금 우리는 사람마다 각각 다른 마음을 가지고 있으니 어떻게 적을 이길 수 있겠는가?"라고 했다.

당시 양제는 우중문이 계교와 전략이 훌륭하다 하여 모든 부대로 하여금 지휘사항을 자문하게 했기 때문에 이런 말을 했던 것이다. 이로 말미암아 우문술 등이 마지못하여 우중문의 말대로 여러 장수들과 함께 압록강을 건너 을지문덕을 추격했다.

을지문덕은 우문술의 군사가 굶주린 기색이 있는 것을 보았기 때문에 그들을 피로하게 하기 위해 싸울 때마다 도주했다. 우문술은 하루에 일곱 번 싸워서 일곱 번을 모두 이겼다. 그들은 여러 번 이겼다는 사실 때문에 자신감을 가지게 되었고, 또한 여러 사람들의 의견에 밀려서 곧 동쪽으로 진군하여 살수를 건넜다. 그들은 평양성으로부터 30리 떨어진 곳에 이르러 산을 의지하고 진을 쳤다.

을지문덕이 다시 사람을 보내 거짓으로 항복하는 체하고 우문술에게 청하기를, "만약 군사를 거두어 돌아간다면 왕을 모시고 황제가 계신 곳으로 가서 예방하겠다"고 했다. 우문술은 자신의 군사들이 피로하여 다시 싸울 수 없음을 알고 있었고, 또한 평양성이 험하고 견고하여 조기에 함락시킬 수 없다고 생각해, 마침내 그 거짓말을 곧이듣고 돌아갔다. 우문술은 방진을 치면서 행군했다. 그때 고구려 군사가 사면으로 공격했다. 우문술은 한편으로 싸우며 한편으로 행군했다.

7월, 우문술의 군사가 살수에 이르러 강을 절반쯤 건넜을 때 고구려 군사가 후방에서 그들의 후속부대를 공격했다. 적장 우둔위 장군 신세웅이 살수에서 전사하자 여러 부대들이 한꺼번에 무너져 걷잡을 수가 없었다. 장수와 군졸이 하루 낮, 하룻밤 사이에 압록강까지 450리를 도망쳤다(단 하루에 450리를 도망갔다는 것은 도무지 믿기지 않는 기록이다. 일설에 의하면 여기의 압록강이 요하이고 살수는 요하의 한 지류이며, 수나라 군대는 한반도에 발을 들여놓은 적이 없다고 한다).

수나라 장군 천수 사람 왕인공이 후군이 되어 고구려 군사를 막아 물리쳤다. 내호아는 우문술이 패했다는 소문을 듣고 역시 퇴각했다. 다만 위문승의 군대만이 온전했다.

수나라군이 처음 9군이 요동에 도착했을 때는 총수가 30만5천 명이었는데, 요동성으로 돌아갔을 때는 다만 2천7백 명뿐이었고, 수만에 달하는 군량과 군사 기재들이 탕진되었다. 출진할 때는 120만 대군이 고구려를 향해 공격해 갔지만 현재 남은 병사는 60만가량이었다. 그러나 매일 탈영병이 수백 명씩 속출하고 있었다.

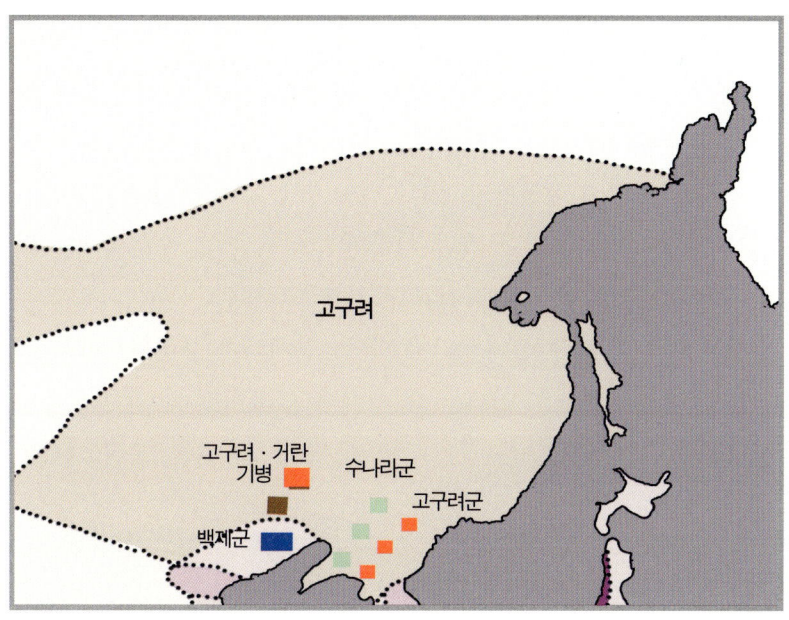
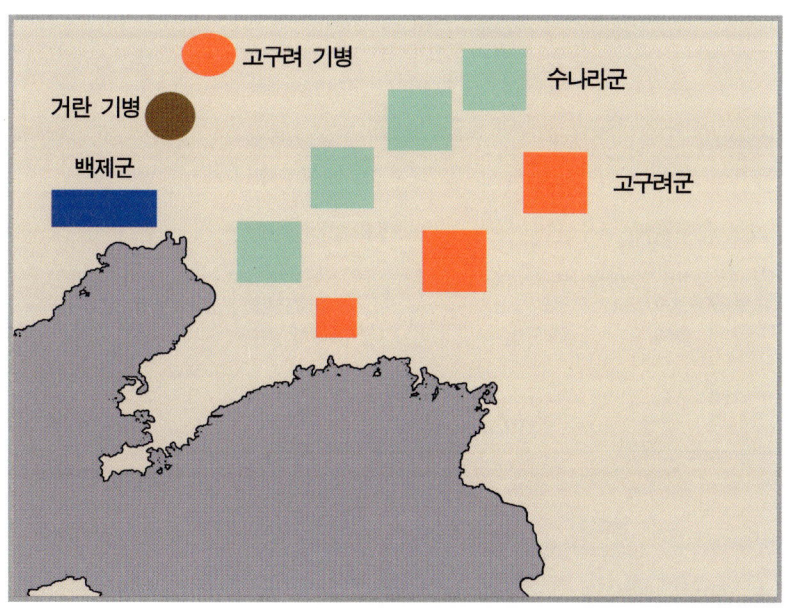

반면 고구려 중앙군단과 북부·남부·동부군단 20만 명이 을지문덕의 지휘 하에 압록강에 집결한 후 서진을 준비하고 있었고, 고건무의 수군 4만은 요동반도로 상륙하기 위해 북진하고 있었다. 또한 요서에는 무강천황의 20만 백제군이 요하로 진군하고 있었다. 게다가 거란에 있던 거란 기병과 고구려 기병 수만이 수나라 군대의 식량기지를 급습하여 피해가 막대했다.

전쟁 상황이 갈수록 나빠지고 있었다. 게다가 요동반도에서 점령한 성이 단 한 개도 없다는 데 양제가 크게 노하여 각 장군들을 문책하고, 별동대를 전멸시킨 우문술 등을 쇠사슬로 묶어 계묘일에 돌아갔다.

수나라군은 퇴각하는 길에 백제군과 만나지 않기 위해 북쪽으로 돌아서 갔으나 거란땅에서 거란군과 고구려 기병의 습격을 받고

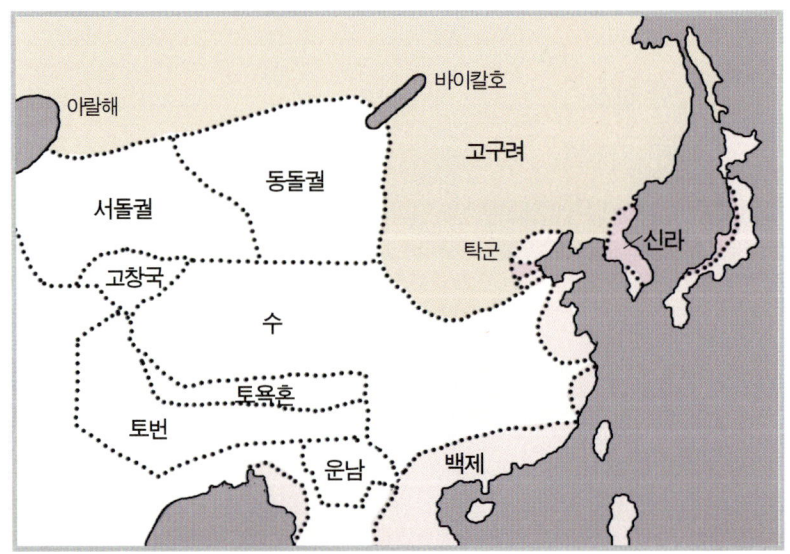

▲ 수나라, 백제와 고구려에 영토 할양

또 수만의 병사를 잃었다. 탁군에 도착하여 병사들을 계수하니 40만도 채 되지 않았다. 고구려 막리지 을지문덕의 군대 20만은 백제군과 합세하여 남하하니 수나라군이 후퇴를 거듭했다.

수양제는 밀사를 백제에 보내 땅을 할양하기로 했다. 유주와 서청주, 서주의 수나라 땅 일부를 할양받고서야 백제는 진격을 멈추었다. 고구려는 영주와 탁군 일대의 땅을 할양받았다.

한편 신라 진평왕은 대국 고구려와 수나라가 싸우는 틈을 타서 고구려 국경을 돌파하여 500리의 땅을 얻었다. 예전 진흥대왕이 정복한 땅에 미치지는 않으나 진평왕 생전에 할아버지인 진흥대왕에 못지않은 영토를 보유하게 되었다.

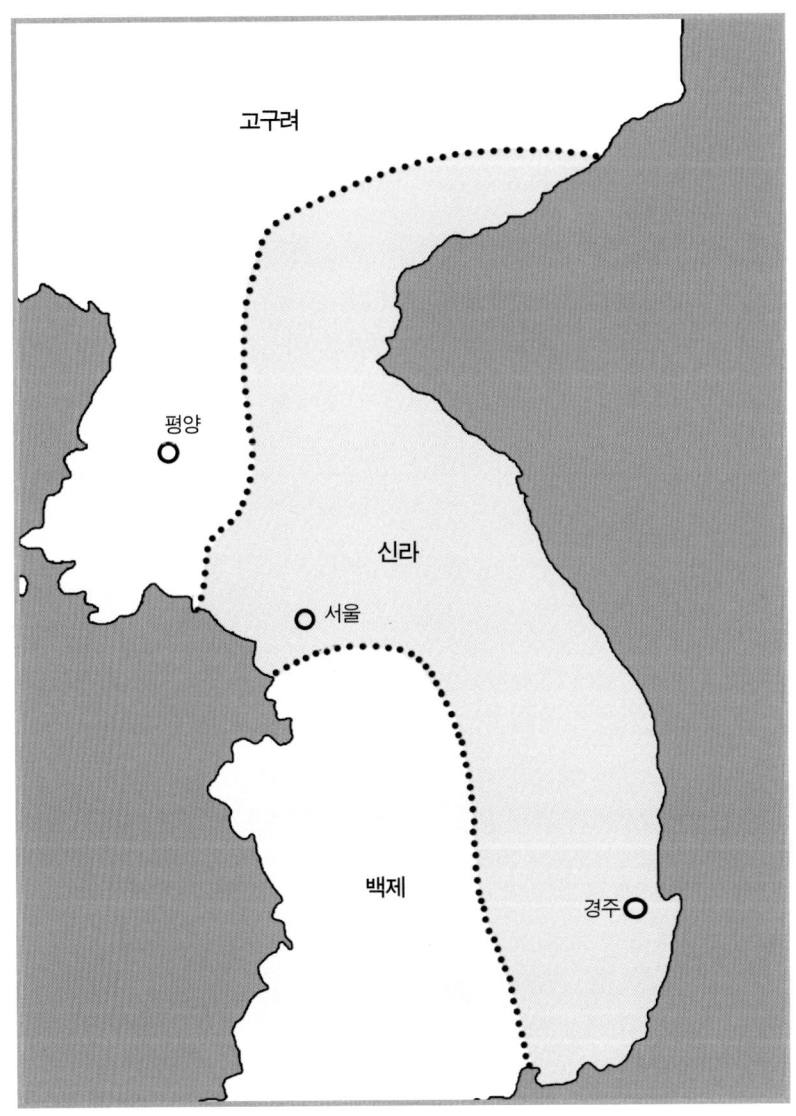

▲ 한반도 내의 신라 영토

수양제의 2차 고구려 침공

613년 정월, 수나라 양제가 조서를 내려 전국 군사들을 탁군 남쪽으로 소집하고, 백성들을 모집하여 효과를 만들어 고구려 접경의 옛 성을 수리하고 군량을 저장하게 했다(요하가 아닌 탁군에 군을 집결시킨 것은 고구려 땅이 요하 서쪽에도 있었다는 증거이다).

2월, 양제가 근신들에게, "고구려와 같이 하찮은 것들이 상국을 무시하고 있다. 오늘 날 우리의 국력이 바닷물을 뽑아내고 산을 옮길 수 있거늘 하물며 이런 따위의 적이야 무엇이 문제이겠는가?"라고 말하고, 고구려를 다시 정벌할 것을 논의했다.

이때 좌광록 대부 곽영이 간하여 말하기를, "오랑캐로서 예절을 지키지 못한 것은 신하로서의 일입니다. 천근 무게의 큰 활은 생쥐를 잡기 위해 사용하지 않는 법인데 어찌하여 직접 천자의 자리를 더럽혀 작은 도적을 대적하려 하십니까?"라고 했으나 양제는 이 말을 듣지 않았다.

4월, 양제는 요수를 건넜다. 그는 우문술과 양의신으로 하여금 병력 15만으로 평양으로 진격하게 하고, 왕인공은 군사 10만으로 부여를 경유하여 신성으로 진군하도록 했다. 고구려 군사 수만 명이 이들과 대항해서 싸우다가 선봉에 선 인공의 강병 1천여 명에게 밀려 승기를 잃고 퇴각했다. 그러나 고구려 군사는 성을 굳게 지켰다.

양제가 중앙군단 20만을 동원하여 중앙군단 모든 장수에게 명령하여 요동을 치게 하고, 그들로 하여금 사태에 따라 명령을 기다리지 말고 적절하게 조치하도록 했다. 수나라군은 비루동, 운제, 지도를 이용해 사면에서 동시에 밤낮으로 공격했다. 그러나 고구려군도 그때마다 적절히 대응했기 때문에 20여 일이 시나도록 성을 빼앗기지 않았다. 이 과정에서 양편 모두 전사자가 매우 많았다.

수나라에서 길이가 열댓 길 되는 성곽 공격용 사다리를 세우고, 효과(계급 이름) 심광이 그 끝에 올라서서 성을 내려다보며 고구려 군사와 단병으로 접전하여 10여 명을 죽였다. 고구려 군사들이 앞 다투어 그를 밀었는데, 그는 땅에 채 닿기 전에 사다리에 매달려 있던 줄을 잡고 다시 올라갔다. 양제가 이를 바라보고 장하게 여겨 즉시 그에게 조산대부 벼슬을 주었다.

요동성이 오래도록 함락되지 않자, 양제는 1백여 만 개의 포대를 만들어 보냈다. 양제는 포대에 흙을 채운 후에 넓이가 30보이며, 성과 높이가 동일한 큰 둑길을 쌓게 하고, 군사들로 하여금 그 위에 올라서서 성안을 공격하게 하는 작전을 구상했다. 또 한편으로 높이가 성보다 훨씬 높은 팔륜누거를 만들어 새로 만든 큰 둑길에 세워 성안을 내려다보며 활을 쏘게 하는 방법도 구상했다. 이에 성안의 고구려군이 크게 위협을 느끼고 위축되었다.

그러나 때마침 수나라에서 양현감이 반역했다는 보고가 오자 양제는 크게 두려워했다. 또한 고관들의 자제가 모두 현감의 편에 섰다는 소식을 듣고 더욱 걱정하게 되었다. 이때 수나라 병부시랑 곡사정이 본래부터 현감과 친한 사이였으므로, 내심 불안하게 생각하여 고구려로 도망쳤다.

양제는 밤에 여러 장수들을 조용히 불러 군사를 인솔하고 돌아가도록 명했다. 군수 기재와 공격용 도구들이 산더미처럼 쌓였고, 병영과 보루, 장막들도 자리에 둔 채 그대로 있었으나 군사들의 마음은 흉흉하여 다시 부대를 정비하지 못하고 여러 길로 흩어졌다.

고구려 군사가 이를 즉시 알았으나 감히 나가지는 못하고 성안에서 북을 울리며 떠들고 있다가 이튿날 오시에야 조금씩 밖으로 나오기 시작했다. 이때도 오히려 수나라 군사가 고구려군을 속이는 것으로 의심하여 이틀이 지나서야 수천 명의 군사를 출동하여 추적해 갔다. 그러나 수나라 군사의 수가 많은 것을 두려워해 가까이 접근하지 못하고 일정하게 거리를 두고 따라갔다.

고구려군은 거의 요수에 이르러서야 양제의 친병이 모두 건너간 것을 알고 곧 그들의 후군을 공격했다. 이때에도 후군의 수가 수만 명이었는데, 고구려 군사가 따라가면서 끝까지 공격하여 대략 수천 명을 죽였다.

고구려와 수나라가 전쟁하는 동안, 특히 고구려 원정기지에 가까웠던 산둥지방 백성들은 그 고통이 더욱 심했다. 게다가 이 지방은 옛 북제와 북주로 이어지는 나라의 영토여서 북주를 멸망케 한 수 왕조에 대한 반감도 높아 반란사건이 가장 많이 일어나는 지역이었다. 게다가 동청주를 차지하고 있는 백제군은 서청주의 수나

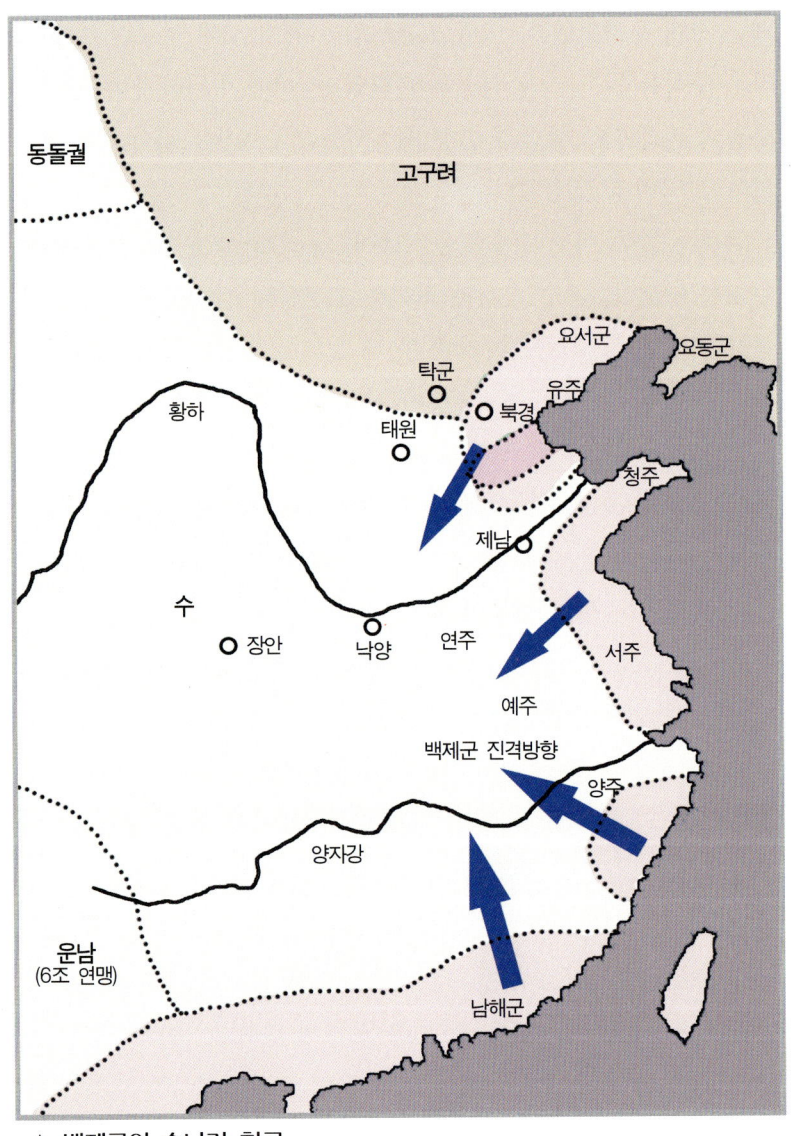

▲ 백제군의 수나라 침공

라 백성들의 반란을 지원함으로써 수나라는 내우외환에 시달렸다.

613년, 제2차 고구려 원정 도중에 일어났던 양현감의 반란은 2개월 만에 진압되었으나 그 후 수나라는 전국적으로 반란이 일어났다. 또한 양현감의 반란이 있을 무렵 옛 남조의 영토 안에서도 백성들의 불만이 폭발하여 반란은 삽시간에 각 지방으로 확대되어 갔다. 그러나 이러한 소용돌이 속에서도 양제는 강도(江都, 양주)에 유랑을 떠나며 사치스럽게 생활했다.

고구려도 지난 몇 년 동안 수나라와의 전쟁에서 입은 피해가 커서 수나라를 침공할 여력이 없었다. 하지만 백제는 달랐다. 직접적인 전쟁이 백제 땅에서 이루어지지 않은데다가 25~30만에 달하는 백제 정예군은 여전히 건재했다.

양제가 남방에서 거주하며 정사를 돌보지 않자 백제 무강천황은 수나라의 반란군을 지원하는 한편 대군을 일으켜 서진하기 시작한다. 무강천황은 수양제가 완성한 대운하를 우선 공격목표를 삼은 뒤 전진하기 시작했다.

무강황제의 수나라 공격

　614년 말, 무강천황은 동청주에서 출발하여 10만 대군을 이끌고 서주와 연주를 평정하기 위해 진군했다. 8만의 백제 유주 군대는 유주자사 해원을 필두로 태원군을 공격했다. 5만의 백제 남방 군단은 수양제가 있는 건업과 인근 일대를 평정하기 위해 병관좌평 진도를 총사령관으로 진격했다.

　수나라군은 양현감의 반란이 평정된 후 승세를 타고 백제군과 일전을 벌였다. 25만 백제군의 침공에 50만 수나라군이 맞섰다. 곳곳에서 백제군과 수나라군이 일진일퇴를 벌였다. 운하지역은 곧 백제군에 점령되었지만 수나라군의 강력한 저항에 부딪쳤다.

　무강천황은 고구려에 밀사를 보내 지금 수나라와 전쟁을 하면 이길 수 있다고 설득했다. 지금은 고구려군 30만의 힘이 절실히 필요한 때였다.

　고구려는 영양태왕이 노환과 뇌졸중으로 쓰러지고, 동생 영류왕과 을지문덕 막리지의 섭정이 시작되었다. 을지문덕은 백제와 함께 수나라를 공격하자고 주장했지만 영류왕이 만류했다. 나라 사정이 좋지 않다는 이유였다.

불과 몇 달 전, 수나라군은 고구려군의 요새인 비사성을 함락시키고 엄청난 기세로 고구려를 몰아붙인 적이 있었다. 비록 화친을 제의하고 수나라 병부시랑이었던 곡사정을 돌려보냄으로써 전쟁이 끝났지만, 아직 고구려는 여러 번의 전쟁에서 입은 피해가 커서 정벌군을 내보낼 여유가 없었다.

무강천황은 그러면 영주에 주둔 중인 고구려군 3만이라도 남하하여 태원을 공격하길 바랐다. 태원에는 이연 부자(후에 당 건국)가 굳게 지키고 있었다. 백제 유주자사 해원은 태원을 제외한 주변은 다 점령했으나 태원은 쉽사리 점령되지 않았다.

무강천황의 10만 대군은 낙양을 목표로 진격했다. 수나라 대장군 우문술과 왕인공은 정병 20만을 이끌고 백제군과 평야에서 마주쳤다. 철기군 2만, 경기병 5만, 보병 3만으로 이루어진 백제의 최정예군단인 중앙군단과 수나라 기병 10만, 보병 10만으로 이루어진 수나라 최고의 정예 중앙군단끼리의 교전이 시작되었다.

수나라 기병은 압도적인 수를 바탕으로 백제군을 포위 공격하려 했다. 그러나 무강천황은 중앙에 철기군을 배치하고, 경기병을 모두 우측에 배치했다. 그 뒤로 보병까지 배치하여 기형적인 배치를 만들었다. 미리 뽑은 결사대 3천의 철기군은 수나라 기병 5만과 결사 항전을 펼쳤다. 황제는 백제 기병 주력군과 보병이 백제군 오른쪽의 수나라 기병을 격파하면 뒤로 돌아서 수나라 보병을 공격하여 전투를 끝낸다는 계획이었다. 그동안 수나라 기병 좌측 5만을 막을 결사대 철기군의 활약이 중요했다.

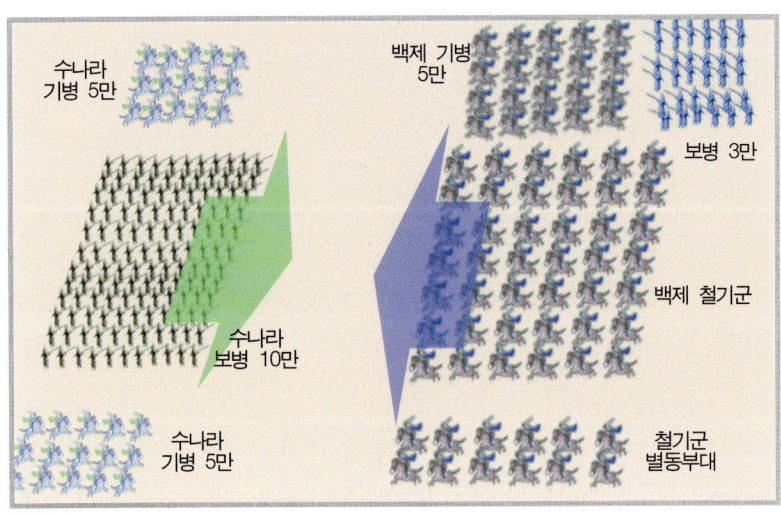

▲ 전투 상황도

　결사대 대장 사수는 이번 전투에서 수나라 기병을 막아내면 황제로부터 대륙 남부군의 태수직을 약속받았다. 사수와 함께한 3천의 결사대는 백제 최고 정예인 철기군 중에서도 최고의 병사들만을 뽑았다. 이들은 활과 창검에 모두 능하고 어려서부터 말을 타서 탁월한 군인들이었다. 게다가 임무에 성공하면 엄청난 포상이 기다리고 있었다. 원하는 바에 따라 상금과 논과 밭을 공평하게 받기로 한 것이다.

　사수의 결사대는 엄청난 수의 수나라 기병이 돌진해오자 자신들도 돌격했다. 사수는 전군에 활을 쏘도록 명했다. 수나라 기병 수백 명이 말에서 떨어졌다. 사수의 계획은 간단했다. 무조건 멈추지 않고 돌격하여 돌파하는 것이었다. 수나라 기병들은 백제 결사대를 에워쌌다. 하지만 백제군은 적을 상대하지 않고 무작정 전진했고, 결사대를 막아서던 수천의 수나라 기병의 목이 잘려나갔다. 얼마 안 지나서 결사대의 전진이 멈추었다. 인해전술에는 더 이상 진군할 수가 없었던 것이다.

결사대가 맹활약하고 있을 때 1만7천의 백제 주력 철기군은 수나라 보병을 쑥대밭으로 만들고 있었다. 수나라 보병들은 철기군 앞에서 도망치기 바빴다. 선두대열이 무너지고 뒤쪽의 창병들이 막아섰지만 창이 모두 부서져버렸다. 일부 장교들이 병사들을 쐐기모양으로 뭉쳐서 대항했지만 철기군은 측면으로 돌아서 창을 던지고 칼로 내리치며 진형을 붕괴시켰다.

반면 반대쪽에 있던 수나라 기병 5만은 백제 기병과 혈전을 치르고 있었다. 백제 기병 사이로 백제 보병들이 들어오면서 수나라 기병을 1대 2로 상대했다. 선두의 수나라 기병이 무너지면서 뒤쪽의 기병들까지 동요하기 시작했다. 수나라 검군들이 도망치는 수나라군을 위협했지만 명령체계가 먹히지 않았다.

수나라군의 보병이 제일 먼저 무너지면서 좌측의 기병 5만도 무너졌고, 백제 결사대를 포위하고 싸우고 있던 수나라 기병 5만은 승세가 일방적으로 기울자 포위를 풀고 퇴각하기 시작했다. 기병들이 재빨리 퇴각하자 남은 보병들은 백제군의 일방적인 학살의 희생양이 되었다. 전투는 끝나고 수나라 20만 대군 중 10만이 죽었다. 대부분 보병이었고 기병은 2만 정도의 희생만 있었다.

백제군은 기병 1만, 보병 1만, 철기군 5천의 희생이 있었다. 그 중 결사대 3천 중 2천이 죽었다. 결사대장 사수는 약속대로 대륙 남부의 남해군 태수직을 얻게 되었다. 그 외 장병들도 모두 논과 금을 상금으로 받았다. 하지만 수나라군의 주력인 기병은 8만 이상이 살아남아 여전히 위협적인 존재였다. 비록 승전했지만 더 이상 진격하기가 쉽지 않았다.

　태원을 공격하던 유주자사 해원과 요서군 태수 이현은 이연 부자의 강력한 저항에 부딪쳤다. 이들은 돌궐에 사신을 보내 지원을 요청했다. 이때까지 돌궐은 명목상으론 수제국의 속국이자 제후국이었다. 하지만 지금은 상황은 많이 달라졌다.

　백제에서 이현이 자신의 동생 이안을 돌궐에 보내었다. 이현 가문은 예전부터 돌궐과 끈이 있었다. 돌궐의 장군 중에는 이현 가문과 사돈인 장군도 있었고, 이현의 아버지와 할아버지와도 알고 지냈던 인물들의 자손이 여전히 권력을 잡고 있었다.

　이연 부자는 돌궐에 사신을 보내 충성을 맹세하고 돌궐이 자신들을 도와주면 신하의 예로 받들겠다고 했다. 그러나 마침 도착한 요서군 태수 이현의 동생 이안은 예전부터 왕래하던 돌궐의 칸과 주력부대 장군들에게 선물을 보내고 백제 황제께서 돌궐이 수제국을 공격하기를 바라신다는 서신을 전달했다. 예전부터 백제와 돌궐은 고구려를 상대로 동맹을 맺어온 과거가 있기 때문에 돌궐의 대칸도 이를 흔쾌히 승낙했다.

　돌궐은 개입 조건으로 태원을 자신들의 영역으로 두기를 원했다. 백제도 이에 승낙하고 유주 군대를 철수시켰다. 무강천황도 수나라 기병이 건재한 데다 수나라 남방군단이 속속 낙양 근처로 집결한다는 소식에 진격을 멈추고 회군했다. 돌궐군이 남하할 때까지 군을 재정비하기로 한 것이다.

　당시 돌궐은 계민카간이 609년에 죽고, 아들 시피(始畢, 재위 609~619)가 카간이 되었다. 시피카간은 처음 5~6년간 주변 군소 종족에 대한 공략을 시도하여 영토를 대흥안령산맥에서 티베트까지 넓혔다(615).

615년 8월, 수양제는 동쪽 변경이 백제군의 회군으로 잠잠해지자 북쪽 변경을 순행하고 있었다. 돌궐군의 움직임이 심상치 않은 데다 고구려로 다시 진격하기 위해서 북쪽 변경 장수들을 위문하기 위해서였다.

돌궐의 시피카간은 양제가 온다는 소식에 대규모로 기병을 동원하여 기습했다. 이에 양제는 안문雁門으로 피신했다. 제왕 양간이 후군을 거느리고 안문의 속현인 곽현을 지키고 있었다.

안문지역에는 41개의 성이 있었는데 이 중 39개의 성이 돌궐군에게 함락되고 오직 안문성과 곽현성만이 남아 있는 상황이었다. 양제가 안문성으로 들어가자 돌궐군이 포위 공격했다. 당시 성안에는 군사와 민간인을 합쳐 15만 명이 있었으며 식량은 겨우 20일 분이 있었다.

고립무원 상태에서 성안의 군대는 전의를 상실했다. 돌궐군 15만이 성을 포위하고 맹렬히 공격하여 화살이 양제가 앉아 있는 앞에까지 날아왔다. 양제 자신도 크게 두려워했다. 양제가 9세 된 아들 양고와 부둥켜안고 울었다는 기록도 있다.

결국 황제는 신하들에게 고구려 원정 포기를 선언하고 다 함께 난국을 헤쳐 나가자고 했다. 그러자 신하들의 건의가 잇달았다. 우선 좌위대장군 우문술이 양제에게 정예기병 수천 명을 선발하여 포위망을 뚫고 나갈 것을 건의했다. 이에 소위蘇威가 반대했다.

"성을 지키는 것은 우리의 장기이며, 경무장한 기병으로 충돌하는 것은 저들의 장기입니다. 폐하께서는 만승천자의 존귀하신 몸이온데 어찌 경솔히 움직이신단 말입니까?"

이에 번자개樊子蓋가 건의했다.

"폐하께서는 이대로 견고한 성을 점거하여 저들의 예기銳氣를 소진하게 하는 것이 좋습니다. 가만히 앉아 있으면서 사방에 있는 군대를 징발하여 들어와 구원하게 하시고, 친히 장병들을 위로하며 다시는 요동 정벌을 않겠다고 말씀하십시오. 이렇게 하면 사람들이 반드시 스스로 분발할 것입니다."

소우蕭瑀도 양제에게 간했다.

"지금 장병들의 뜻은 폐하께서 돌궐의 화를 면한 다음에는 다시 고구려 정벌에 종사하게 할 것이라 생각하여 힘을 다해 싸우지 않는 것입니다. 만일 폐하께서 분명한 명령을 내리시어 고구려의 죄를 용서하고 오로지 돌궐만을 토벌하겠다고 하시면 인심이 모두 안정되어 각자 힘을 다해 싸울 것입니다."

양제는 이에 장병들에게 나아가 고구려 원정을 하지 않겠다고 선언했다. 이에 군사들이 모두 기뻐하여 사기가 올라 밤낮을 가리지 않고 항전했다. 또한 양제를 구하려는 부대들이 몰려오자 시피카간은 포위를 풀고 돌아갔다. 이후 양제는 강남으로 피난을 간 후 주색에 빠져 정사를 돌보지 않았다.

대륙 남부의 백제군은 양제가 건강으로 내려오자 주변부를 포위하기 시작했다. 백제군 남부군단 소속 5만의 병사가 건강주변을 점령해 가기 시작했다. 한때 수나라에 밀려 해안가로 밀려났던 백제의 영토는 이때 예전 영토를 되찾아가기 시작했다.

중원의 혼란

617년, 시피카간은 돌궐로 피신한 수의 반란 세력 양사도梁師都를 중국 카간으로 책봉하고, 마읍馬邑에 자리 잡은 장군 유무주劉武周를 정양定陽 카간으로 임명하여 수를 치게 했다. 수의 반란 세력 중 북방에 위치한 자들은 하나같이 돌궐에 칭신稱臣했는데 당 고조 이연*도 예외가 아니었다. 그러나 시피카간은 반란 세력을 지원하면서도 수양제에게 사신을 계속 보내 만일의 사태 반전에도 대

---

*이연 고조(高祖, 565~635).
당나라의 창업자(재위 618~626). 무능하고 우유부단하다고 알려져 있다. 이는 그 아들 이세민이 왕위를 찬탈한 것이 아버지 이연의 무능 때문임을 알려 정당성을 확보하려는 의도에서 인위적으로 퍼뜨린 소문으로 생각된다. 물론 실제로 이연은 약간 우유부단한 면이 없었던 것은 아니다. 하지만 그렇게 무능하다면 그 같은 대제국을 건설할 수는 없었을 거라고 생각한다.
이연은 서위 · 북주시대에 활약한 이호李虎의 손자이다. 선비족 계통의 무장으로, 아버지 이병李昞이 일찍 죽자 7세 때 당국공唐國公의 작위를 이었다. 이모가 수나라 문제의 후비여서 수나라의 귀족으로서 황제의 신변을 지키는 천우비신千牛備身이 되었다. 그 뒤 여러 주 · 군의 자사 및 태수를 역임했다.
수나라 말기에 각지에 반란이 잇따르자 태원을 중심으로 인근 귀족과 결탁하고 돌궐의 기병을 빌려 수도 장안을 점령했다. 초기에 양제의 손자를 내세웠으나 이후 양제가 살해되자 제위에 올라 당나라를 세웠다.

비했다.

반면 그나마 제국 전체에 연락이 되던 양제는 617년이 되면서 아예 연락조차 불가능해졌다. 백제군이 코앞까지 진격하고 수많은 반란군이 각지에서 중앙군과 싸우고 있는데도 양제는 이미 주색에 빠져 통제불능이었다.

이 시기에 반란군 중 특출한 이가 있었으니 그중 제일 강략한 이가 이밀*이었다.

618년, 양제의 총애를 받았던 왕세충은 양제가 죽었다는 소식에 공세의 동생인 월왕을 옹립하여 수나라를 잇게 했다. 그러나 왕세충은 황제가 되고 싶은 욕심에 619년 월왕을 폐하고 자칭 황제가 되어 수나라는 짧은 역사를 마치게 된다.

왕세충은 수나라의 가장 용맹한 장수로, 당나라 무덕 원년(618년)에 가장 큰 규모의 농민 봉기군인 와강군瓦崗軍을 격파하고, 이듬해 4월에 동도, 낙양에서 황제를 칭하고 정나라를 세웠다.

---

*이밀(李密, 582~618)
양현감의 반란이 일어났을 때 함께 동조하여 반란에 참여했으나 양현감과의 이견을 좁히지 못하고 후에 양현감의 반란이 진압될 때 체포되었으나 탈주했다. 적양의 군을 장악하여 이후 당나라 건국 초기에 강력한 라이벌로 등장했다.
자 현수, 요녕성 조양 출생 고구려인이라는 얘기가 있다. 고구려에서 출생한 후 어릴 때 부모를 따라 남하하여 수나라 요직을 거친 것으로 생각된다. 문무를 겸비하고 뜻이 웅대하여 천하를 구하는 것이 자신의 임무라고 생각했다. 처음 양제의 좌친시가 되었으나 사직하고 독서에 전념하여 대학자에게 글을 배우기도 했다. 후에 양소에게 인정을 받아 양소의 장자 양현감의 친구가 되었다.
양현감의 반란 후 여러 영웅을 찾아다니며 자신의 포부를 설명했지만 인정을 받지 못하고, 최후로 적양의 군에 투항한다. 얼마 후 적양을 대신해서 그 집단을 장악하여 낙양의 왕세충을 공격했지만 두터운 성벽에 막히며 아직 건재한 수나라 지원군의 공격에 실패했고, 618년 이연에 항복했으나 곧 죽임을 당한다.

무덕 3년(620년) 7월, 이세민은 유무주*를 평정하고, 이연으로부터 왕세충의 근거지인 낙양을 공격하라는 명령을 받았다. 이세민이 이끄는 병력은 하남으로 내달으며 낙양성 주변의 도시를 일거에 함락시켜 나갔다. 이세민의 의도는 낙양성으로 통하는 보급로와 연락선을 모두 끊어놓아 낙양성을 고립시키려는 계획이었다. 왕세충과 이세민의 병력은 낙양을 사이에 놓고 수개월간 팽팽하게 대치했다.

이듬해 3월, 하왕 두건덕**은 왕세충의 지원요청을 받고 하북의 십만 대군을 이끌고 돌연히 이세민의 배후를 공격했다. 앞뒤로 공격을 받은 이세민은 백제에 도움을 청했다. 두건덕의 반란군은 백제 서쪽 변방을 차지하고 백제 영토 내의 농민들을 끌어들이고 있었다.

무강황제도 두건덕을 좌시하고 있던 차에 두건덕의 군대가 남하한 것을 알고 이세민의 도움에 응했다. 하북을 분할하기로 약조하고 백제군 정병 5만을 출병시켰다. 산둥에서 출발한 백제군 기병 선봉대는 이세민과 두건덕이 대치하는 하남까지 진격했다. 이세민

---

*유무주(劉武周, ?~622)
유무주는 마읍(馬邑, 지금의 산서성 삭현)의 호걸로 대업 13년(617) 2월에 거병했다. 그는 중국 북방의 강대한 유목민족인 돌궐족의 지지를 받고 있다가 당 무덕 2년(619년) 4월에 이연의 주력군이 장안성을 중심으로 하는 지역에 대부분 주둔하게 되자 이 해 9월에 그 허점을 타고 이연의 근거지인 산서성의 태원을 공격했다. 그러나 이세민에 의해 격퇴되었다.

**두건덕(竇建德, 573~621)
하북성 출생, 611년 산둥 서쪽지방에 큰 기근이 들자 도망병과 무산자들을 거느리고 도둑인 고사달高士達의 부하로 들어가 군사마가 되어 수나라 군대와 싸웠다.
617년, 하나라를 세우고, 이듬해에는 하북성 전역을 장악하여 군웅의 한 사람이 되었다. 그러나 621년에 이세민의 당나라 군대에 패하여 장안에서 죽었다.

은 최고의 정예병을 차출하여 두건덕과 일대 격전을 준비했다.

호뇌(虎牢, 지금의 하남성 형양현 사수진)의 일전이라 불리우는 이 전투에서 소수의 정예부대인 이세민의 군대가 다수인 두건덕의 대군과 대치하며 시간을 끄는 동안 백제 정예기병이 두건덕의 군대를 후방에서 기습했다. 즉시 이세민도 정예병을 이끌고 기습하여 두건덕의 군대는 전멸한다. 왕세충의 부대는 결국 외부의 지원을 받지 못하고 낙양성에서 이세민에게 쓰디쓴 패배를 맞고 말았다.

10개월간에 걸친 이 전투에서 당나라는 하남과 하북성의 절반을 평정하고 숭원의 숭추를 장악하게 되어서 당나라는 일대 전기를 맞이했다.

설씨는 수나라 시기에 감숙성 지역에서 세력을 갖고 있던 대부호 집안이다. 그들은 대업 13년(617)에 수나라를 반대하는 봉기를 일으키고 그 해 7월에 칭제稱帝를 선언했다. 이연이 태원에서 봉기하여 장안을 공격하는 시점에 설거 부자도 농서隴西에서 장안으로 공격해 들어왔다. 쌍방의 의도는 중원의 중심지를 점령하여 천하 제패의 교두보를 확보하겠다는 전술이었다.

이연보다 한발 늦게 장안성에 도착한 설거 부자는 부득이 뒤로 물러나 진을 치고 이연과 팽팽하게 교전했다. 밀리고 밀리는 각축전이 연일 계속되어 쉽게 어느 쪽이 승리한다고 볼 수가 없는 상황이었다. 그러나 돌궐과 대치하며 전쟁 경험을 쌓고 돌궐의 지원병까지 얻은 이연의 군대와 농민군의 전투는 불을 보듯 결과가 뻔한 것이었다.

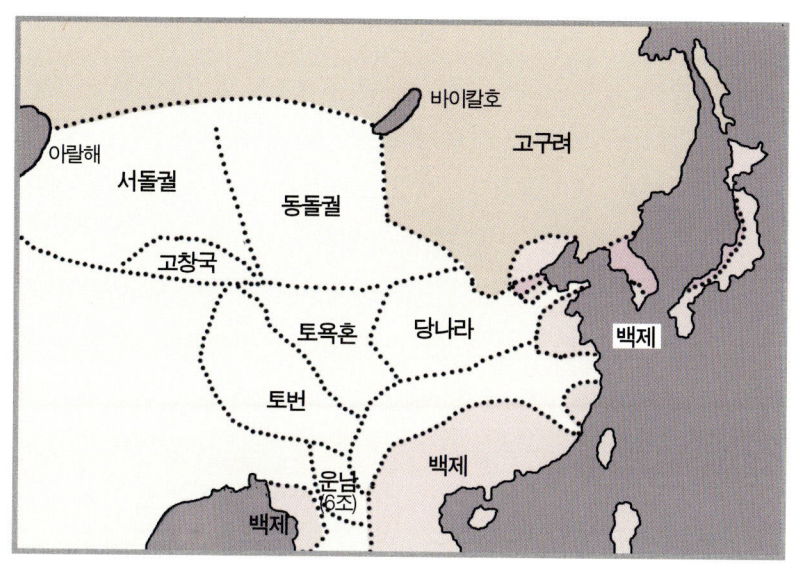

▲ 수 멸망 후 각국의 영토

이세민은 이 전투에서 서토원수西討元帥를 맡아 1년 여의 전투를 치른 끝에 드디어 수십만에 이르는 설거 부자의 병력을 철저하게 섬멸했다. 설거 부자의 병력이 정규군이 아닌 농민군으로 훈련이 안 된 탓에 적은 수의 이세민 군대에 대패한 것이다. 이 전투에서 당의 세력은 관중의 근거지를 확보하는 데 성공했다.

618년, 백제군은 양제가 있는 견강 주변을 포위했다. 원래 이곳은 백제의 전성기에 백제군에 함락되어 이름을 남경으로 바꾼 곳이다.

백제는 수도 북경, 남경, 서경(산서성 평양), 동경(일본 수도), 한성으로 주요 도시를 정비했었는데, 백제의 속국이던 남조의 나라가 남경의 한 귀퉁이를 이용하던 것이 마치 자기네 수도인 양쓰게 되었다. 이후 수나라에 빼앗기면서 한동안 백제의 통치권에서 멀어졌다.

이제 다시 무강천황은 백제 남방군단 5만으로 하여금 남경을 포위하도록 했다. 백제군과 각 지방의 반란군이 다가오는데도 양제는 술에 취해 세월을 보냈다.

마침내 우문화급이 반란을 일으켜 양제의 침전으로 몰려왔다. 그때 양제가 아끼는 아들 조왕趙王 양고楊杲는 12세였는데 양제 곁에서 큰 소리로 서럽게 울자, 배건통이 목을 베어 그 피가 양제의 옷에 튀었다.

기록에 의하면 역적들이 양제를 시해하려 하자 양제는 이렇게 말했다고 한다.

"천자에게는 천자에게 맞는 죽는 방식이 있다. 칼로 참해서야 되겠는가. 짐주(鴆酒, 독주)를 가져오도록 하라."

그러나 마문거 등은 이를 허용하지 않고 영호행달을 시켜 양제를 자리에 앉혔다. 그리고는 양제가 지니고 있던 비단두건을 풀어 영호행달에게 건네주었다. 행달은 그것으로 양제를 목 졸라 죽였다.

이때 양제의 나이 50세였다. 양제의 죽음을 끝까지 지켜본 이는 25년간 고락을 같이한 소황후 뿐이었다. 양제의 2남인 양간, 손자 중 가장 위인 양담도 많은 대신들과 더불어 학살당했다.

수문제 양견은 우문씨를 학살했는데 그의 자손은 다시 우문씨에게 학살당한 것이다. 이를 가리켜 청대의 역사가 조익趙翼은, "하늘은 되돌려주기를 좋아한다"고 평했다.

그러나 우문술은 무천진 출신으로 본성이 파야두破野頭였다. 후에 우문 성씨를 하사받아 우문씨가 된 것이라고 한다. 우문씨는 원래 고구려 지배 하에 있던 귀족이었으나 세력이 강해져 중원으로 남하한 것이다. 넓게 보면 고구려인이라 볼 수 있다.

우문화급은 양제의 조카 진왕秦王 양호楊浩를 황제로 추대하고 스스로 대승상이 되어 실권을 쥐었다. 양호는 양제의 바로 아래 동생인 양준의 아들이다.

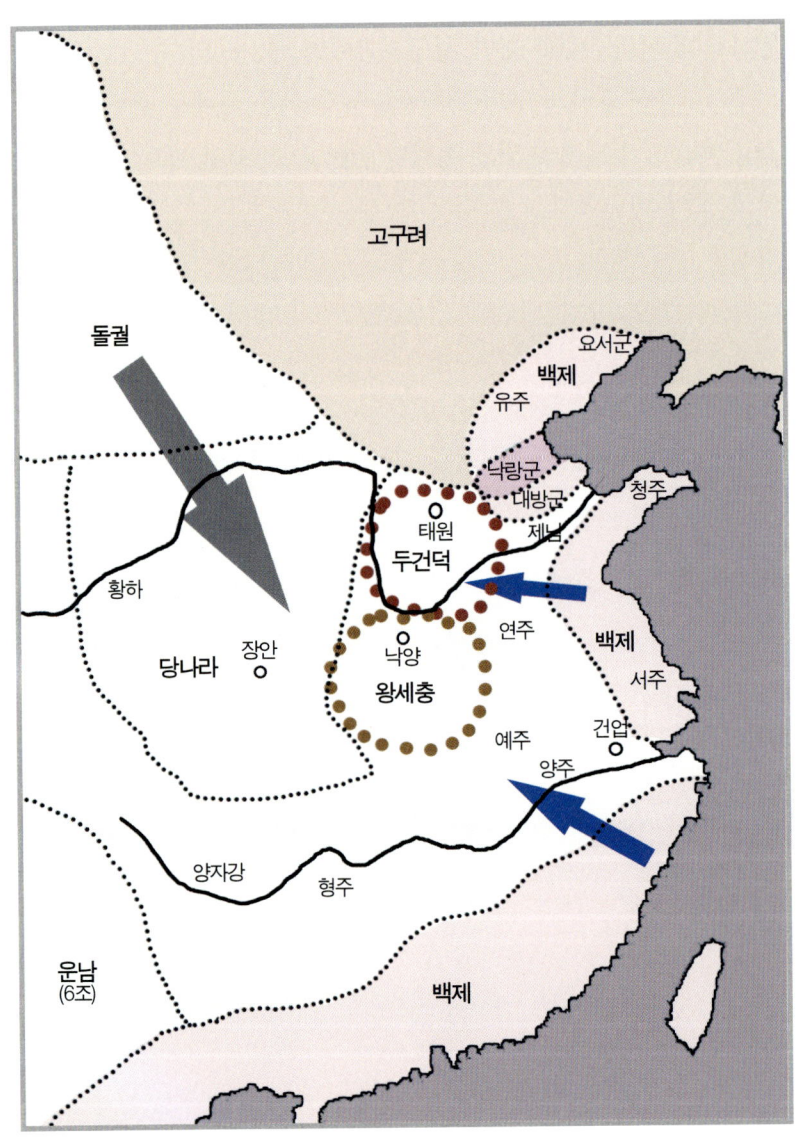

▲ 백제와 돌궐의 중원 협공(619년)

백제·돌궐연합군의 중원 공격

우문화급은 백제에 사신을 보내 화친을 제의했다. 대륙의 남방 영토를 줄 터이니 자신을 지지해 달라는 것이었다. 또한 곧 있게 될 북쪽의 이연, 이밀, 왕세충, 두건덕 등의 호걸과의 결전에서 자신을 지지해 달라고 했다.

한편 백제군이 대륙으로 이동하자 빈틈을 노린 신라 북한산주의 군주 변품이 가잠성을 회복할 목적으로 군사를 내보내 백제와 싸웠다. 해론이 종군하여 적에게 달려들어 힘껏 싸우다가 죽었다. 해론은 찬덕의 아들이다.

619년, 무강천황은 서주로 내려왔다. 각지의 수나라 반란군의 동태를 파악하기 위해서였다. 대충 10개의 집단으로 통합되는 듯하던 수나라 반란군은 장안을 차지한 이연, 이세민 부자에게 대권이 집중되는 듯했다. 황제는 돌궐에 사신을 보냈다. 돌궐의 시피카간과 함께 중원을 양분하자고 제의했다. 시피카간은 흔쾌히 제안에 응했다.

 시피카간의 15만 기병이 장안으로 출격하고 무강천황의 15만 보기병도 낙양을 향해 진군했다. 백제군의 앞에는 10만 군대를 보유한 두건덕과 낙양을 차지하고 20만 대군을 보유한 왕세충이 있었다. 반면 장안의 이연, 이세민 부자는 20만도 안 되는 병력을 거느리고 있었다. 이들의 군대는 대부분 정규군이 아니라 농민군이어서 백제, 돌궐군의 상대가 될 리 없었다.

 두건덕은 무강천황의 백제군과 정면대결하기는 힘들다고 판단하고 왕세충의 지원군을 기다렸다. 왕세충도 두건덕이 무너지면 다음은 자신이라고 판단하고 즉시 지원군을 보냈다.

 황하강 하류에서 백제군 15만과 두건덕과 왕세충의 연합군 20만이 격돌했다. 두건덕의 군대는 오합지졸이었으나 왕세충은 수나라 최고 정예군단을 보유한 강한 군대였다. 당시 최강이었던 이밀의 20만 대군을 패주시키고 당과 함께 수나라를 잇는 강력한 후보였다.

 하류지방에서 벌어진 대전투는 백제 철기군이 두건덕의 군대를 공격하면서 시작되었다. 황제는 두건덕의 오합지졸 군대를 먼저 전멸시키고 왕세충의 정예병과 싸울 생각이었다. 철기군 3만, 기병 5만, 보병 7만의 대군은 우선 두건덕 쪽으로 진군했다. 두건덕의 병사들은 비록 오합지졸이었지만 수나라군 투항병을 정면에 내세웠다. 정예군은 아니지만 실전 경험이 있던 수나라 투항병들은 백제군과 전투에서 쉽게 밀리지 않았다.

 철기군이 두건덕 군대를 반으로 갈라놓았지만 쉽사리 무너지지 않았다. 한참을 밀고 밀리던 중 왕세충의 기병 4만이 백제군의 후

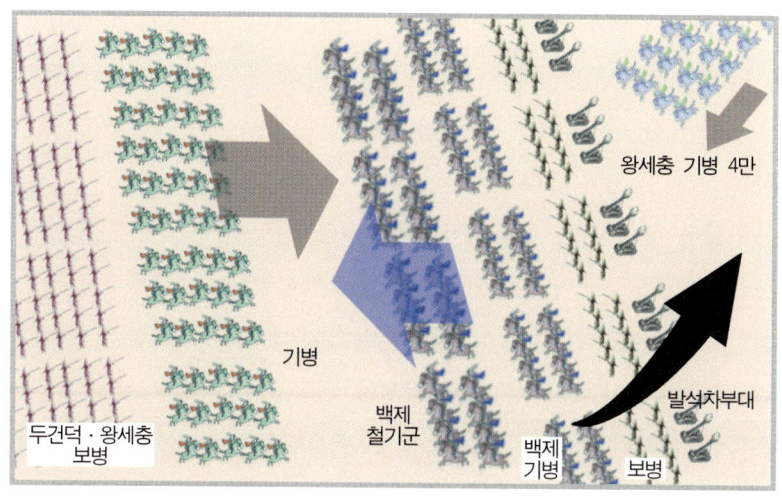

▲ 전투 상황도

방으로 돌아갔다. 백제군 후방의 발석차부대와 보병들은 갑작스런 기습에 제대로 대처하지 못했다. 백제군 기병이 두건덕 군대를 공격하다가 회군하여 본진을 습격한 왕세충 군대를 막아내며 용감히 싸웠다. 백제군 보병 7만은 급히 회군하여 본진을 지켰다. 왕세충의 기병들은 꽤 훈련이 잘된 듯했으나 백제군 기병과 일진일퇴를 거듭하다 백제군 보병이 회군하자 철수해버렸다. 이날의 전투는 무승부로 끝났다.

다음날 새벽, 백제군 보병 1만은 왕세충의 기병 야영지를 기습했다. 그리하여 수만 필의 말이 도살당했고 양곡창고는 불에 탔다. 왕세충 군대는 당황하기 시작했다.

다음날 아침 백제군은 총공격 준비를 했다. 왕세충과 두건덕은 죽기를 각오하고 일전을 벌이느냐, 아니면 후퇴하여 성을 지키느냐 하며 참모들 간에 의견이 분분했다. 왕세충은 두터운 낙양성을 믿고 군대를 철수시켰고 왕세충이 철군하자 두건덕도 곧바로 후퇴했다. 이에 백제군은 황하를 넘어 두건덕을 추격하고 일부는 왕세충의 성들을 공격하기 시작했다. 7만의 백제군은 무강천황의 지휘 하에 허창을 포위했다.

허창을 포위한 지 보름도 안 되어 돌궐에서 사신이 왔다. 장안을 포위 공격하던 시피카간이 죽었다는 소식이었다. 그리하여 돌궐이 장안을 점령하고 백제가 낙양을 점령하여 대륙을 동서로 분할하려던 계획은 수포로 돌아갔다.

돌궐은 차기 대칸의 지위를 놓고 후계자들 사이에 내분이 있었다. 시피가 죽자 무강천황도 군대를 철수시키기로 했다. 너무 왕세충을 몰아붙이면 왕세충이 당에 붙어서 신생국 당이 왕세충을 지원할 수도 있다는 생각이었다. 이는 결국 이연 부자만 세력을 키우는 꼴이 되므로 이연, 왕세충, 두건덕 세 명이 서로 싸우는 것이 백제에 유리하다고 판단했다. 백제군은 남방 대륙을 평정하는 것으로 목표를 바꾸었다.

620년, 이연 부자는 대군을 이끌고 낙양을 포위한다. 왕세충은 즉시 두건덕에 원조를 청하게 되고 두건덕은 10만 군대를 이끌고 하북에서 남하한다. 그러나 이세민이 백제에 하북성 분할을 조건으로 동맹을 요청하고 마침 하북과 하남의 수나라 반란군을 노리고 있던 무강황제는 지난해의 앙갚음을 할 계기가 생겼다. 무강황제는 주저 없이 대군을 몰아 두건덕의 군대를 기습한 후 이연 부자와 함께 하북을 분할한다. 양자강 북쪽은 이로써 백제와 당 양국이 분할하게 된다.

돌궐은 시피가 죽은 후 그의 아우 출로(處羅, 재위 619~621)가 카간이 되었으나 그마저 곧 사망했다. 뒤를 이어 출로카간의 아우 실리(재위 621~630)가 동돌궐의 마지막 카간이 되었다.

북방의 대부분을 장악한 당나라는 남방으로 눈을 돌려 남방의 새로운 라이벌 양나라를 토벌할 계획을 세웠다. 남방의 양나라를 세운 초선肖銑은 원래 수조隋朝의 라천령羅川令으로 양실梁室의 후예였다.

당과 양나라의 전쟁

초선은 서기 617년에 군사를 일으켜 수를 반대하고 이듬해에 강릉(호북에 속함)에서 양제라 칭했다. 동으로는 구강(강서에 속함)에 이르고, 서쪽으로 삼협에 닿았으며, 남으로는 운남에 이르고, 북으로는 한천(한수)에 이르는 광대한 지역을 장악하고 군사 40만을 거느리고 있었다. 이에 당고조 이연은 장안을 점령한 후 좌광록左光祿 대부 이효공李孝恭을 파촉에 보내었다.

양나라는 백제 땅과 인접한 관계로 백제와 마찰이 많았다. 또한 하북 땅을 분할한 백제가 남방에 대한 욕심을 버릴 리가 없었다. 무강황제는 수나라 멸망기에 이미 상당한 영토를 회복했다. 과거 오월의 땅을 대부분 회복하고 내륙을 진격했다. 10만 이상의 대군이 동원된 내륙 진공작전은 공백기의 대륙 남방영토를 야금야금 점령해갔다. 이를 양나라가 건국되면서 막아내고 있었다. 그러나 당시 백제군은 양나라를 둘러싼 대부분의 해안과 촉땅 일부를 차지하고 전성기 백제의 영토에 버금가는 땅을 차지했다.

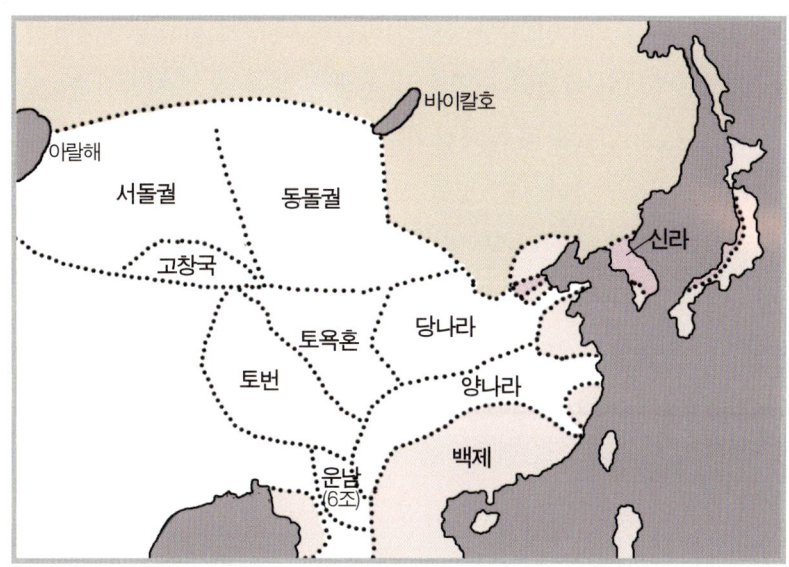
▲ 당과 양나라 영토

619년 9월, 초선은 수륙군을 보내어 협주(호북 의창 서북)를 진공하게 했는데 당 협주 자사 허소許紹에게 패하여 두 부대는 협주에서 대치했다.

620년, 당나라는 백제에 동맹을 제의한다. 함께 양나라를 쳐서 땅을 양분하자는 것이었다. 이미 당나라는 인구가 많은 황하유역을 차지함으로써 40만 이상의 대군을 동원할 수 있는 나라로 성장했다. 하지만 당나라가 전력을 기울여 양나라를 공격할 경우 북방의 돌궐과 고구려로부터 공격당할 가능성이 있었다. 그리하여 돌궐에 사신을 보내 신하국임을 자처하고 많은 금은을 바치고, 고구려에도 사신을 보내 화의를 청했다.

마침 새로 즉위한 고구려의 영류태왕도 평화를 바라고 있었다.

영류태왕은 선태왕인 영양태왕의 아들이 아니라 이복동생이었다. 영양태왕에게도 아들이 있었으나 전쟁에 공이 크고 지방귀족들을 꽉 잡고 있는 영류왕을 무시할 수 없었다. 게다가 영양태왕의 아들들은 모두 장성하여 사병들을 거느리고 있었다.

황위를 노리는 영류왕과 영양태왕의 아들들 사이에 내란이 있을까 염려한 영양태왕은 능력이 뛰어난 영류왕을 다음 태왕으로 지목했다. 귀족들의 엄청난 압박이 있음은 두말할 것 없었다. 황족의 절반 이상과 귀족의 대다수가 영류왕을 다음 태왕으로 주목했고 군부의 주요 장수들도 영류왕을 지지했다. 어쩔 수 없이 황위를 넘겨주었으나 영류태왕은 정통성이 적어서 사신을 시시한 귀족들의 눈치를 봐야 했다.

지방 귀족들은 전쟁이 나면 자신들에게 돌아올 이익은 적고 내야 할 세금과 의무는 많으니 당연히 전쟁을 싫어했다. 군부 중에 대륙정벌을 주장하는 장군들은 대부분 영양태왕의 충신들이었다. 즉위 후 군부 내의 강경파들을 강등시키고 강제 제대시킨 후 군권을 장악한 영류태왕은 지방 귀족들의 요구대로 당나라와 화친했다.

당나라는 우선 막대한 보물과 노예를 보내 고구려를 달랬다. 사실상의 조공으로 상국의 지위를 얻게 된 영류태왕은 이에 만족했다. 삼국사기에는 당 건국 초기 고구려가 당에 조공을 보냈다고 하나 당시 상황을 고려하면 당이 고구려에 조공을 보낸 것이다.

초기 당나라도 고구려와 맞설 국력이 없으므로 화친에 서로 응했다. 수나라와의 전쟁기간 동안 40만 이상으로 증강되었던 고구려 군대는 갑자기 할 일이 없어지자 군부 내의 불만이 폭발할 지경이었다. 하지만 주요 지휘관들이 모두 영류태왕의 직속 부관 출신들이라 무마될 수밖에 없었다.

이 해 겨울, 초선은 차례로 공신 동경진, 장수 등을 죽여 여러 장수들은 겁에 질려 있었다.

이듬해 초 당은 초선이 내란에 처해 있는 기회에 공격하기로 했다. 이연은 이효공에게 명하여 전함을 가득 만들고 수군을 훈련시켰다. 이정은 파촉의 귀족 자제들을 동행하여 겉보기에는 중용한 것 같지만 실은 인질로 삼아서 이로써 후방의 안전을 보장했다.

9월에 이정은 거느리고 있던 총관 12명과 군사를 세 길로 나누어 기주(사천 봉절)에서 강을 따라 동하하고, 이원은 양주(호북 양양)에서 수륙군이 강을 따라 내려가고, 전세강은 진주(호남 원릉)에서 나와 무릉으로 가며, 주법명은 황강에서 곧추 하구로 나갔는데 삼로군은 포위 형세로 강릉을 향해 진공하기로 했다.

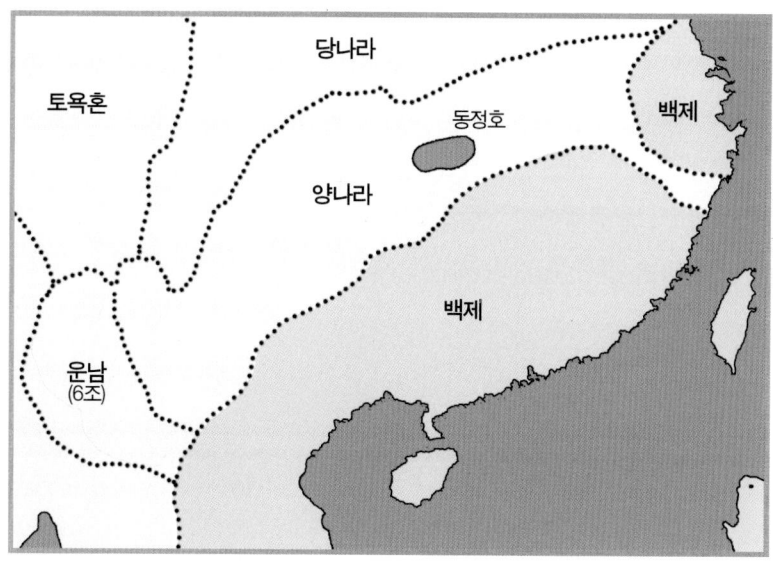

▲ 대륙남부 각국의 국경

이에 이연은 백제에 사신을 보내 백제군의 도움을 요청했다. 백제군은 당군이 남하하는 순간 북진하기 시작했다. 백제 남방군단 소속 7만의 군대가 강릉 이남의 지역을 평정하기 위해 진격했고 당군 20만도 남하했다.

초선은 명목상 40만의 군대를 보유하고 있으나 수도 강릉 근처에는 20만의 대군이 있었다. 초선은 군사를 둘로 나누어 당군 쪽으로 14만을, 백제군 쪽으로 6만을 투입하고, 지방의 군대를 즉시 소집하여 수도로 모이도록 명했다. 비록 군대의 규모는 당과 백제에 견주어 손색이 없으나 정예군이 아닌 농민군이 대부분이라 정예군 위주의 백제군과 낭나라군에 비해 전부력은 많이 모자랐다.

이때는 바로 강물이 불을 때여서 초선은 삼협 길이 험하여 당군은 들어오지 못할 것으로 여기고 군사를 쉬게 하고 방비를 하지 않았다.

기록에 의하면, 이효공은 물이 불어 적이 방비하지 않을 때 급히 강릉으로 진군하자는 이정의 건의를 받아들여 친히 군함 2천여 척을 거느리고 동하하여 일거에 형문(의창 서북), 의도(의도현 서북)의 두 요지를 점령했다. 이에 초선의 부장 문사홍이 정예군사 수만을 거느리고 청강(청강의 장강 입구)에 주둔하고 있어 급히 지원을 나왔다.

이효공이 출전하려는데 이정이, "문사홍은 초선의 용맹한 장수로서 막 형문荊門을 잃어 정예군사를 거느리고 수복하려는 터라 당하기 어려운 것 같습니다. 그러니 먼저 남쪽 기슭에 군사를 주둔시키고 그들의 기가 쇠하면 출격하는 것이 바람직합니다"라고 말했다.

그러나 이효공은 이에 따르지 않고 10월 9일에 이정을 남겨두어 영채를 지키게 하고 자기는 군사를 거느리고 청강에 나갔다가 결국 패하고 말았다. 문사홍은 승세를 타고 병사를 풀어 약탈하게 하여 저마다 많은 짐을 지니게 되었다.

이정은 적군이 혼란한 틈에 군사를 출격시켜 문사홍을 크게 격파하고 4백여 척의 배를 빼앗았다. 이정은 승승장구로 경병 5백을 거느리고 곧바로 강릉성 아래로 접근했고, 이효공은 대군을 거느리고 따라 나가서 강릉을 포위했다. 이어서 외곽을 점령하고 수성을 넘어 갑병 4천여 명을 잡고 많은 배를 빼앗았다.

이정은 그 즉시 배를 부셔 강에 내버려 떠내려가게 했다. 여러 장수들은 이해가 가지 않아 이를 묻자 이정은, "초선의 땅은 비록 백제에 둘러싸여 있지만 남으로 령표를 넘었고, 동으로 동정*과 떨어져 있다. 그 땅이 우리 당과 비슷하니 군대 또한 많다. 그러니 우리가 적군 깊숙이 들어와 있어 만약 성을 함락하지 못하면 사면에서 적군이 모여들어 내외로 협공 받게 될 것인즉 진퇴양난이라 배가 있다 하더라도 어디에 쓸 것인가? 오늘 배를 버려 강을 따라 내려 보내면 강변의 주진들이 보고는 강릉이 이미 점령되었다고 여겨 감히 진공해 오지 못할 것인즉, 잘 정찰하며 한 달만 지나면 우리는 강릉을 점령한 것이 된다"라고 말했다.

초선의 맹장 문사홍은 강릉을 구원하려 했으나 백제군의 기습을 받고 다시 퇴각했다. 백제군 소속 좌현왕 부여원은 수하 병력 3만을 촉땅에서 출발시켜 동진했다. 양나라 지방군은 백제 좌현왕 부

---

*이정이 양나라 동쪽 경계가 동정호라고 말함으로써 동정호 건너편 땅의 주인은 당과 양이 아닌 다른 나라임을 암시하고 있다. 만일 동정호 건너편이 당나라 땅이면 양나라 경계의 동쪽이 당이라고 했을 것이다. 당시 백제 땅이 대륙 깊숙이 동정호까지라는 증거이다.

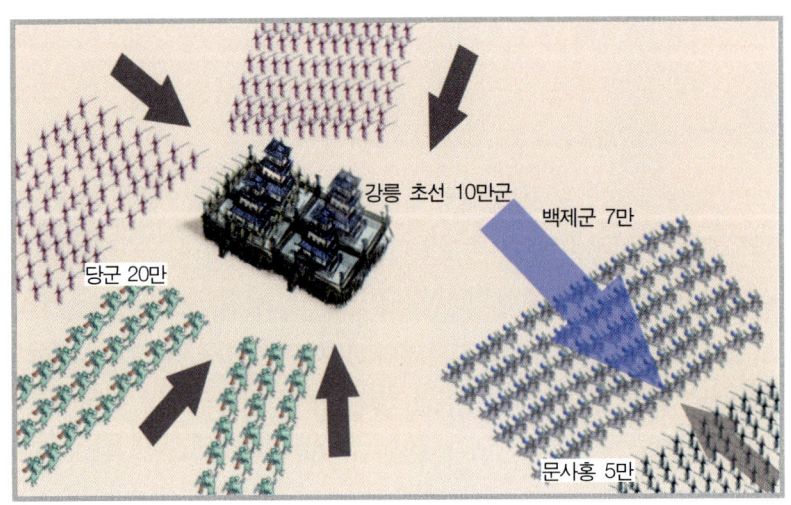

▲ 강릉성 주변 전투 상황도

여원의 군대를 막기 위해 병사를 수도로 보내지 못했고, 주력군 10만은 강릉에 갇혀서 20만 당군에 포위되었고, 문사홍의 5만 강병은 백제군의 공격으로 밀려났다.

초선의 구원군들은 문사홍이 패전했다는 소식을 듣고 사기가 꺾인 데다 당군 후속병 10만이 다시 남하하여 여유가 없었다. 초선은 구원군이 오지 않으니 할 수 없이 21일에 당군에 항복했다.

며칠 후에 남방의 구원군이 파릉(호남 악양)으로 10만이나 왔지만 강릉이 이미 공략되었다는 소식을 듣고는 모두 무기를 내놓고 투항했다. 앞뒤로 당군과 백제군에 둘러싸여 선택의 여지가 없었다. 40만에 달하던 초선의 양나라 군대는 제대로 싸워 보지도 못하고 백제·당연합군에 포위 괴멸당하고 살아남은 이는 항복했다. 20만 정도의 군대가 당에 투항했으며, 10만은 백제에, 나머지 10만은 뿔뿔이 흩어져 지방을 근거지로 활약하기 시작했다.

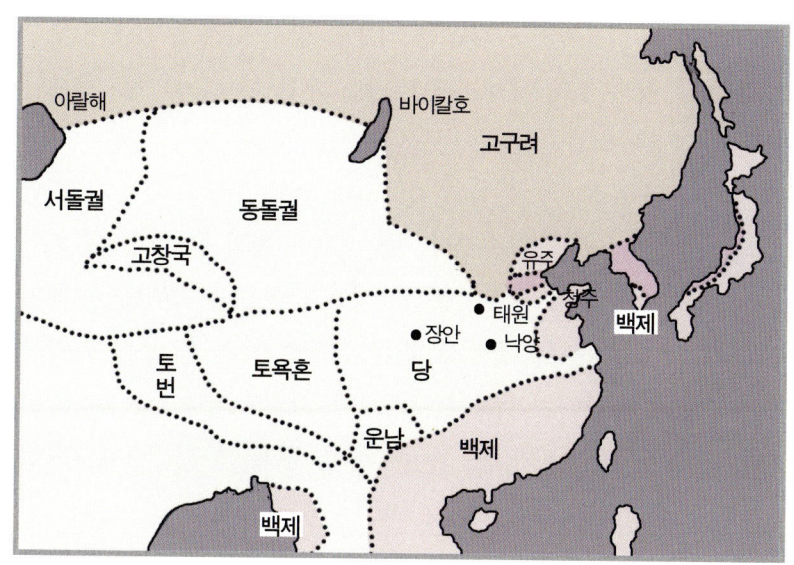

▲ 각국의 국경

〈각국의 국력〉

나라	인구	군대
고구려	1천만	40만
당	2천5백만	40만
백제	1천8백만	35만
돌궐	7백만	20만
신라	3백만	10만

    당나라의 국력이 남쪽의 양나라를 토벌한 이후 백제를 능가하게 되었다. 양나라를 토벌하기 전 두 나라의 국력이 백제가 약간 우위에 있었으나 이제는 백제가 함부로 대하지 못할 정도로 당이 커졌다. 비록 영토 면에서는 고구려와 백제가 오히려 당을 능가했으나

제일 중요한 인구에서 당나라는 비교할 만한 나라가 없을 정도로 강해졌다. 당과 백제는 애초에 양나라 땅을 이등분하기로 했으나 당은 더 많은 땅을 차지해 버렸다.

백제 조정에서는 당에 대해 경계하는 소리가 들려나왔다. 사실 양나라 땅은 과거 백제의 땅이므로 백제 단독의 힘으로 점령해야 했다는 의견이었다. 하지만 무강천황은 군부를 설득했다. 백제의 전군이 모두 양나라를 공격할 경우 고구려와 신라로부터 후방을 공격당할 수 있었다는 것을 주지시켰다. 게다가 양나라는 40만 군대에 인구가 1천만이 넘는 강국이었고, 백제 혼자서 공격했다면 필시 백제도 엄청난 희생을 감수해야 했을 것이라 설득했다.

참모들의 의견을 종합한 결과 백제로서는 갑자기 대국이 된 당을 견제할 필요가 있다고 생각되었다. 이를 위해 백제가 전면에 나설 경우 자칫 당과의 대전이 될 수 있고, 이는 양국 간의 엄청난 피해를 가져와 결국 돌궐과 고구려만 이롭게 하는 것으로 판단되었다. 이에 황제는 비밀리에 요서군 태수 이현을 불렀다.

백제의 계략

621년, 이현은 비밀리에 두건덕의 장수였던 유흑달*을 만났다. 백제가 뒤를 봐줄 터이니 당의 영토인 산서성에서 반란을 일으켜 나라를 세우라고 부추겼다. 또한 백제 좌현왕 부여원은 초선의 장수였던 임사홍을 만나 초나라를 세울 것을 건의했다. 물론 백제에서 뒤를 봐줄 것이고 당군이 공격하면 백제군이 나설 것이라고 설득했다.

유흑달은 백제군 기병 3천의 도움을 받고 산서성에서 봉기했다. 이때가 7월이었다. 유흑달의 봉기소식을 들은 임사홍도 10월에 스스로 초왕이라 칭하며 백제군 5천의 호위를 받고 등극했다. 유흑달의 군대는 이연, 이세민 부자의 군대에 맞서 용감히 싸웠으나

---

*유흑달(劉黑闥, ?~623)
유흑달은 두건덕의 부장으로 호뇌 전투에서 백제·당연합군에 패한 뒤 잔여부대를 이끌며 항전하다가 무덕 4년(621년) 7월에 하북의 남부에서 재차 거병했다. 그 세력이 점점 확대해가자 그해 12월, 이세민과 이원길이 정토征討부대를 인솔하고 3개월에 걸친 토벌전을 펼쳐 쉽게 승리를 얻었다.

이미 거대해진 당나라 군대의 공격을 이기지 못하고 패전했다.

621년 10월에 초선이 망하자 흩어졌던 많은 군사들은 예장(남창)에서 스스로 초제楚帝라 칭하는 임사홍에게 귀속했다. 그리하여 임사홍은 군세를 크게 떨쳐 이듬해 10월에는 군사를 보내 당을 공격했다. 당은 홍주(남창현) 총독을 보내어 군사를 거느리고 나가서 적군을 격파하고 이를 평정했다.

당은 두 차례 반란을 겪으면서 배후에 백제가 있다는 물증을 잡고 백제를 압박했다. 백제 무강천황은 크게 노하고 당과의 외교관계를 단절했다. 이에 당은 신라와의 외교관계를 모색했다. 만일 백제가 고구려와 손잡고 당을 견제할 경우 신라의 도움을 받기 위해서였다. 당은 즉시 고구려에 사신을 보내 화친을 견고히 하고 돌궐에도 사신을 보내 선물을 바쳤다. 당·돌궐·고구려·신라를 잇는 백제 포위망이 생겨난 것이다. 전형적인 이이제이以夷制夷전술이었다.

백제는 돌궐에 요서군 태수 이현을 사자로 보냈다. 역시 이현의 가문만한 데가 없었던 것이다. 돌궐의 실권을 쥐고 있는 귀족들 상당수가 이현과 안면이 있었다. 물론 이현의 가문 대대로 돌궐은 동반자 관계였다. 이현은 아직 반란이 채 진압되지 않은 당의 산서성을 지나 태원을 거쳐 돌궐로 향했다.

이현은 상인으로 위장하고 사병 중 가려 뽑은 최고의 병사 100명과 함께 길을 나섰다. 도중에 유흑달의 잔병 수백 명에게 포위되었으나 이내 제압하고 태원에 도착했다. 태원은 당나라의 출발지이자 돌궐과 고구려의 국경도시였다. 태원에 도착한 이현 일생은 돌궐 상인들과 접촉한 후 돌궐로 같이 떠났다. 태원은 고구려, 돌궐, 당의 상인들로 넘쳐났다. 모처럼의 평화로운 분위기에 상거래가 활발해진 것이다.

이현은 돌궐에 도착하여 실리카간을 만났다. 실리는 돌궐의 카간 역사 중 최고로 무능하다고 평가되는 대칸이었다. 그의 형 출로카간이 죽은 후 어부지리로 대칸이 되었지만 실리는 허세 부리기 좋아하고 지휘 능력은 시피카간에 비해 모자람이 많았다. 시피카간이 조금만 더 오래 살았더라면 돌궐과 백제는 중원을 양분하고 고구려, 돌궐, 백제가 대륙을 삼등분하여 지냈을 것이다.

뛰어난 시피에 비해 동생 출로와 실리는 운도 없었고 상대적으로 외교능력도 떨어졌다. 실리가 당나라가 내분을 다스리는 동안 출병했더라면 크게 승리를 했을 텐데 이미 당의 내분이 정리된 단계에서의 돌궐의 위세는 허세에 불과했다. 한때 50만에 육박했던 돌궐의 대군은 이제 20만도 채 되지 않았다. 고구려와 가까운 돌

<당시의 외교 관계>

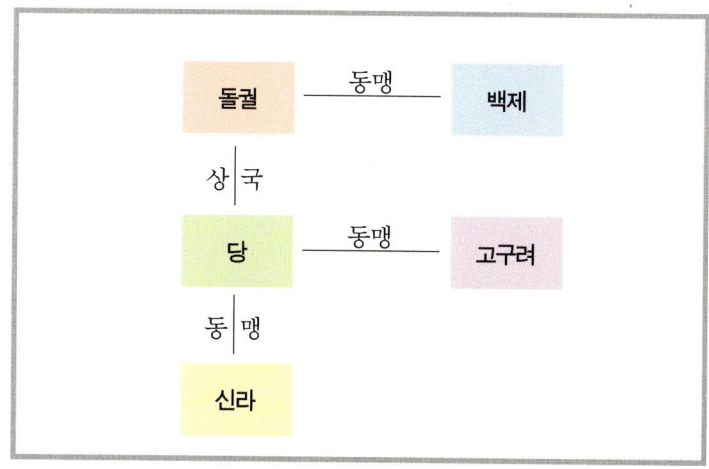

궐은 오히려 고구려에 고개를 숙이고 실리의 지배를 받는 돌궐이 당을 위협하며 상전 노릇을 하고 있었다.

백제는 자칫하면 당과 신라, 고구려 삼국으로부터 포위당할 수 있으므로 돌궐과의 동맹관계가 절실했다. 돌궐의 실리카간도 무능하지만 어리석지는 않았다. 당이 팽창할수록 위협을 느끼고 있던 그도 백제와의 동맹에 찬성했다.

백제는 우선 신라를 초점으로 맞추기 시작했다. 후방이 든든해야 당과의 대결도 가능하다고 생각했기 때문이다.

무강천황은 신라 진평왕의 사위이다. 진평왕에게는 세 명의 공주가 있었는데 선화공주는 그중 삼녀로서, 장녀이며 나중에 선덕여왕이 되는 덕만과 김춘추의 어머니가 되는 천명공주가 그 위로 있었다. 장녀 선덕이 왕위계승 1위이며 천명과 선화는 각각 2위, 3위의 계승서열이었다.

백제와 신라 양국 간에 전쟁이 없을 때 선화공주는 신라를 찾아가 평화를 주선했지만 양국 간의 뿌리 깊은 원한이 평화와 멀어지게 했다.

황제 즉위 후 대내외에 황권강화를 위해 즉위 3년에 행해진 대규모 신라 침공과 17년과 19년에 있었던 소규모 전투에 이어 무강천황은 대규모 신라 정벌을 계획했다. 이미 진평왕은 노쇠하여 덕만과 천명공주가 정사를 나누어 보고 있었다. 딸이라고는 하지만 덕만과 천명공주도 이미 나이가 50을 넘었다.

무강천황은 대륙의 신라 영토 낙랑군과 한반도 내의 신라 영토 중 어느 쪽을 먼저 공격할 것인지 내부 회의를 거쳤다. 참모들은 대다수가 낙랑군 정벌을 주장했다. 원래 백제의 영토인 것도 있지만 낙랑군의 인구가 신라 전체 인구의 절반을 차지할 정도로 많고, 백제가 대륙의 해안선을 모두 장악하는 데 걸림돌이 되기 때문이었다.

  신라 공격에 앞서 황제는 혹시나 있을지 모르는 당의 공격을 막기 위해 좌현왕 부여원을 불렀다. 좌현왕의 통치구역은 건강 이남에서 안남 북쪽까지 대륙의 남해안 대부분을 통치권으로 두는 막강한 실력자였다. 휘하 병력은 백제 남방군단 소속 10만으로 잘 훈련된 군대를 가지고 있었다.

- 무강천황 : 직속 근위병 1만
- 부 여 휘 : 의자왕 겸 우현왕, 백제 왕자 중 장자
  - 통치범위 ; 한반도 백제 전역
  - 휘하병력 ; 백제 동방군단 7만
- 부 여 원 : 무강천황의 사촌 왕족, 좌현왕 겸 백제 남방군단 총사령관
  - 통치범위 ; 대륙 남해안
  - 휘하병력 백제 남방군단 10만
- 해   력 : 귀족, 유주자사
  - 통치범위 ; 유주
  - 휘하병력 ; 유주군 5만
- 부여복신 : 무강천황의 조카, 청주자사
  - 통치범위 ; 청주
  - 휘하병력 ; 청주군 3만
- 진   서 : 귀족, 서주자사
  - 통치범위 ; 서주
- 부 여 량 : 무강천황의 6촌 왕족, 왜왕
  - 통치범위 ; 왜

　　　　　　　휘하병력 ; 왜군 3만
· 흑 치 법 : 왕족
　　　　　　　통치범위 ; 흑치국
　　　　　　　휘하병력 ; 1만
· 국　　술 : 귀족
　　　　　　　통치범위 ; 안남
　　　　　　　휘하병력 ; 1만5천

　그 외에도 여러 명의 황족과 왕족들은 담로가 설치된 곳의 왕 또는 제후로 임명되어 각기 수백에서 수천의 군사를 거느리고 있었다. 이들 담로는 미얀마, 말레이시아, 인도네시아, 브루나이, 캄보디아 각지에도 있었다.

　백제군 최고의 군단은 북방군단으로 수장은 유주자사 해력이었다. 해력은 무강천황이 등극하는 데 공을 세운 것으로 백제 최고 군단의 수장이 되는 영예를 부여받았다. 유주군이 그중에서 제일 강력했다. 고구려, 당, 돌궐의 경계를 모두 아우르는 유주는 전략 요충지로서 인구가 가장 많은 청주 다음으로 중요한 곳이었다.
　황제는 주로 청주에 머물렀다. 이는 예전 황제들도 인구가 많은 청주를 중요시하여 머물렀기 때문이다. 특히 동성황제가 세운 임류각을 복원하여 무강천황도 그곳에서 주로 기거했다. 원래 백제의 영토는 유주와 기주, 청주를 모두 연결했으나 백제가 세력이 약할 때 신라 진평왕의 공격으로 낙랑군을 잃어버린 것이다.
　황제는 낙랑군 공격에 앞서 좌현왕에게 명령을 하달했다. 당의 남부지역을 소란케 하여 당군의 주력이 남쪽으로 이동되도록 하라는 것이었다. 그러면 백제군이 낙랑을 공격하여도 당군이 이를 지원할 수 없을 것이라 생각했다. 또한 한반도 신라의 한강유역인 늑노현을 먼저 공격함으로써 신라군 주력이 한강에 집합하도록 계획을 짰다. 즉 주력이 한강에 집합하면 대륙의 낙랑군이 수비가 허술해질 테니 그때 낙랑군을 공격한다는 계획이었다.

대륙의 남부는 수나라 멸망 후 양나라, 초나라에 이어 새로운 나라가 세워지려 하고 있었다.

당시 남경에서 좌현왕 해원이 파견한 특사가 보공우輔公祐를 만났다. 보공우는 수나라 말기 농민반란에 참여한 후 당에 투항한 인물로 당의 관리를 맡고 있었다. 좌현왕은 백제군 중 3천 명을 뽑아 한족으로 변장시킨 후 보공우를 호위해 주겠다고 약속하며 막대한 금은보화를 조달하여 반란을 지원해 주겠다고 했다. 보공우는 황제가 된다는 말에 솔깃하여 반란을 일으키기로 약속했다.

623년 8월, 당에서 강회행태좌부사江淮行台左射로 임명한 보공우는 원래 농민봉기의 수령 두복위의 옛 부하이다. 보공우는 한족으로 위장한 백제군 3천의 호위를 받으며 백제에서 받은 금은보화로 주변 농민반란군 출신 장군들을 영입하여 대규모 군사를 일으켰다. 그리고 단양(남경)에서 스스로 황제라 칭하고 국호를 송이라 붙였는데, 강회의 광대한 지역을 차지하고 있었다. 이에 당고조 이연은 조서를 내려 그를 토벌하기로 했다.

이연은 이효공에게 명하여 주사를 거느리고 강주(구강시)로 나가게 하고, 이정은 령남의 여러 부대를 거느리고 선주(안휘선성)을 향하게 했으며, 황군한에게 조호(안휘호주)로 가게 하고, 이세

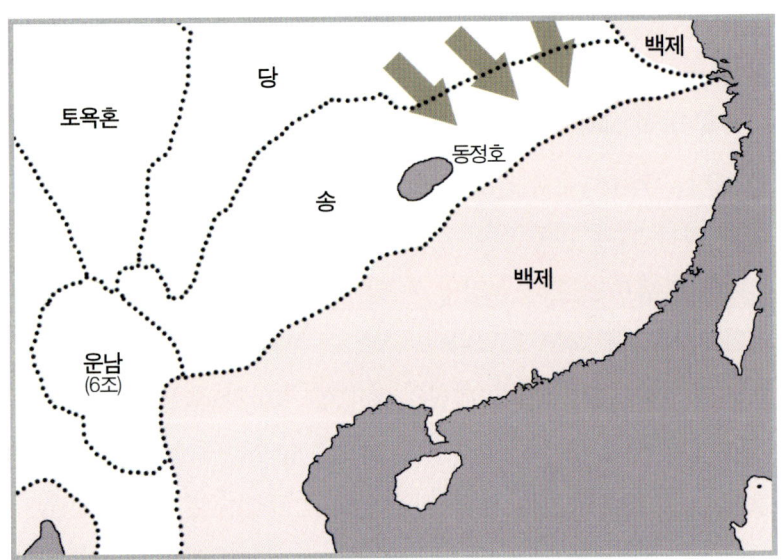

▲ 당군의 송나라 공격로

적은 사주에서 남하하여 회淮로 나와서 수양(안휘수양)을 향해 오라 했으며, 장진주에게 유주(안휘경현)를 향해 가라 명했다. 이로써 이정이 도착하기 전에 강남의 군력을 강화했다.

이상의 각로대군은 모두 당도(안휘금현) 지역에서 회사하여 결전에 참가했다. 이밖에 서부 서주 총관 임환은 강도(양주)를 향해 단양을 위협하면서 보공우의 강동 군사를 견제했다.

보공우는 주사 3만을 박망산(당도 서남강변)에 주둔시키고, 보병과 기병 3만을 청임산(당도 동남)에 주둔시켰다. 또한 철사로 장강 수로를 끊고 강변에 성과 보루를 쌓으면서 당군에 저항했다. 아울러 유격전을 잘하는 장선안과 연계하여 홍주와 하구(남창, 무창)로 나가 교란을 부리도록 했다.

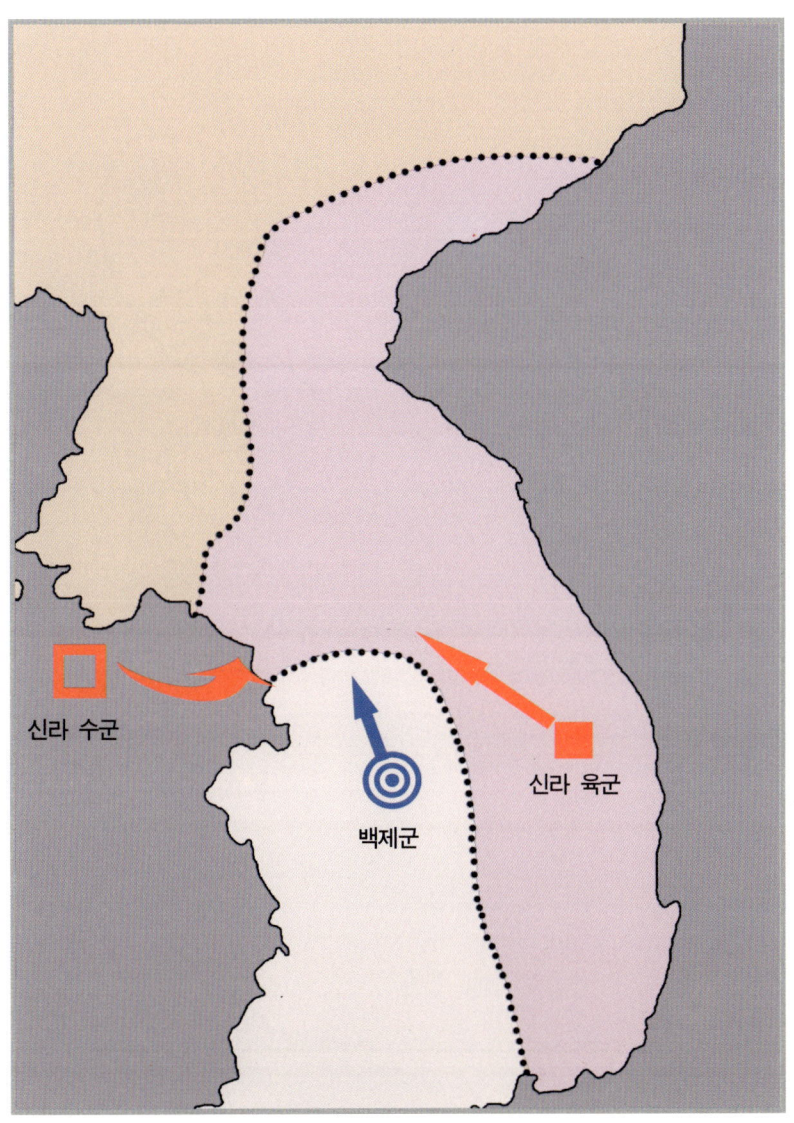

▲ 신라군의 한강유역 방어작전

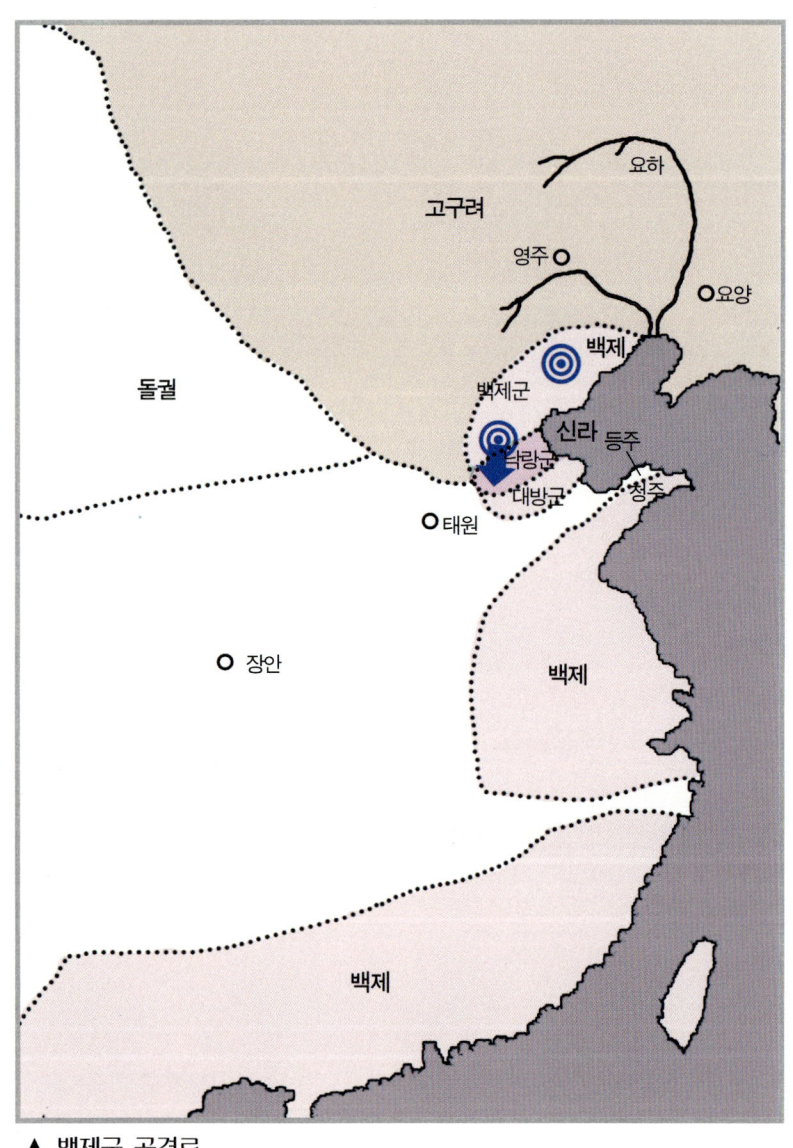

▲ 백제군 공격로

당과 송의 전쟁이 막상막하의 치세를 보이자 드디어 백제군은 신라 침공을 시작했다.

623년 8월, 백제군 2만은 한강유역의 늑노현을 침공했다. 백제군은 적극적인 공격 대신 늑노현을 위협함으로써 신라군이 집합하기만을 바랐다. 예상대로 신라 금성에서 지원군 1만이 당도했고 한강유역의 신라 수비군 수만이 집결했다. 신라 수군은 낙랑군의 신라군 수비대 중 일부를 차출하여 본국으로 보냈다. 낙랑군 신라 수비대는 5만가량으로 추정되는데 그중 1만을 늑노현으로 이동시킨 것이다.

백제 북방군단 총사령관 해력은 휘하 군대 중 5만을 낙랑군에 집결시켰다. 요서군 태수 이현은 혹시나 있을지 모르는 고구려군의 남침을 저지하기 위해 요하 근처에 3만의 병력을 배치시켰다. 또한 돌궐군과도 연락을 취하여 만일 낙랑군을 백제가 공격할 때 당나라가 백제 유주와 기주 땅을 치면 돌궐의 실리카간이 나서기로 했다.

대국 당나라의 등장

624년 3월 중순에 당군 이효공과 이정은 서주(안휘잠산) 경내에서 회사하여 유주, 선주를 따라 무호를 공략했다. 이세적은 회수를 넘어 수양을 공략하고 소호 북쪽을 따라 발전하면서 곧바로 당도를 향해 나갔다. 또한 강북 방면의 임환군은 양자성(의징현)을 공략하고 경구로 접근하면서 당도 회전을 펼쳐 나갔다.

10월, 백제군 북방군단 5만은 해력의 지휘 하에 신라 낙랑군을 향해 공격했다.

백제군은 낙랑군의 속함, 앵잠, 기잠, 봉잠, 기현, 혈책 등 여섯 성을 에워쌌다. 이에 세 성이 함락당하거나 혹은 항복했다. 급찬 눌최가 봉잠, 앵잠, 기현 등 세 성의 병사를 합해 굳게 지켰으나 이기지 못하고 죽었다.

낙랑군에는 원래 한나라 때 쌓은 18성에다 백제의 성 6개, 이후 신라의 성 10개 등 모두 34개의 성이 있었다. 그중 당과 접한 경계지역의 성이 모두 함락당했다. 당군의 개입을 사전에 차단하기 위한 포석이었다.

바다에 접한 신라성을 먼저 공격하면 이후 당군의 지원군을 받은 신라가 반격할 수 있지만 당과 접한 낙랑군의 지역을 먼저 점령하면 당군은 백제와 전면전을 벌일 각오로 신라를 도와야 한다. 신생국 당나라는 그럴 만한 국력은 없었다. 게다가 북방의 돌궐로부터 매년 굴욕적인 상납을 하는 상태이고 남쪽의 반란도 채 진압되지 않은 상황이기 때문에 더욱 그러했다.

한편 이효공, 이정, 이세적 등이 무호에서 보공우군을 격파한 후 보군은 당도에서 성만 굳게 지키면서 싸우려 하지 않았다. 이효공은 이정의 계략에 따라 기병을 보내 적군의 식량 보급로를 끊었다. 또한 먼저 노약한 군사로 보군의 영채를 공격하다가 다시 정예군사로 출진할 계획을 세웠다.

노약한 군사들이 적군의 영채를 공격하다가 실패로 물러나자 보군이 마구 쏟아져 출격했다. 이때 당군의 주력이 맞받아 나가서 보군을 대패시키고, 박망, 청산 두 방어 진지를 격파했다. 보군 수비장군 빙혜량 등은 10여 기병만 데리고 단양으로 도망가고 나머지 군사는 모두 항복했다.

이정은 경기병으로 먼저 단양으로 가니 보공우는 크게 놀라 수만 군사를 거느리고 성을 버리고 동으로 도망갔는데 이는 백제의 지원을 믿고 다시 한 번 재기하기 위함이었다. 이제 이세적이 기병을 거느리고 맹추격을 했으나 백제 영내로 도망한 보공우를 보고 더 이상 추격하지 않았다. 동정호를 넘으면 백제 영내이고 이는 곧 백제와의 전면전이기 때문이다.

백제 좌현왕 부여원은 보공우와 그의 패잔병을 모두 무장해제 했다. 이중에는 변장하여 보낸 백제군 3천도 있었다. 3만에 달하는 보공우의 군대를 백제에 편입시킨 후 보공우는 무강천황에게 보내졌다. 그러나 이세적이 백제에 사신을 보내 보공우의 압송을 요구했다.

이세적은 무강황제에게 당과 백제는 동맹국이니 당의 원수를 백제에서 보내주는 것이 마땅하다고 했다. 무강천황은 당과의 관계를 생각해 보공우를 압송하여 단양으로 보냈다. 이효공은 그를 죽이고 또 그의 여당들을 숙청하여서 강남은 평정되었다.

이번 강남 평정에서 이정은 또 한번 그 위용을 만천하에 과시했다. 초선을 멸하는 싸움에서 물이 불어 적군의 경계가 허술한 기회에 돌연 습격하고, 또 문사홍의 군사들이 이미 승리하여 혼란에 빠졌을 때 신속히 출격하여 승리했었다. 당도회전에서는 적군이 굳게 지키고만 있자 또 계략으로 적군을 끌어내어 평야에서 적군을 섬멸했다.

당나라 이세민의 활약도 눈부실 정도였다. 그 아버지 이연은 무능하기 그지없었으나 그 둘째 아들은 두려운 상대였다. 이연, 이세민 부자가 대륙을 장악해 가자 이를 제일 두려워한 것은 돌궐이었다.

돌궐은 인구가 당나라에 비교할 수 없을 정도로 적었다. 당나라는 건국 과정에서 이연이 돌궐의 기병 3천을 빌린 일과 해마다 돌궐군이 당나라 변경을 침공하여 재물을 받아간 것이 당나라에게는 씻을 수 없는 치욕임을 잘 알고 있었기 때문이다.

돌궐의 실리카간은 뛰어난 전쟁영웅은 아니었다. 이세민과 비교해 많이 떨어지는 인물이었다.

626년 5월, 돌궐이 당을 공격해오자 이세민이 출정하게 되었다. 이때 돌궐은 동으로는 거란에서 서쪽으로는 토욕혼과 고창을 번국으로 삼으며 그 세력이 수나라 말 이래 동아시아의 패자라 할 정도였다. 624년 돌궐의 침입으로 관중지방이 위험해지자 수도를 옮기자는 논의가 있을 정도로 돌궐은 당에게 위협을 주었다.

이건성은 이원길을 장수로 보내야 한다고 주장했고 이원길은 이세민 휘하의 정예병과 울지경덕을 포함한 부하 장수들의 차출을 요구했다. 이세민은 군사력을 빼앗길 지경이 되었다. 이에 이세민은 정변을 일으키기로 결심했다. 여기에는 심복 울지경덕의 권고가 한몫을 했다. 6월 1일 울지경덕은 결단을 요청했다.

궁궐의 수문장인 상하는 이세민에게 매수된 상태였다. 태자 이건성은 수만의 수도방위군을 휘하에 두고 있었고 제왕 이원길의 수하 병력도 많았다. 그러므로 진왕 이세민은 만일의 사태에 대비하여 상하에게 금으로 만든 칼 한 자루와 황금 30정을 주며 현무문을 지키도록 했다. 또한 금으로 만든 칼 수십 자루를 주어 휘하 병사들에게 나누어 주도록 했다. 상하가 이세민 편이었으므로 이세민은 궁궐 요소요소에 자신의 병사를 매복시킬 수 있었다.

6월 3일, 이세민은 태자 건성과 제왕 원길이 후궁과 음란한 짓을 했다고 이연에게 밀주했다. 이연은 자식들의 불화를 해소하려고 이들 셋을 궁궐로 들어오라고 명령했다. 건성과 원길은 이를 해명하기 위해 4일인 경신일 아침 일찍 궁궐로 들어갔다. 함께 온 정예병 2천 명은 궁성 북문인 현무문 밖에 남겨두었다. 경비가 엄중한 궁성에 복병이 있으리라 예상하지 못했던 것이다.

이세민이 장손무기, 울지경덕 등 9명의 심복과 더불어 건성과 원길을 살해했다. 문밖에 대기하던 군사들은 울지경덕이 두 사람의 목을 내걸자 혼비백산해 모두 달아났다. 정변 소식을 들은 고조 이연은 '해지海池'라 불리는 궁성 내의 연못으로 달아났으나 이세민이 보낸 울지경덕에게 감금됐다.

이세민은 즉시 군사를 보내 건성의 다섯 아들(승도, 승덕, 승훈, 승명, 승의)과 원길의 다섯 아들(승업, 승란, 승장, 승정, 승도), 즉 조카 10명을 반역죄로 남김없이 죽였다. 이는 조선 개국 초 이방원과 이방간이 함께 왕자의 난을 일으켜 세자인 동생을 죽였으나 죽인 동생들의 자식들은 죽이지 않은 것과는 대조적이다.

이세민은 8월 갑자일(9일)에 제위에 올랐다. 이른바 정관의 치가 시작된 것이다.

중국인들이 가장 자랑스럽게 생각하는 왕은 당 태종과 청의 강희제이다. 영토가 중국 역사상 가장 넓었으나 이 역시 한족의 힘으로 된 것이 아니라 선비족과 여진족의 힘으로 된 것이다. 한족으로 나라를 세워 2백년 이상 간 왕실은 한나라와 명나라뿐이다.

한나라는 건국 후 줄곧 고구려와 전쟁을 벌였으나 오히려 고구려에 밀려서 한나라 말기 좌원대첩에서 대패한 후 멸망했다. 명나라도 고구려의 후예인 여진족이 세운 청나라에 멸망당하고 말았으니 최초의 통일 왕조인 진나라 이후 줄곧 중원은 북방민족에게 지배당했다고 해도 과언이 아니다.

또한 당 태종과 강희제는 모두 한족이 아닌 선비족과 여진족으로 한족 위에 군림한 왕이다. 진시황조차도 현재 중국 역사계는 한족이 아닌 서융이나 북적으로 보고 있다. 그러나 상투를 틀었다는 진시황의 병사들 기록을 볼 때 동이족일 가능성도 있다.

이세민은 제수가 되는 원길의 처를 비로 삼아 아들을 낳았는데, 황후로 책봉하려다 위징의 반대로 물러섰다. 이러한 일은 한족의 눈에는 패륜으로 보일 수 있으나 선비족인 당 왕실의 관습으로는 있을 수 있는 일이었다.

이세민은 나중에 고구려 연개소문의 패악무도한 행위를 징벌하기 위해 전쟁을 일으킨다고 공표했으나 사실 그런 무도한 행위의 시작은 이세민이 더 먼저 시작했다.

626년, 백제 무강천황은 강해진 당나라를 인정하지 않을 수 없었다. 이에 당나라에 사신을 보내 명광개라는 갑옷을 선물하고 동맹을 제의했다. 고구려가 당나라와 화친하고 국력을 백제 쪽에 집중하면서 국경의 긴장이 높아졌기 때문이었다.

수나라 시기 890만 호에 달하던 인구는 당나라 건국 후 300만 호로 줄었다. 고구려와의 전쟁으로 수백만이 죽은 것과 양제의 실정으로 수백만이 아사한 것도 있지만 인구의 상당 부분이 백제로 흡수된 것이 그 원인이다.

수나라 멸망 시기에 백제군이 대규모 대륙정벌을 감행하여 엄청난 인구를 취했다. 영토도 과거 백제의 최고 전성기인 근초고, 근구수황제에 비해 조금 부족한 정도로 넓어졌다. 제2의 전성기인 동성천황 때에 비해 비슷한 규모였다. 백제의 호수가 무려 150만 호에 달했다.

〈참고〉
당시 고구려, 백제는 유목민족 계통이고 집안에 노예가 많았다. 호수는 인구수와 별개로 생각해야 한다. 현재 우리나라는 호당 인구가 3명을 넘지 않으나 당시 유목민족국가에서 호당 인구는 당고종 3년(652년)에 장손무기는 천하의 호수가 380만이라 했다. 고종, 측천무후 시기에는 당조의 인구 증가율이 초기 태종의 때에 비해 빨라졌다.

구당서에 의하면 중종원년(705년) 천하의 호수는 635만 호였다. 이는 고종 때 백제를 멸망시키고 고구려도 멸망시키면서 많은 인구를 흡수했지만 실상 발해가 건국되면서 대부분의 고구려 유민을 뺏겼고, 실제 당나라의 호수가 증가한 것은 자연적인 인구 증가보다는 백제 유민의 흡수에 의한 것이다. 당나라는 백제를 점령하는 데 수도 사비성을 함락한 이후에도 대륙에 남아 있는 백제 땅을 점령하는 데 수십 년이 걸렸다.

또한 일부는 신라에 뺏겼으며 백제 멸망 후 60년 정도 지난 현종 때 〈통감〉의 기록은, 현종 개원 14년(726년)의 호수는 706만 호, 인구는 4,100만 명이다라고 되어 있다. 이때 비로소 백제의 대륙 인구를 대부분 흡수한 것이다.

10~20명 이상으로 봐야 하며 실제로 백제 기록에 20만 호에 8백만 인구라는 기록도 있다. 호당 4명으로 치면 20만인데 그 인구에서 5만의 병사가 나올 수 없다.
당시 수나라 멸망 후 많은 유민들이 고구려, 백제에 흡수되어 인구가 급격히 증가했지만 실상 고구려 백제의 호수는 크게 증가하지 않았다. 가령 부여에서 호수가 5만 호라는 기록도 있다. 하지만 부여가 동원한 군대는 대소왕이 고구려를 침공할 때 5만의 군대를 동원했다.
기록대로 보자면 한 호에서 한 명의 군인이 나온다는 이야기이다. 실제로 금나라가 중원을 차지했을 때 한 호에서 한 명의 여진군대를 차출했다는 기록도 있다. 지금의 방식대로 계산하면 인구 3~4명당 군인 1명이 나온다는 것이다. 이는 불가능한 것으로 당시 한 호당 인구는 최대 수십 명으로 봐야 한다.

제3부
새로운 시작

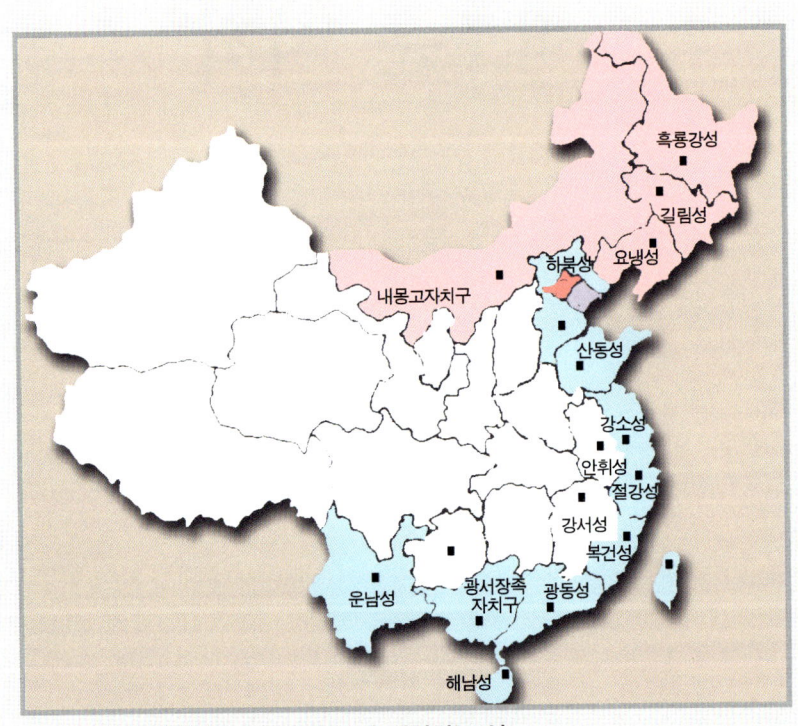

▲ 중국 내 옛 백제, 고구려 영토에 해당하는 성

〈과거 고구려, 백제의 영역인 현재 중국 각 성별 인구〉

나라	도시(성)	인구
백제	하북성	6744만
	산동성	9,082만
	강소성	7,400만
	절강성	4,700만
	복건성	3,500만
	광동성	1억
	광서장족자치구	4,500만
	운남성	4,287만
		+ 한반도 서남부 2천만 + 왜 1억 + 대만 2천만 + 동남아시아 각국 5천만 이상
현 재		현재 7억 이상
고구려	흑룡강성	3,700만 명
	길림성	2,700만 명
	요녕성	4,200만 명
	내몽고자치구	2,400만 명
	위구르자치구	2,000만 명
		+ 한반도 북부 2천만 명 + 연해주 200만
현 재		1억7천2백만 정도

중국 인구가 주로 경제가 발전된 해안지방으로 이동한 것을 감안하더라도 당시 백제의 인구가 당나라 못지않았음을 현재의 인구와 비교해도 알 수가 있다.

〈추정〉
- 수나라 초기 890만 호, 백제 100만 호, 고구려 80만 호
- 수나라 말기 600만 호, 백제 110만 호, 고구려 80만 호
- 당 건국 초기 200만 호, 각 지역군별 200만 호(양, 초, 송으로 이어지는 남쪽의 국가인구 150만 호 이상), 백제 130만 호, 고구려 80만 호
- 당이 반란군을 진압한 태종 때 300만 호, 백제 150만 호, 고구려 80만 호, 반란 진압 과정에서 다수의 희생자 발생, 일부는 돌궐로 흡수되고 산악지대로 도망하여 통계에 잡히지 않음.
- 당이 신라와 함께 백제를 멸망시킬 때 백제 인구 중 76만 호가 당에 병합됐으나 일부 수만 호만 실제로 병합되고 나머지 70만 호가량은 독자적 왕국을 세우고 저항 계속. 이후 당나라가 백제의 대륙영토 거의 장악, 인구 480만 호가량으로 증가.
- 668년 이후, 당과 신라, 고구려 멸망시킨 후 고구려 인구 10만 호가량 흡수, 당 인구 총 500만 호가량으로 증가.
- 백제의 영토는 당과 신라로 완전히 넘어감. 왜, 흑치국, 안남 일부, 동남아시아 섬들과 주요 교역지는 독립하여 각각 왕국 세움. 이때가 당 현종 때로 추정됨. 남은 수십만 호의 백제 인구는 당에 흡수됨. 당 인구 700만 호가량으로 증가.

〈626년의 각국 상황〉

나라	인구	군사
당나라	3천만	50만
고구려	1천만	40만
백제	1천8백만	35만
돌궐	700만	25만
신라	3백만	10만

당과 신라의 연합

626년 8월, 무강천황은 군사를 보내 신라 낙랑군의 왕재성을 공격하여 성주 동소를 죽였다.

당나라 이세민이 현무문의 변 이후로 왕이 되자 돌궐은 이번 기회에 당나라를 칠 생각을 했다. 당나라 조정이 어수선한 틈을 이용하기 위해서였다. 게다가 명분도 있었다. 돌궐은 공인된 당나라의 상국이었고, 주변국들이 모두 돌궐을 당의 상국으로 인정하고 있었다. 비록 당나라는 상국이라기보다 형제의 나라 정도로 깎아내리려 했지만 건국 초부터 이연, 이세민 부자가 돌궐에 취한 태도는 엄연한 신하의 태도였다.

돌궐의 실리카간은 당나라의 변란을 이유로 신하국의 잘못된 정세를 바로잡는다는 명분 하에 무려 50만이라는 대군을 이끌고 출정했다. 출정 전 돌궐은 백제와 고구려에 사신을 보내 당나라를 분할하자는 제안을 했다.

고구려는 영류태왕이 왕권강화에 여념이 없었다. 이미 오랜 전쟁에 지친 영류태왕은 전쟁에서 패하면 영류태왕에 적대적인 군부의 선태왕 휘하 장군들만 기세를 살리는 꼴이 되고, 기회를 틈타 영류태왕의 정책에 노골적인 반대를 할까봐 두려웠다. 영류태왕의 권력 핵심들도 전쟁을 반대했다. 무엇보다 참전을 꺼리게 된 이유는 당나라가 생각보다 강하다는 것이었다. 그들의 왕인 이세민도 호걸이며 그의 정예부대는 이미 입증이 된 강군이었다.

백제 조정은 돌궐의 연락을 받고 크게 환영했다. 예전에 시피카간과 함께 천하를 양분하자고 한 약속이 이제 지켜지는 것 같다고 모두 좋아했다. 백제군은 청주와 서주에 집결했다. 다만 무강천황은 당나라 이세민이 영웅호걸이며 쉽지 않은 인물임을 알기에 우선 돌궐군이 당나라 주력군을 격파하면 곧바로 대군을 보내 낙양을 공격하기로 했다.

돌궐의 실리카간은 고구려 백제의 수십만 대군이 오면 당나라를 완전히 점령할 줄 알았다. 하지만 고구려는 난색을 표하고 백제는 돌궐이 당군 주력을 격파해야 지원하겠다는 말에 내심 불안했다. 동돌궐의 실리카간은 장안으로 기마 원정대를 이끌고 왔다.

626년 9월 23일, 장안의 북문에 있는 편교 앞에 15만의 동돌궐 기병이 나타났다. 실리카간은 수도를 약탈하겠다고 위협하면서 조공을 요구했다. 당시 돌궐은 대외적으로 50만을 이끌고 침공했다고 선전했다.

당군은 당시 수도 근교에 10만의 병력이 있었다. 이세민은 돌궐군과 대적하기 위해 지방의 군대를 차출했고 약 20만가량의 군대를 모집하여 돌궐군과 맞섰다. 당군은 일부러 깃발을 늘이고 무수히 많은 창검을 나열하여 마치 100만 대군인 것처럼 허세를 부렸다.

양군이 벌판에서 서로를 마주보니 오히려 당나라군이 더 많아보였다. 실리카간은 예상외로 많은 당나라 군대에 놀랐다. 이에 실리는 전쟁을 피하고 공물과 보석, 노예를 대신 받아갔다.

반면 동청주에 집결한 백제군 10만과 동서주에 집결한 백제군 5만은 별 소득 없이 회군했다.

627년 7월, 무강천황은 장군 사걸에게 명하여 신라 서부 변경의 두 성을 함락시키고, 남녀 3백여 명을 사로잡았다. 황제가 신라에 빼앗긴 땅을 회복하기 위해 군사를 대대적으로 동원하여 웅진에 주둔했다. 신라왕 진평이 이를 듣고 당나라에 사신을 보내 위급한 사태를 말했다. 백제군 5만의 주력부대가 웅진을 근거지로 한강유역을 회복하기 위해 북진했다. 동청주에 있던 황제는 당나라 이세민으로부터 신라를 공격하지 말 것을 요청받았다. 황제가 지난해 돌궐과 함께 당을 치지 않은 것을 후회했다.

8월, 무강천황은 조카 복신을 당나라에 보내 당나라의 사정을 알아보게 하고 서로 화친할 것을 제안했다.

당시 이세민이, "신라왕 김진평은 나의 번신이요, 백제 황제의 이웃이지만 매번 군사를 보내 토벌하는 것이 그치지 않는다고 들었소. 군대의 힘을 믿고 잔인한 행위를 마음대로 하는 것은 나의 기대에 매우 어긋나오. 백제 황제는 반드시 전날의 원한을 잊고 나의 본뜻을 헤아려서 모두 이웃의 정을 두터이 하여 즉시 전쟁을 중지하길 바라오"라고 말했다.

그러나 그 이면에는 강해진 당나라의 자부심이 숨어있었다. 지난번 돌궐의 침입 때 백제군의 행동을 알아낸 이세민은 이제 백제에 대해 노골적인 적대 감정을 숨기지 않았다. 이제 어느 정도 안정이 된 당나라는 돌궐과 백제에 대한 야욕을 표출하기 시작했다. 이미 고구려는 화친하기로 된 만큼 당나라를 노리던 돌궐과 백제는 자연히 내부정비를 하기 시작했다.

627년, 당나라 이세민은 돌궐 휘하의 여러 유목민족들에게 반란을 부추겼다. 당의 지원 하에 이들은 세력을 키워갔다. 돌궐 대칸인 실리의 무능도 그들의 반란에 한몫했다. 결국 돌궐 치하의 여러 민족들이 반란을 일으켰다. 설연타, 바이르쿠, 위구르부족들의 반란이 잇달았고, 특히 설연타족 지도자 이난夷男의 반란은 돌궐에 심각한 타격을 주었다.

한때 돌궐에 투항했던 중국의 장수와 관리들은 당 태종의 사면조치로 귀환하고, 거란을 비롯한 변방 족속들이 속속 당에 복속되었다.

거란의 배신

당시 거란은 국가의 체계를 갖추지 못한 유목민으로 예전부터 고구려의 지배 하에 있었으나 당이 번창하고 고구려가 쇠락하면서

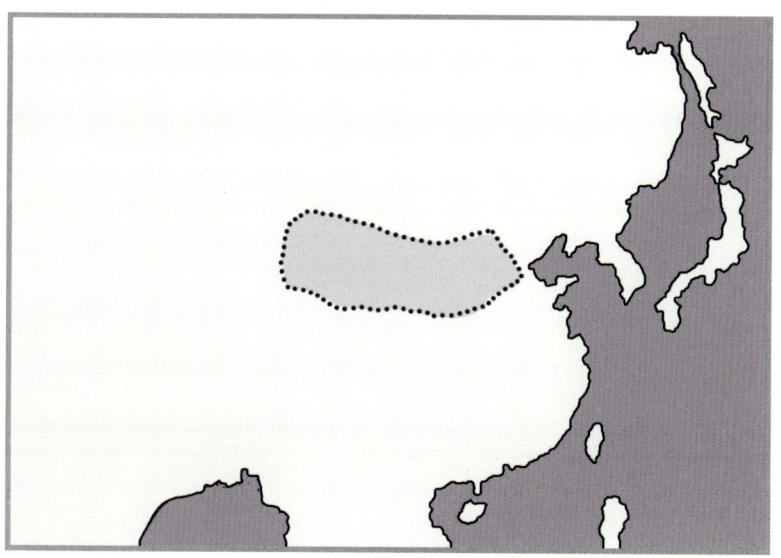

▲ 거란족 분포 지역

고구려를 떠나 당에 투항하는 자가 많았다. 거란은 대부분이 고구려에 속해 있었으나 일부는 돌궐에 속해 있었다. 그러나 돌궐이 내분으로 통치력이 약화되자 급격히 당으로 기울었다.

약 200만 정도로 추정되는 거란계통 유목민은 요동에서 몽골 북경까지 광범위하게 분포했다. 나중에 대국 요나라를 세우기 전까지 이들은 고구려의 주요 기병으로서 또한 전쟁터의 선봉으로 고구려를 위해 싸웠다. 그 후 고구려에 이은 대국 돌궐에 일부 흡수되어 돌궐의 전성기에는 돌궐의 기병이 되어 전쟁을 치렀고, 이제 당이 번창하면서 당에 일부가 흡수되었다.

거란은 후에 요나라를 건국하고, 금나라에 멸망당한 후 몽골의 전초병이 되어 금을 멸망시키고, 몽골의 세계 정복에 동원되어 민족이 뿔뿔이 흩어져버렸다.

거란 일부가 당에 흡수된 것은 고구려로서는 치명적인 일이었다. 이전에 수나라가 침공할 때 거란 땅에 주둔한 고구려군과 거란 기병이 수나라군의 배후를 공격하여 큰 전과를 거두었는데, 만일 거란땅 전체에 당나라군이 주둔하면 당나라군이 고구려를 공격할 때 배후를 공격할 위치를 잃게 된다. 사태의 심각성을 고구려 군부에서는 알고 있었으나 영류태왕은 오로지 왕권강화에만 관심이 있었다.

돌궐이 흔들리자 당 조정에서는 즉시 이 기회를 이용하여 돌궐을 공략하자는 견해가 있었으나, 당 태종은 당의 군사적 우위가 분명해지는 시점까지 사태를 관망하고 비밀리에 반란 부족을 지원했다.

백제 무강천황의 나이가 이제 50이 다 되었다. 그도 이제 늙은 몸을 느끼고 있었다. 젊은 시절 수나라의 몰락과 고수전쟁을 지켜보면서 백제는 많은 이득을 챙겼다. 영토도 확장했고 나름대로 예전의 영광을 재현했다. 당과 백제는 사신을 교류하면서 평화 분위기를 지속시켜 갔다.

반면 629년 한 해 동안에는 초원에서 돌궐과 그 복속 부족들과의 치열한 전투가 계속되었다. 당나라는 이제 전투 준비를 끝내고 돌궐을 공격하기 위한 준비에 들어갔다. 문제는 돌궐이 공격당할 때 그들을 지원할 나라가 있을까 하는 점이었다. 백제는 돌궐과 국경이 맞닿아 있지 않지만 대국 고구려가 있었다. 고구려군이 마음먹고 돌궐을 지원한다면 고구려군과 돌궐군을 동시에 상대해야 하기 때문이다.

당나라 사신이 비밀리에 신라에 도착했다. 신라 진평왕은 당나라로부터 고구려를 견제해 달라는 부탁을 받았다. 신라군이 평양 근처 고구려성을 공격하면 고구려군이 필시 대규모로 이동할 것이고 그러면 당나라군이 안심하고 돌궐을 칠 수 있다고 했다. 만일 고구려군이 대규모로 신라를 침공할 경우 만리장성 이남에 대기 중인 20만 당군이 즉시 요하로 쳐들어갈 것이라고 했다. 그리고 만일 고구려군의 침입을 막을 수 없다면 성을 돌려주고 화의를 요청하면 된다고 했다. 이번 작전으로 당군이 돌궐을 격파할 때까지 신라군이 고구려군의 서진을 막아주면 이후 당나라는 신라를 적극적으로 도울 것이라고 했다.

8월, 진평왕이 대장군 용준과 서현, 부장군 유신을 보내 고구려 낭비성*을 침공했다. 신라군 1만은 고구려 낭비성을 포위했다.

---

*낭비성의 위치는 충청북도 청주로 보는 견해가 있으나 청주가 고구려 땅이라면 이전에 고수전쟁 당시 신라군이 북진한 것이 앞뒤가 맞지 않게 된다. 필자가 보기에 낭비성은 평양의 남쪽 혹은 남동쪽에 있는 성으로 봐야 한다.

고구려군이 신라군을 깔보고 성에서 나와 진을 벌이는데 그들의 수가 1만에 가까웠다. 그 군사들의 기세가 매우 왕성하므로 신라군은 그것을 보고 두려워 거의 다 싸울 마음이 없게 되었다. 이에 김유신이 말했다.

"나는 '옷깃을 흔들어 떨치면 옷이 바르게 되고, 벼리를 들어올리면 그물이 펼쳐진다'라고 들었다. 내가 바로 그 벼리와 옷깃이 되겠다."

그는 즉시 말에 올라 검을 빼들고 적진을 향해 곧장 달려나가 세 번을 드나드는데, 매번 들어갈 때마다 적장의 목을 베고, 혹은 적군의 깃발을 뽑아 왔다. 여러 군사들이 그 승세를 타고서 북을 울리고 함성을 지르며 나아가 5천여 명의 목을 베어 죽이니, 고구려군이 그만 항복했다.

영류태왕은 대국이 된 당나라에는 평화를 지속시키고 고구려 국력을 회복할 시간을 벌기 위해 허리를 굽실거렸지만 백제와 신라에는 그러지 않았다. 특히 조공을 바치던 신라에 대해서는 자주 압박했다. 낭비성 함락소식에 영류태왕은 분노하여 모처럼 군부 소집령을 내렸다. 10만에 달하는 고구려 남부군단과 북부군단 소속 병사들이 평양으로 모여들었다. 대규모 남벌을 위해 주력 철기군도 집결했다.

진평왕은 다급하게 당나라에 도움을 요청했다. 당나라 이세민은 준비해둔 군대를 이동시켰다. 고구려 국경으로 20만을 이동시키고 주력기병 10만을 돌궐의 국경으로 이동시켰다.

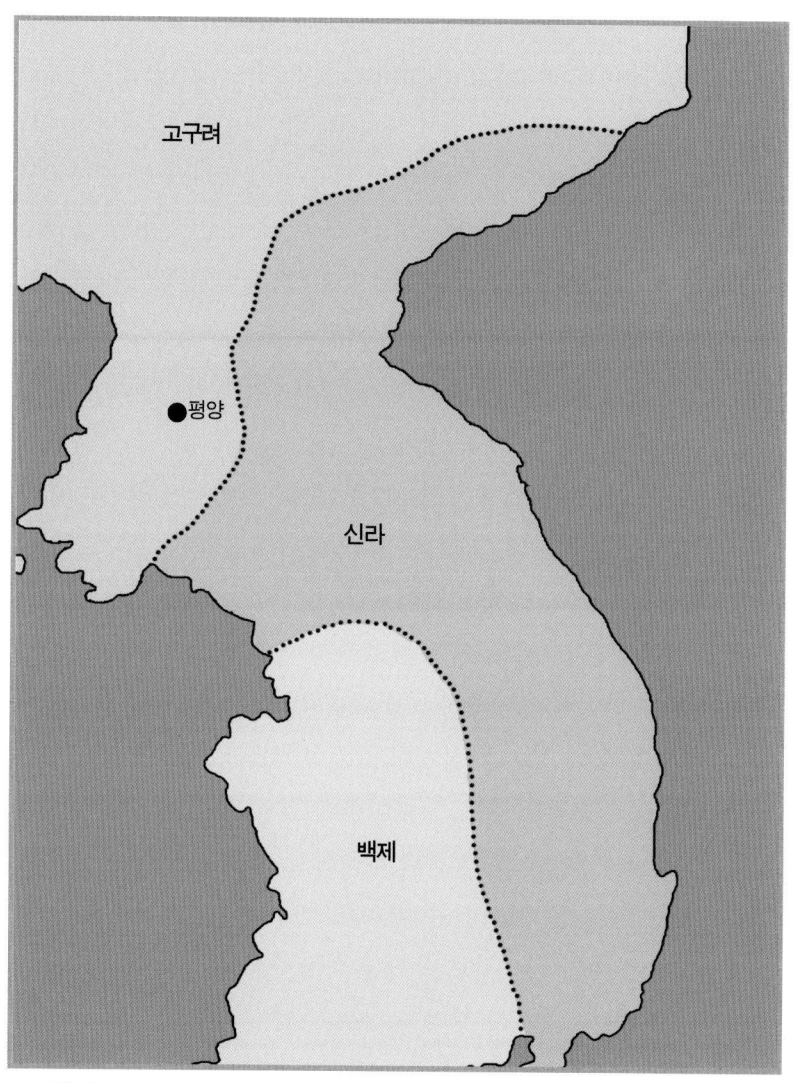

▲ 한반도 삼국의 영토

630년 2월, 백제는 사비의 궁전을 중수했다. 무강천황은 웅진성으로 갔다. 무강천황은 한반도 내에서 대규모로 고구려, 신라와의 전쟁이 일어날 것으로 예상했다. 고구려군이 평양으로 이동하고 있고 신라군도 한강유역에서 대규모 군사훈련과 함께 방어태세를 점검하고 있다고 했다. 백제군도 각 지역에서 차출한 병사 5만을 한반도 백제로 이동시켰다.

한반도에는 고구려군 15만, 백제군 10만, 신라군 7만이 집결했다. 신라 진평왕은 사신을 비밀리에 백제 황후인 선화공주에게 보냈다. 백제가 고구려를 견제해 주어서 신라가 멸망당하는 것을 막아달라는 것이었다.

어차피 진평왕은 후사가 없어 3명의 딸들 중 하나가 왕위를 계승해야 하는데 선화공주도 그중 하나인 왕위계승자였다. 부녀간의 정을 생각하여 신라의 멸망을 막아달라는 것이었다.

황후가 된 후 백제군의 신라 침공을 계속 지켜봐야 했던 선화공주는 황제를 설득하여 백제가 고구려를 견제하여 신라로부터 인심을 얻고 차기 신라 왕위를 얻어내자고 설득했다. 무강천황도 동의하고 장자인 의자왕을 백제 정동대장군 겸 의자왕 겸 우현왕으로 임명하고, 군사 7만을 주어 신라 국경으로 향하게 한다. 외할아버지인 진평왕에게 잘 보이라는 격려도 해주었다.

무강천황은 차기 신라왕으로 자신의 장자인 의자왕이 되기를 바랐다. 왕위계승 서열에서 밀리지 않고 또 진평왕의 장녀인 선덕이 자식이 없으므로 당연히 선화공주의 장자인 의자왕이 유리하다고 생각했다.

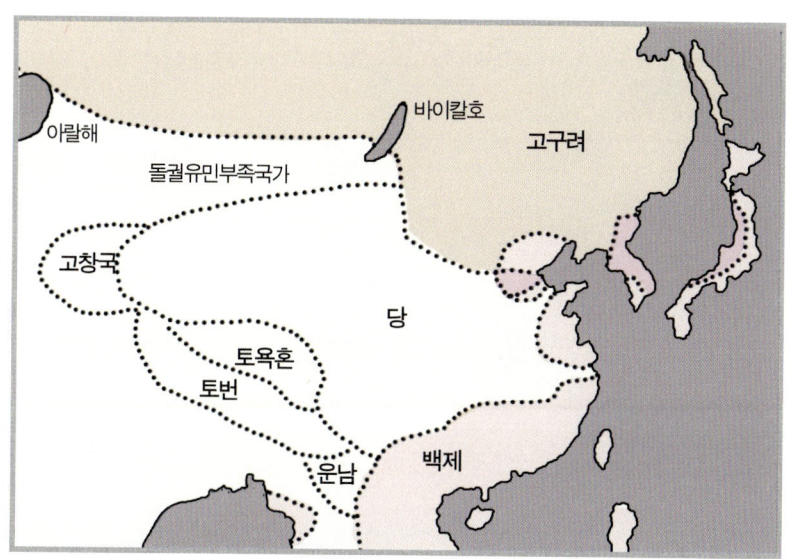
▲ 동돌궐 멸망 후 각국의 영토

고구려 영류태왕은 당나라군의 국경 집결과 백제군의 신라 국경 이동소식에 긴장했다. 신라군이 만만치 않은 데가 당나라, 백제와 싸워서 이길 수 있다고 생각하지 않았다. 영류태왕이 우물쭈물하는 사이에 당나라군은 돌궐로 계속 전진하고 있었다.

당나라, 대제국으로 성장하다

　630년 초, 드디어 당 태종 이세민은 명장 이정을 행군총관으로 삼아 10만 대군을 이끌고 동돌궐을 공격하게 했다. 이정은 돌궐지역 깊숙이 진군하여 실리카간을 생포하고 군을 주둔시켰다. 동돌궐의 멸망이었다. 마침내 당의 영토가 고구려와 비슷한 정도가 되었다. 당은 돌궐의 넓은 땅을 모두 갖지는 못했으나 중원과 가까운 곳은 손쉽게 차지할 수 있었다.

　이제 고구려는 우군이 될 수 있었던 돌궐의 멸망을 그저 지켜보고만 있었기 때문에 당나라로부터 전방위 압박을 받게 되었다. 당군이 돌궐을 공격할 때 고구려가 신라를 항복시켰으면 이후 고당전쟁 때 유리한 입장이 될 수 있었는데, 백제의 참전과 돌궐이 너무 쉽게 무너지는 바람에 어이없게 돼버렸다.

　7월, 무강천황은 웅진에서 동청주로 돌아왔다. 아무래도 국제정세가 급변했음을 느꼈다.

631년, 신라에서 이찬이라는 자가 사절을 보냈다. 지금 진평왕은 노쇠하여 더 이상 국정을 맡을 수 없고 자신들이 국정을 장악하면 예전처럼 백제에 충성하겠다고 했다. 만일 의자왕을 신라왕으로 삼는다 해도 따르겠다고 했다. 다만 자신들을 실권자로 임명해주면 된다고 요청했다. 황제는 이에 응하고 비밀리에 정병 5백을 가려 뽑아 이들에게 딸려주었다.

5월에 이찬 칠숙과 아찬 석품이 서라벌에서 반란을 꾀했다. 이들은 백제군 5백과 사병 1천을 동원하여 대궐로 진격했다. 왕궁에는 수비군 5백이 지키고 있었다. 그러나 반란군 중 병사 하나가 역모 사실을 밀고하여 진평왕은 외곽의 궁성수비대 2천을 미리 준비시키고 있었다.

반란군은 새벽을 기해 일제히 왕궁으로 몰려왔다. 백제군은 변장하여 상인으로 위장하고 술독에 무기를 숨기고 성내로 들어왔다. 칠숙과 석품의 사병들은 미리 집에 대기하고 있다가 백제군이 모두 들어오자 함께 왕궁으로 이동했다.

중간에 성내 순찰군과 부딪쳤지만 쉽게 제압하고 궁까지 들어와 궁을 에워싸고 문을 부수려는 순간 궁안 쪽에서 수천의 군사가 쏟아져 나왔다. 정문에서 시작된 치열한 교전은 백제군의 활약으로 반란군이 궁내로 진입하고 있었다. 후문 쪽에서는 진압군이 반란군을 밀어붙여서 반란군 수백이 죽어나갔다. 후문의 석품은 그제서야 반란이 사전에 누설된 것으로 알았다.

한편 정문에선 칠숙이 백제군과 함께 궁 중앙까지 진군했다. 이때 또 수백의 진압군이 몰려왔다. 이들은 왕궁의 정예수비대로 한 명이 2~3명을 상대할 만큼 무예가 뛰어났다. 하지만 이들도 5백이나 보내진 백제 정예무사들과는 상대가 되지 않았다. 반란군은 궁 안으로 들어가 진평왕을 찾았지만 이미 그는 없었다.

궁 밖에서 수천 명의 병사들의 고함소리가 들렸다. 김유신이란 자가 병사 1천을 이끌고 왕을 구하러 온 것이다. 궁 안에서 왕궁수비대와 접전하던 반란군은 뒤쪽에서 김유신의 군대에 포위되어 버렸다. 진평왕이 노쇠한 몸을 이끌고 수레에 앉아 장군들의 호위를 받으며 후문에 나타났다. 반란군은 사기가 꺾여 뿔뿔이 흩어지거나 항복했다.

궁 안팎으로 5천의 신라군이 반란군 1천5백을 에워싸고 공격하여 날이 새자 반란군은 전멸했다. 백제군은 포로가 되지 않으려고 끝까지 싸웠으나 역부족이었다. 반란군 잔당은 왕궁 근처에서 벌어진 시가전에서도 패퇴했다.

반란에 합세하기로 했던 일부 귀족들의 사병 수백 명은 집밖으로 나오지도 못하고 대기하던 진압군의 화공에 모두 죽었다. 서라벌 근처 군현의 관리 10여 명도 수하 사병 수백을 이끌고 반란에 합류하러 올라오다 미리 매복한 진압군에 의해 모두 죽었다.

전투는 반나절 만에 끝나고 진평왕은 칠숙을 잡아다가 동쪽 시가에서 목을 베고, 아울러 그 9족을 죽였다. 아찬 석품은 도망해 백제 국경까지 갔다가 처자식을 보고 싶은 생각에 낮에는 숨고 밤에는 걸어서 돌아와 총산에 이르렀다. 여기에서 한 나무꾼을 만나 자기 옷을 벗어 나무꾼의 해진 옷과 바꾸어 입은 다음, 땔나무를 짊어지고 몰래 집에 왔다가 매복해 있던 병사들에 붙들려서 처형당했다.

진평왕이 7월에 사신을 당에 보내 미녀 두 사람을 바쳤는데, 당나라 위징이 이를 받는 것은 옳지 않다고 하여 당 태종은 사신에 딸려 돌려보냈다.

백제에 흰 무지개가 궁궐 우물물을 머금고, 토성이 달을 범했다.

최초의 여왕, 선덕

632년 정월에 진평왕이 죽었다. 시호를 진평이라 하고, 한지에 장사 지냈다. 아들이 없었기 때문에 그 뒤를 이어 맏딸 선덕이 여왕이 되었다.

백제는 무강의 맏아들 의자를 태자로 책봉했다. 그리고 신라에 사신을 보내 다음 신라왕으로 의자가 되어야 한다고 주장했다. 이를 받아들이지 않으면 대군을 일으켜 신라를 정벌하겠다고 했다. 의자왕은 군사 3만을 이끌고 신라 국경에서 무력시위를 하며 대야성을 넘어 서라벌로 진군하겠다는 의지를 보여주었다. 신라군은 대야성을 중심으로 1만5천이 집결했다.

선화공주는 아버지인 진평왕을 장사 지내기 위해 신라로 들어갔다. 새로 즉위한 신라 선덕여왕은 선화공주를 맞으며 양국 간에 평화를 기원했다. 선화공주가 사석에서 선덕여왕에게 다음 왕위계승자를 의자로 하면 양국 간에 평화가 있고, 백제는 신라를 고구려로부터 보호할 것이라고 했다.

하지만 동석한 천명공주가 반대했다. 내심 다음 왕위계승을 자신의 자식으로 내세울 생각이었던 천명공주는 선덕여왕을 설득해 왕실은 김씨로 이어져야 한다고 했다. 부여씨가 들어오면 신라는 사직을 이어나갈 수 없고 망하고 말 것이라 했다. 선덕여왕도 천명공주의 말에 동의하고 선화공주에게 다음 왕위는 자신이 직접 정할 것이나 김씨가 좋겠다고 했다. 오히려 선화공주에게 백제가 신라를 공격하지 말 것을 요청하라고 부탁했다.

2월, 백제는 당나라와 인접한 산서성에 마천성을 고쳐 쌓았다.

7월, 태자 의자왕에게 군사 2만을 주어 상주를 공격하게 했다. 신라군이 성 밖으로 나와 교전했다. 보름 동안 대치하다 승패가 없자 귀환했다.

무강황제가 생초 벌판에서 사냥했다.

계백의 등장

　633년 8월, 정병 5천의 군사들이 새로 장군이 된 계백의 지휘 하에 신라 서쪽 변방의 대성인 서곡성을 공격했다. 서곡성의 신라군은 3천 명 규모로 군율이 엄하고 특히 화랑 수백 명이 함께 지키고 있었다. 계백이 화랑의 5계를 알고 있으므로 일부러 허약한 병사 3천을 골라 성문 근처에 주둔하자 신라군이 맞서 싸우러 나왔다.
　신라 장군 아찬 김흠이 화랑 3백 명을 앞세우고 진격하자 계백의 철기군 5백이 맞서 싸웠다. 한참을 싸워도 승부가 나지 않자 계백이 총공세를 명했다. 신라군 역시 총공세를 취하여 양군은 서곡성 앞 벌판에서 치열하게 싸웠다. 반시진도 못되어 백제군이 밀리기 시작했다. 계백은 병사들에게 서서히 후퇴하라고 명했다. 만일 갑자기 후퇴하면 유인작전인 것을 신라군이 파악할까봐 염려스러웠던 것이다.
　성주 아찬 김흠이 백제군을 깔보고 후퇴하는 백제군을 추격할 것을 명했지만 부장 이도가 말렸다. 저들이 많지 않은 병사로 우리 성을 공격한 것이나 적군이 쉽게 후퇴하는 것이 마치 매복이 있을 것 같다는 의견이었다. 백제군이 보이지 않을 정도로 퇴각한 뒤 성안에 돌아온 신라군은 이후 성을 나오지 않고 수성전략을 채택했다.

성을 공격한 지 일주일이 지나도 별 성과가 없자 계백은 성 앞에서 일부 백제군으로 하여금 신라군을 모욕하게 만들었다. 백제인 중 살인죄를 저지른 죄수들을 몇몇 데려와서는 신라군 성 앞에서 신라의 백성이라고 속이고 목을 베었다. 신라 성주 김흠이 분노하여 즉시 병사들을 이끌고 총공격하려 했으나 부장들이 모두 만류했다.

성을 공격한 지 13일이 지나도 신라군의 반응이 없자 예전에 투항한 신라 병사 중 몇을 뽑아 서라벌로부터 온 연락병인 척하며 몰래 성내로 들여보냈다. 서라벌로부터 왔다는 병사는 신라왕의 도장이 찍힌 서신을 내보이며 신라 지원군 3천이 성 밖 30리에 도착했는데 동쪽 산 위에서 연기가 피면 그것을 신호로 백제군을 합동 공격하자는 내용이었다.

밖에서는 또 백제군이 신라의 백성이라고 하는 자의 목을 베고 있었다. 하루에 3명씩 목을 베니 볼 때마다 성주의 분노가 극에 달했다. 부장들이 연락병의 서신을 제대로 확인하자는 의견이 있었으나 화가 단단히 난 성주는 이를 무시하고 전군 총공격 준비를 갖추었다.

한 시진 뒤 동쪽 산 위에서 연기가 피자 성주는 성 밖으로 전군을 출진시켰다. 멀리서 신라군 복장을 한 병사 수백 명이 백제군의 후방을 공격하는 것처럼 보였다. 김흠이 성 밖으로 병사 2천을 이끌고 나오자 백제군이 5리를 후퇴하다 바로 반격했다.

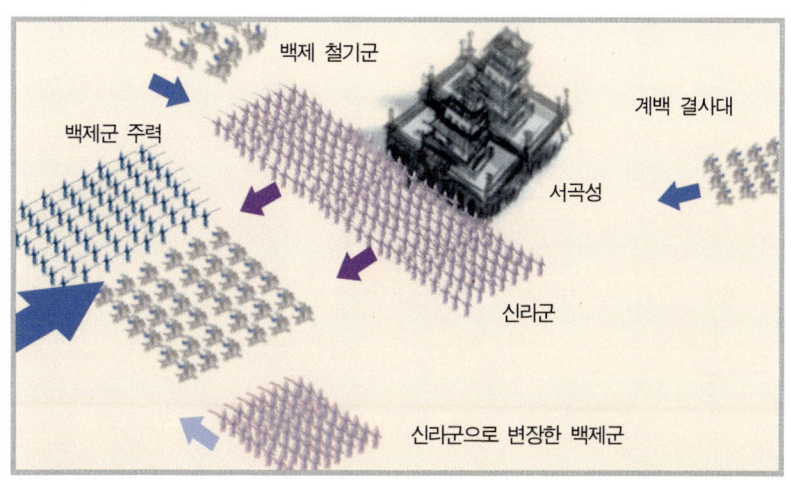

▲ 전투 상황도

　백제 철기군 수백 명이 신라군의 후방으로 달려가 퇴로를 막았다. 멀리서 백제군의 후방을 공격하던 신라군은 변장한 백제군이었다. 순식간에 포위된 신라군은 무참히 학살당했다. 신라의 화랑들이 퇴로를 열려고 했으나 백제 철기군 앞에서는 무용지물이었다.
　한편 날랜 병사 5백을 성의 후문으로 배치시킨 계백은 직접 그들과 함께 성문을 부수고 들어가 성을 포위 공격한 지 13일 만에 함락시켰다. 성주의 목을 베었으나 백성 5천 명은 예전부터 백제인이었던 자가 많았던지라 백제군의 입성을 환영하는 자가 많았다. 원래 신라의 땅은 서라벌과 그 주변 부락이었다. 진흥왕대에 크게 성장한 신라가 백제 땅을 많이 빼앗았으나 백제 무강천황 때 많이 되찾았다.

　634년 2월, 백제에 왕흥사가 준공되었다. 그 절은 강가에 있었으며 채색장식이 웅장하고 화려했다. 무강황제가 매번 배를 타고 절에 들어가서 향을 피웠다.

  3월, 대궐 남쪽에 못을 파서 20여 리 밖에서 물을 끌어 들이고, 사면 언덕에 버들을 심고 물 가운데 방장선산을 흉내 낸 섬을 쌓았다.

옥문곡 전투

636년 5월, 무강천황은 신라 내부 귀족의 편지 한 통을 받았다. 선덕여왕의 통치에 불만을 품은 일부 신라 귀족 중의 우두머리가 보낸 것이다. 몇 년 전 진평왕대에 반란 후 살아남은 일부 귀족들 중에 고위직에 오른 이가 다시 반란을 계획 중이니 지원을 해달라는 것이었다. 물론 모든 사실은 비밀리에 실행해 달라는 부탁도 함께했다. 황제는 장군 우소에게 명령하여 갑병 5백 명을 거느리고 신라의 서라벌 근처로 비밀리에 이동하도록 했다. 백제 동부군단 중 정예병이었다. 이들은 낮에는 산에서 자고 밤에 몰래 이동하여 신라군의 눈을 속였다.

　백제군은 또 지난번 전투에서 활약한 계백으로 하여금 신라 상주성을 공격토록 했다. 1만의 백제군이 젊은 장군 계백의 지휘 하에 상주성을 포위했다. 당연히 신라군의 관심은 그곳으로 향했다. 서라벌에서 지원군 8천이 떠났다.

　우소의 정예병 5백이 변복하여 신라 서라벌 근교까지 당도했다.

조금만 더 가면 옥문곡이었다. 거기서 신라 반란군을 만나게 되어 있었다. 그러나 반란군 중 하나가 이를 선덕여왕에게 알려 주었다. 선덕여왕이 알천에게 군사 2천을 주어 백제군을 기습하게 했다.

우소가 서라벌 근처 옥문곡에 이르렀을 때 해가 저물기 시작했다. 그는 안장을 풀고 군사를 쉬게 했다. 그때 신라 장군 알천이 2천의 군사를 거느리고 몰래 기습해 왔다. 우소가 큰돌 위에 올라서서 활을 쏘면서 대항하여 싸우다가 화살이 모두 떨어지자 그들에게 사로잡혔다. 또한 옥문곡에 합류하러 오던 신라 반란군은 알천의 군사에게 포위되었다. 1천의 반란군은 모두 투항하거나 도망쳤다. 주동자와 우소의 목이 성 밖에 걸렸다.

641년, 무강천황이 붕어했다. 태자 의자왕이 뒤를 이어 황제가

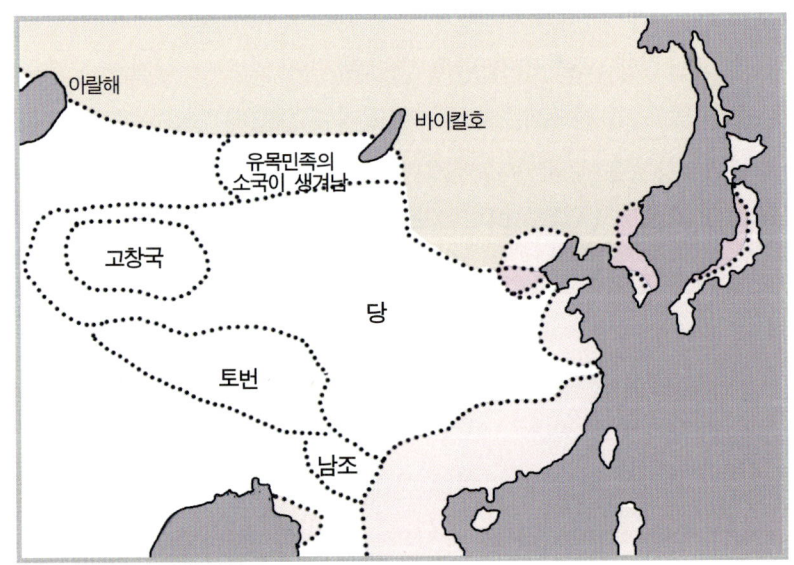

▲ 고창국 정벌 후의 당나라 영토

되었다.

  지난해 당이 고구려의 속국인 고창국을 멸하고 안서도호부를 설치했다. 지금의 몽고 땅과 맞먹는 영토의 고창국이 망하자 고구려 내부에 경계심이 극에 달했다. 군부는 동요하고 그중 연개소문이 두각을 나타내었다.

  무강천황 다음으로 황제에 오른 의자황제도 당의 세력이 나날로 커짐을 경계했다. 돌궐과 고창국이 망한 지금 당을 견제할 나라는 고구려와 백제뿐이었다.

의자황제, 신라를 공격하여
40개 성을 취하다

　642년 1월, 고구려 영류태왕이 동부 대인 연개소문을 천리장성 수비대장으로 임명했다.

　2월, 의자천황이 주·군을 순행하면서 백성들을 위무하고 죄수들을 재심사하여 사형수를 제외하고는 모두 용서해 주었다.

　7월, 의자천황이 직접 10만 대병을 일으켰다. 백제 전군 25만 중에 절반에 가까운 대병이 신라의 대륙 낙랑군과 한반도 신라 한강유역과 낙동강유역, 왜에 있는 신라의 주요 성을 향해 공격해 들어갔다.

　제1군은 의자천황이 직접 지휘하여 병력 3만으로 대륙 낙랑군을 공격하고, 제2군은 계백 장군의 지휘 하에 병력 3만으로 한강유역을 공격하고, 제3군은 의직 장군 지휘 하에 2만의 병력으로 상주성을 공격하고, 제4군은 윤충 장군 지휘 하에 1만의 병력으로 대야성으로 공격하고, 제5군은 흑치상지 장군 지휘 하에 1만의 병력으로 왜에 있는 신라 성을 향해 진격했다.

신라 낙랑군의 성 중 비교적 큰 성인 미후성에는 신라군 8천 명이 주둔하고 있었다. 낙랑군은 전에 신라군이 4만 대군을 동원하여 백제로부터 빼앗을 당시 18개의 성이었지만 이후 10개의 성을 추가로 지어서 방비가 더 단단해졌다. 그러나 백제군이 이후 신라의 성을 차례로 함락하여 의자천황 등극 전 남아있는 신라의 성은 20개 정도였다. 한반도에 신라의 성이 40~50개 정도이고, 왜에 있는 신라의 성이 10개 정도로 백제의 성 200개 정도에 비하면 굉장히 적은 규모였다.

미후성에는 신라 장군 용춘이 필사적으로 백제군을 막고 있었다. 백제군은 발석차 200대를 동원하여 미후성을 완전히 부술 태세로 임했다. 3일간 날린 돌만 해도 수만 개나 되었다. 미후성의 육중한 성벽도 수천 개의 돌 세례에는 견디지 못하고 성 한쪽이 무너졌다. 그 틈으로 백제군 보병이 밀려들어가서 가까운 성문을 열었다.

의자천황은 직접 철기군의 선두에 서서 성안으로 들어갔다. 신라성주 용춘이 황급히 부대를 퇴각시켰다. 대성이 무너지자 주변의 작은 성들은 항복하거나 저항하다가 함락되었다.

한강유역으로 진격한 계백 장군은 한강 이남에서 신라 김유신 장군 휘하의 3만 병력과 대치했다. 계백이 군을 둘로 나누어 김유신 부대의 앞과 뒤로 배치시켰다. 이에 김유신은 한강과 가까운 쪽에 있는 백제군 1만5천에 대해 선제공격을 가했다.

신라군 정면에 진을 친 계백은 신라군이 새벽을 이용해 신라군 후방의 백제군을 기습하자 즉시 군을 정비하여 신라군을 공격했다. 김유신은 옛날 조조의 전법을 이용하여 둘로 나누어진 적군의 부대 중 한 부대만 먼저 공격하고 다른 부대는 상대하지 않는 전략을 취했다.

이 작전은 둘 중 약한 적의 부대를 먼저 부수고 강한 적은 나중에 공격하는 방식으로, 조조군이 업성을 포위했을 때 업성의 군대와 업성을 구하러 온 적군 중 상대적으로 빈약한 업성의 군대를 전군을 동원해 먼저 공격하고 이들을 파한 후 다시 업성을 구하러 온 군대를 공격하여 승리한 방식이었다.

문제는 신라군의 후방에 배치된 백제군이 약하지 않다는 것이었다. 비록 철기군은 계백과 함께 신라군 전방에 주로 배치됐지만 백제의 경무장 기병도 무시할 수 없는 존재였다. 경기병 1만과 보병 5천으로 이루어진 백제군은 신라군 3만과 싸워 크게 밀리지 않았다. 게다가 계백은 주력인 철기군 5천과 기병 5천, 보병 5천을 이끌고 신라군 전방을 공격했다.

김유신이 동생 김흠순을 시켜 기병 5천으로 계백을 막고 2만5천으로 후방의 백제군을 공격했다. 한 시진 동안 싸웠으나 후방의 백제군이 오히려 힘을 내어 신라군을 밀어붙이자 신라군이 포위될 지경이었다. 급기야 김유신이 군을 동쪽으로 철군시켰다. 김유신이 철군하자 한강유역의 신라 성들이 차례로 무너졌다.

한편 왜에 간 흑치상지는 왜에 있는 신라의 성들을 차례로 함락시켰다. 비교적 작은 성들이고 수비군은 천 명을 넘지 않는 작은 신라 성들이 손쉽게 함락당했다.

8월, 의자황제는 장군 윤충을 보내 군사 1만 명을 거느리고 신라의 대야성을 공격했다. 대야성 성주 품석은 김춘추의 사위로 유력한 왕족이었다. 5천의 병사로 대야성을 수비하던 품석은 내부

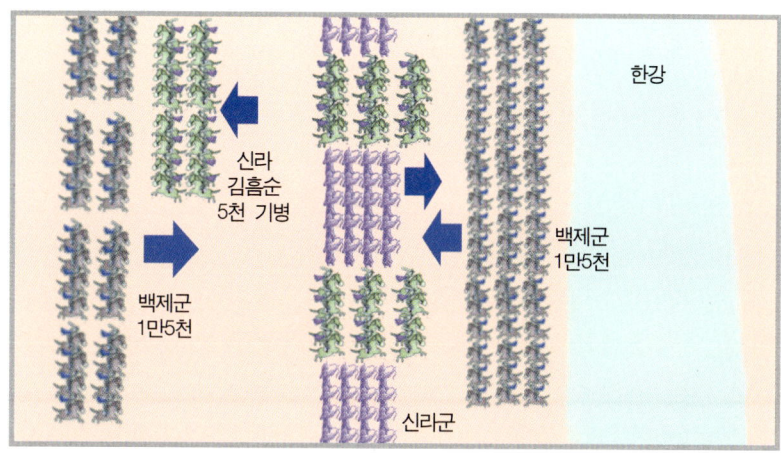

▲ 전투 상황도

공모자에 의해 성문이 열리자 자택에서 저항하다 결국 성주 품석이 처자를 데리고 나와 항복했다.

윤충이 그들을 모두 죽이고 그의 목을 베어 서울에 보내고 남녀 1천여 명을 사로잡아 대륙 서쪽지방의 주·현에 나누어 살게 하고 군사를 남겨 그 성을 지키게 했다. 황제는 윤충의 공로를 표창하여 말 20필과 곡식 1천 석을 주었다.

3개월 동안 신라성 40개가 함락되었다. 신라 전체 성 중 2/5가 넘는 성이 함락되었다. 그중 미후, 대야 같은 큰 성이 함락됨으로써 신라는 영토가 1/3이나 줄었다. 왜는 가야, 신라, 백제의 영토로 나누어지고 따로 왜국이라는 백제 속국이 존재했으나 이제 모두 백제의 영토로 재편되었다. 신라 영토는 모두 점령되었고 가야계가 차지한 땅은 예전에 백제 영토로 편입되었다.

10월, 연개소문이 영류태왕을 시해하고 막리지가 되고, 보장태왕이 즉위했다.

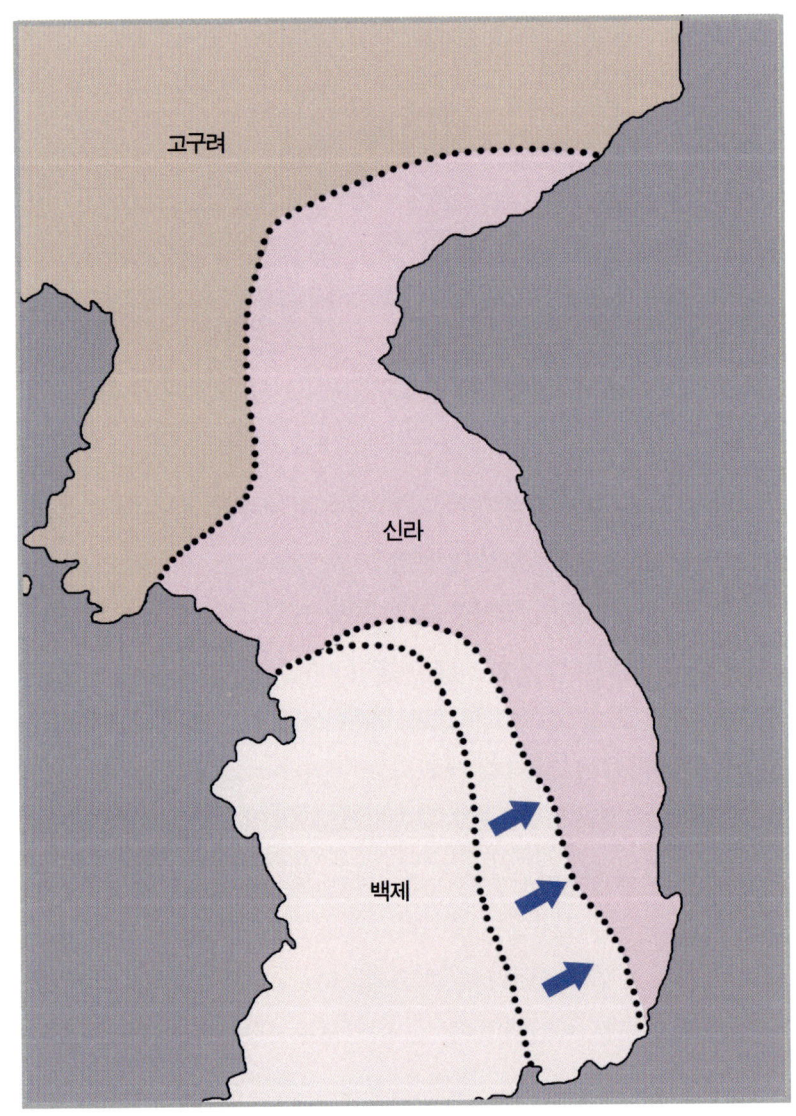

▲ 확장된 백제 영토

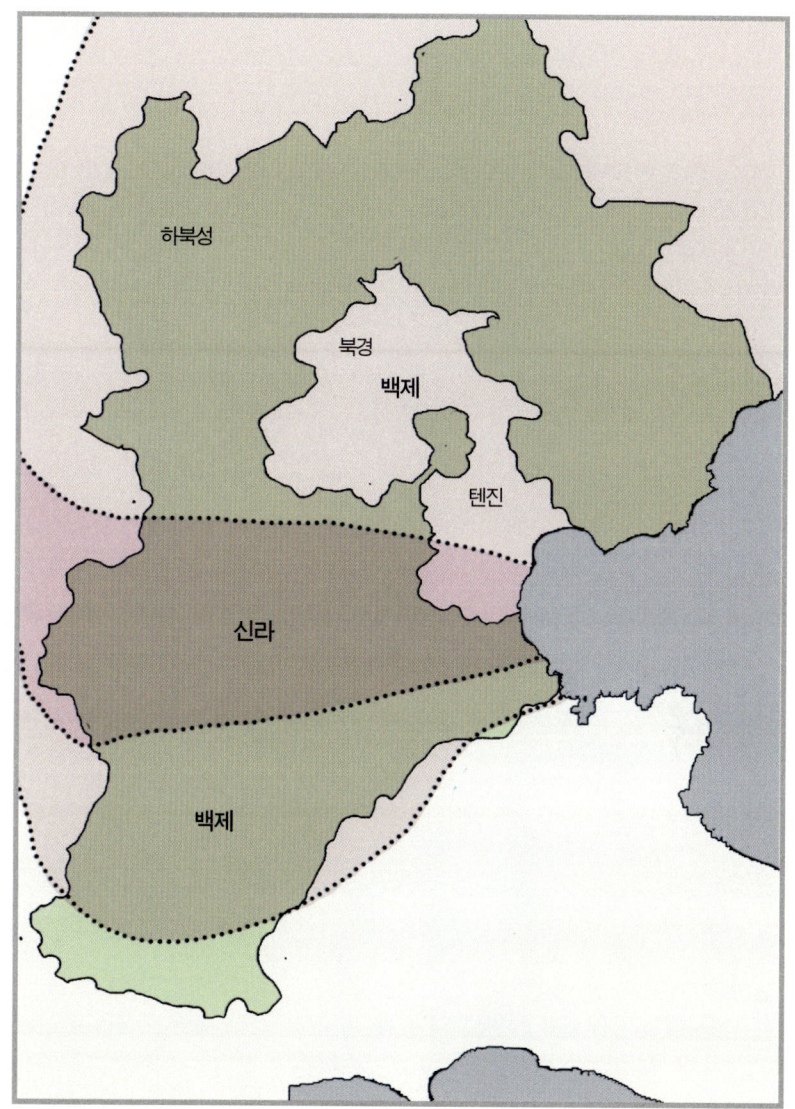

▲ 백제군의 낙랑군 일부 점령

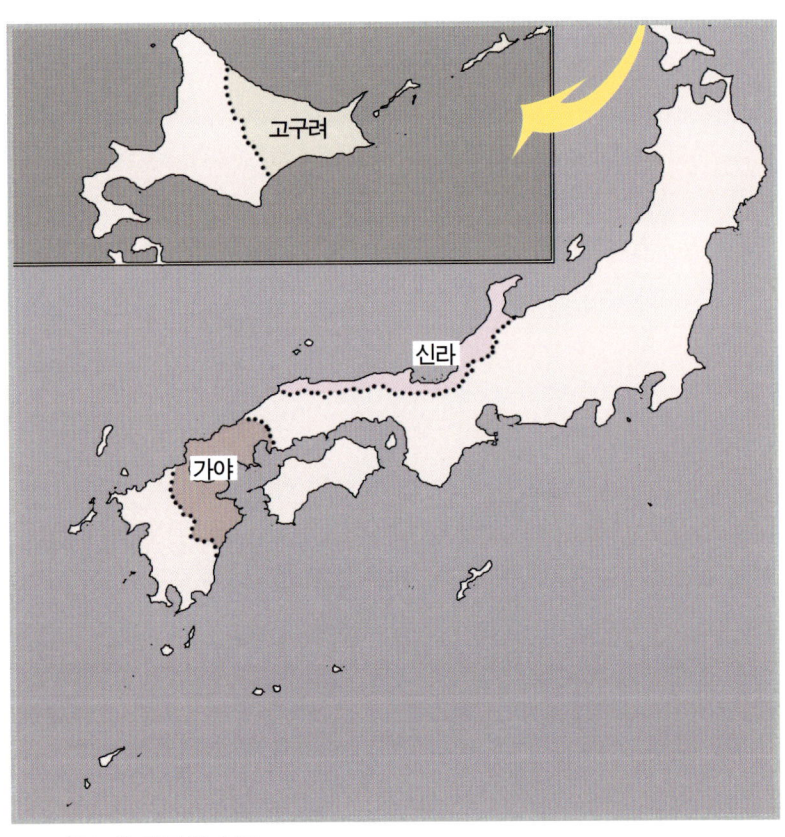

▲ 왜국 내 각국의 영토
(의자황제의 대규모 정벌로 왜국 내 고구려, 신라 세력 축출하기 전)

백제, 고구려와 동맹하다

643년 11월, 의자천황이 고구려와 화친을 맺었다. 날로 커지는 당의 세력을 막기 위해서였다. 마침내 군사를 출동시켜 신라를 공격했다. 고구려군과 함께 백제군은 신라 당항성을 공격했다. 공격한 지 며칠 만에 성이 함락되었고 백제와 고구려는 신라의 서쪽 해안지방을 모두 접수했다.

의자천황은 백제 해군 1만과 고구려 수군 1만을 동원하여 서라벌에 직공할 계획을 세웠다. 육로로 진격하는 길은 시일이 많이 걸리므로 아예 수군을 이용하여 서라벌을 공격하기로 한 것이다. 다급해진 신라왕 덕만이 당나라에 사신을 보내 구원을 요청하니 당왕이 병력 20만을 동원하여 동청주를 위협했다.

동청주 임유각에 있던 의자천황이 급히 백제군을 소집하여 동청주에 집결시켰다. 백제 해군도 동청주로 대규모 이동을 했다. 신라군도 방어할 준비를 갖추고 김유신을 대장군으로 3만의 병력을 한강유역으로 급파했다. 더 이상 전쟁을 계속하는 것이 유리하지 않다고 여긴 의자천황은 군대를 진격시키지 않았다.

644년 정월, 의자천황이 당나라에 사신을 보내어 염탐했다. 당나라도 사신을 보내 백제에 화의를 표방했다.

황제가 맏아들 융을 태자로 삼았고, 죄수들을 크게 사면하였다.

9월, 신라 장군 김유신이 군사를 거느리고 침입하여 동쪽 변경의 일곱 성을 빼앗았다. 계백과 의직, 윤충 등이 대군을 일으켜 신라를 공격해야 한다고 주장했다. 황제가 군을 한반도 백제로 이동시키려 했으나 당나라의 군사이동이 수상하여 군을 이동할 수 없었다. 항간에는 당과 고구려가 전쟁을 한다는 소문이 돌았다.

영토에 있어서도 당은 고창국을 병합하고 돌궐을 분할하면서 고구려의 거대한 영토를 능가했다. 동서로 만 리가 넘는 고구려보다 동서가 더 길어졌다. 남북으로는 양국이 비슷한 규모였다. 당은 또한 돌궐의 잔당들을 규합하여 외인부대를 만들고, 거란족 중 당에 귀의한 기병들을 모아 따로 부대를 만들었고, 한족들을 대거 훈련시켜 강병으로 키워나갔다.

〈당시의 국력〉

나라	인구	군사
당	3천5백만	60만
고구려	1천만	40만
백제	1천5백만	30만
신라	3백만	10만

그해 11월, 당나라 이세민이 고구려에 선전포고했다. 당나라는 백제와 신라에 사신을 보내어 군대를 요청했다. 신라는 이에 응해 5천의 병사를 딸려 보냈고 이들은 낙랑군 소속 신라부대였다.

백제 의자천황은 마지못해 5천의 기병을 보내었다. 지원군을 보내지 않으면 당나라의 적이 될 수 있어서 어쩔 수 없이 군대를 파병했지만 이들은 고구려군과 될 수 있으면 교전을 피하고 백제 본국에 당군의 상황을 수시로 연락했다.

645년 3월, 당태종이 정주(하북성 정현)에 도착하여 전쟁을 개시했다. 당과 그 연합군을 합쳐 40만 대군을 출정시켰다.

4월, 이세적이 통정(북경시 통현)에서 요수(난하)를 건너 현도성(승덕)을 공격했다. 그리하여 요동성이 함락당하고 이후 당군이 안시성을 포위했다. 이때 고구려 왕족인 고연수와 고혜진이 수하를 거느리고 당에 항복했다.

고구려의 전략거점인 요동성, 현도성, 개모성, 비사성이 함락되었고, 요동반도 전체가 당군과 고구려군의 격전지로 변했다. 연개소문이 백제에 사신을 보내 함께 당을 칠 것을 요청했다. 연개소문은 또한 돌궐의 옛 땅에도 사신을 보내 당을 함께 칠 것을 권유했다.

안시성에서 당왕 이세민과 안시성주 양만춘이 수개월 동안 싸운 끝에 양만춘이 승리했다. 연개소문은 당군이 충분히 지쳤다고 판단하고 20만 대군을 몰아 반격에 나섰다. 육군 15만은 안시성으로 진격했으며 수군 3만과 상륙군 2만은 등주로 공격했다.

고구려 수군이 당나라 수군을 비사성 앞바다에서 괴멸시켰으며, 곧바로 직진하여 등주에 상륙했다. 연개소문이 안시성 수비군 3만과 함께 당군 20만과 싸워 승리했다.

당군이 연개소문의 눈을 피해 이세민을 도주시키기 위해 주력을 요동성과 현도성 쪽으로 후퇴했으나 뒤쫓아간 양만춘의 군대에 괴멸되었다. 연개소문은 요택으로 도망하는 이세민을 따라 쫓아갔다. 이세민이 요동 전투에서 패하자 당나라 태자인 이치가 후방의 군대 20만을 동원하여 이세민을 지원하려 했다. 그러나 백제 의자천황이 군대를 동원하여 당나라의 동쪽 국경을 공격했다.

15만 백제군은 서청주를 시작으로 계속 서진했다. 유주자사가 된 이현은 4만 유주군을 동원하여 당군의 퇴각로를 막으려 했다. 당나라 태자 이치가 군을 서청주로 집결시켰다.

신라여왕 선덕은 낙랑군에 있는 신라군에 명해 백제의 후방을 견제하도록 했다.

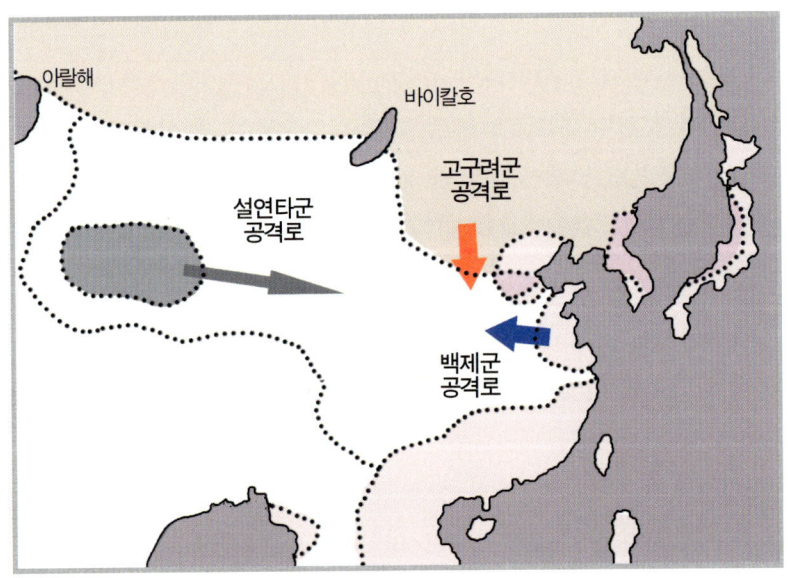

▲ 각국의 당나라 공격방향

이세민의 패전과 항복

5월, 의자천황은 당 태종이 직접 고구려를 치면서 신라 낙랑군에서 군사를 징발했다는 소식을 듣고, 그 틈을 타서 신라를 습격하여 7개 성을 빼앗았다. 이에 신라에서는 몇 달 전 당항성을 빼앗고 일약 영웅이 된 대장군 유신을 보내 한반도 백제 동쪽 국경을 3만의 병력으로 침공했다.

당군은 만리장성 남쪽 아래로 도망치면서 여러 개의 군량기지를 만들었다. 퇴각하는 과정에서 뒤처진 당의 병사들이 백제 유주 군대에 막혀 수만이 죽었다. 당군 40만 중 주력 30만이 고구려군에게 죽거나 포로가 되었고, 5만이 넘는 군대가 백제군에 의해 죽거나 포로가 되었다. 연개소문이 고구려군 20만을 몰아 남하했다.

사방에서 조여오는 고구려와 백제군으로 인해 당의 이세민이 당황했다. 산둥성에서 당군은 신라군과 연합하여 25만 대군을 집결시켰다. 백제군 15만, 고구려군 15만이 산둥성 서청주에 집결했다. 이세민이 산 위에 진을 치고 수적 열세를 극복하려 했다.

산 아래를 포위한 백제·고구려연합군은 당군이 물을 마시지 못하도록 끊어버렸다. 당군이 죽기 살기로 산 아래로 진격하여 고구려군과 정면으로 승부했다. 고구려군이 버티는 동안 백제군이 당군의 후방을 공격하여 당군의 대열이 무너졌다.

이세민은 백제군에 쫓겨 도망치다 고구려군에 포로가 될 상황이 되었다. 앞에는 고구려군이 있고 뒤에는 백제군이 추격하자 희망이 없었다. 이때 신라 장수가 돌연히 기병 2천을 이끌고 나타나 이세민을 구하고 자신은 고구려 철기군에게 희생되었다. 이세민은 남으로 계속 후퇴하여 산둥성 남부 염성에 이르렀다. 거기서 강을 사이에 두고 고구려·백제연합군과 대치했다. 연개소문이 친히 10만 고구려군을 이끌고 강을 건너 이세민을 공격했다.

이세민이 패하여 도망치자 그의 유격 장군인 설인귀가 고구려군을 막았다. 연개소문의 무예에 당할 자가 없었는데 설인귀가 뛰어난 무술 실력을 보여 연개소문의 칼로부터 이세민을 구해냈다. 이세민은 패하여 남쪽으로 도망쳤으며 연개소문에게 사죄문을 바쳤다. 고구려군의 보급로가 길어진 것에 부담을 느낀 연개소문은 철군하기로 하고 황하 이북을 모두 고구려 영토로 선포한다.

당나라 왕이 장안으로 돌아가 겨우 목숨을 보전한 것을 하늘에 감사했다.

당 패전 후 고구려는 한때나마 광개토태왕의 영토에 근접해갔다. 백제는 근초고황제 때의 영토에 근접해졌다.

1년간의 전쟁으로 당군은 40만 명 이상의 인명피해를 냈고 민간인의 피해는 백만을 넘었다. 또한 영토의 1/4을 고구려에 빼앗겼다. 신라는 7개의 성을 백제에 잃었고 2만 이상의 군을 잃었다.

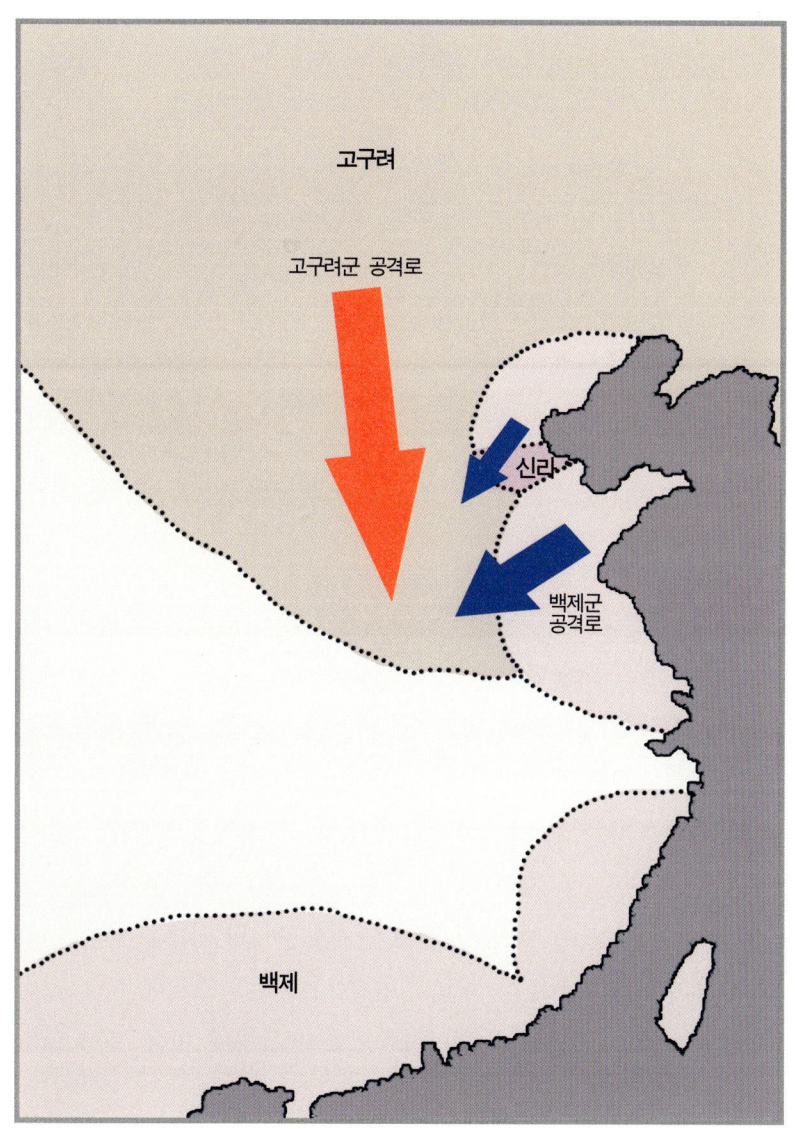

▲ 백제, 고구려군의 당 공격로

▲ 당나라 패전 후 각국 영토

고구려는 영토를 획득했으나 인명피해가 커서 민간인 20만 명, 군인 10만 명이 희생되었다.

당이 사실상 고구려에 항복하고 영토를 할양한 것이다. 백제는 신라의 성 7개를 점령하고 당나라 영토 일부를 할양받았으며, 막대한 금은보화를 보상받았다.

646년, 이세민이 지난 전쟁 때 연개소문에게 의복을 바친 것에 대한 답례로 연개소문이 미녀 2명을 당나라에 하사했다. 그러나 이세민은 자신을 암살하려는 자객으로 생각하여 이를 받지 않고 돌려보냈다.

백제, 신라를 괴롭히다

647년, 고구려, 백제, 당의 세 강국 시대가 본격화되면서 국력이 다른 나라에 비해 현저히 강해졌다. 북방의 유목민족은 고구려에 복속되었고, 해양 세력은 백제에 복종했으며, 내륙의 한족들은 당을 중심으로 뭉쳤다.

신라가 백제에 복종치 않고 계속 당에 협력하자 의자천황이 노하여 신라 공격을 계획했다. 우선 좌장군 의직에게 명하여 동부군단 소속 보기병 3천을 이끌고 10월, 신라의 무산성 아래에 주둔하고 군사를 나누어 감물과 동잠 두 성을 공격했다. 3개의 성은 모두 수비병이 천 명이 되지 않는 작은 성이었다.

신라 김유신이 대장군으로 전선에 파병되었다. 원래 의직은 신라군의 전력을 탐색하기 위한 전초전으로 보내진 것이라 대규모 접전은 피하라는 엄명이 있었다. 김유신은 병력 3천을 이끌고 의직의 후방으로 잠입했다. 의직이 감물성을 공격하는 척하며 물러나자 성안의 신라군 수백 명이 뛰쳐나왔다. 의직이 이들을 포위하

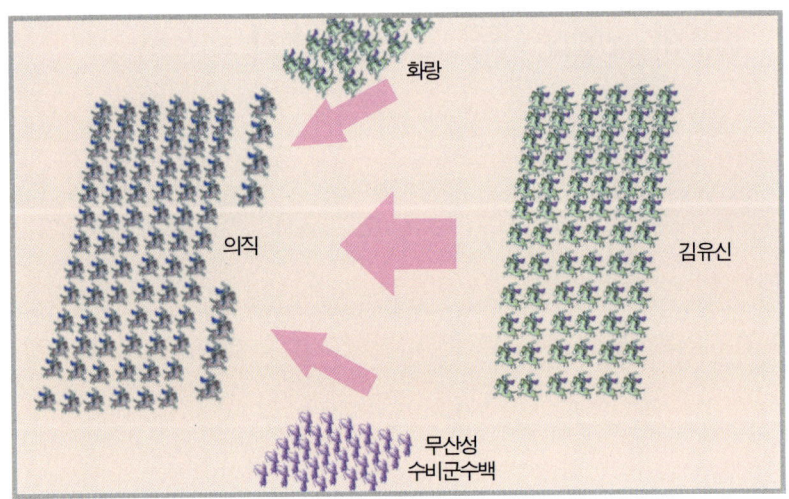
▲ 의직의 군대가 김유신 공격시 화랑의 기습을 받음

고 손쉽게 이기고 다시 동잠성으로 갔다. 그곳을 공격하던 백제군과 합세하여 성을 포위하고 진을 쳤다.

그날 밤 김유신이 날랜 병사 수백을 이끌고 잠든 백제군을 기습하여 진영을 불살랐다. 다음날 아침 화가 크게 난 의직이 병사들을 모두 집결시켜 김유신과 벌판에서 마주했다. 의직의 기병 2천이 철기를 앞세우고 진격하자 신라군이 크게 두려워하여 물러났다. 김유신이 앞장서서 백제 철기군을 막는 사이 무산성 수비군 수백 명이 백제군 좌측을 공격했다. 이에 당황한 의직이 군을 물리려 했으나 병사들이 싸우는 소리에 명령이 잘 전달되지 않았다. 신라 화랑 수백 명이 앞장서서 백제 기병과 접전하여 이겼다.

의직은 적은 군사로 3개의 성을 동시에 공격하려 한 무모한 작전 때문에 결국 3개의 성에서 모인 수비군에 의해 전멸했다. 의자천황이 노하여 의직을 파면하려 했으나 계백과 윤충, 성충 등 주요 대신들의 만류로 보류했다.

678년 3월, 황제는 의직에게 군사 3만을 주고 신라 서부 변경의 요차 등 10여 개의 성을 동시에 습격하게 했다. 즉, 3만의 군사를 10부대로 나누어 각 성을 동시에 3천 명의 백제 보기병이 습격하게 하니 신라군이 제대로 방어하지 못하고 성을 내주었다. 이제 신라의 서라벌 방어선이 더욱 위축되어 신라군이 말 그대로 풍전등화의 처지가 되었다.

4월, 의직이 2만 대군으로 옥문곡으로 진군하니, 신라 장군 유신이 1만5천의 병사를 이끌고 마주했다. 의직은 철기군 3천과 기병 1만을 앞세우고 위풍당당하게 계곡을 빠져나갔다. 신라군은 5천의 기병으로 이들을 막다가 패하여 늪지대로 후퇴했다. 백제 철기군과 기병들이 앞장서서 추격하다가 늪지대에 도착하여 활동이 제한되었다.

이때 숨어있던 신라군 1만이 화살을 날려 백제군을 공격했다. 1만이 넘는 백제 기병들이 제대로 싸워보지도 못한 채 화살 공격에 노출되었다. 백제군이 무수히 쓰러졌다. 수천 명이 죽고 의직이 남은 군사를 수습하여 보니 1만4천 명이었다.

의직이 화가 나서 김유신과 정면대결을 하자고 사신을 보냈다. 김유신이 벌판에 나와 대치하니 양군의 규모가 비슷했다. 김유신이 강을 등지고 배수진을 쳤다. 의직이 백제가 자랑하는 철기군과 기병을 이끌고 신라군의 우측을 집중 공격했다. 신라군 창병 수천 명이 이들을 막아섰고, 기병 3천은 백제군의 중앙을 돌파했다.

신라 창병에 막혀 백제 기병이 나아가지 못하고 오히려 신라 기

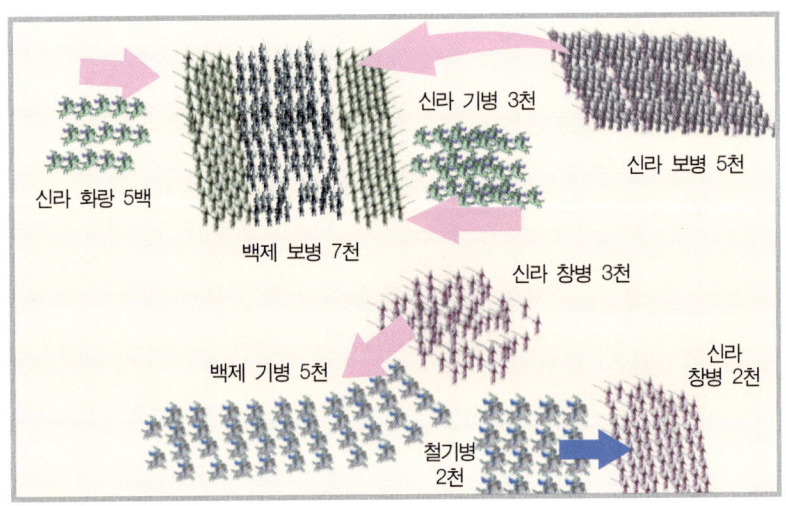

▲ 전투 상황도

병에 백제 중앙이 돌파되자 의직이 남은 보병 전군을 중앙에 포진시키고 신라 기병을 막으려 했다. 화랑 5백 명이 말을 타고 백제 보병의 후방으로 가서 백제군을 공격했다.

한 시진 동안 양군이 치열하게 싸워 양군의 사상자가 엄청났다. 신라군 창병 5천 중 절반이 죽었다. 하지만 백제 중앙보병이 거의 전멸에 가까운 피해를 입자 의직이 철군을 명했다. 김유신도 더 이상의 공격은 무리라고 판단하여 회군했다.

전투 후 처음 2만의 대군을 이끌고 옥문곡을 통과한 백제군 중 8천이 돌아갔으며, 신라군은 1만5천 중 8천이 돌아갔다.

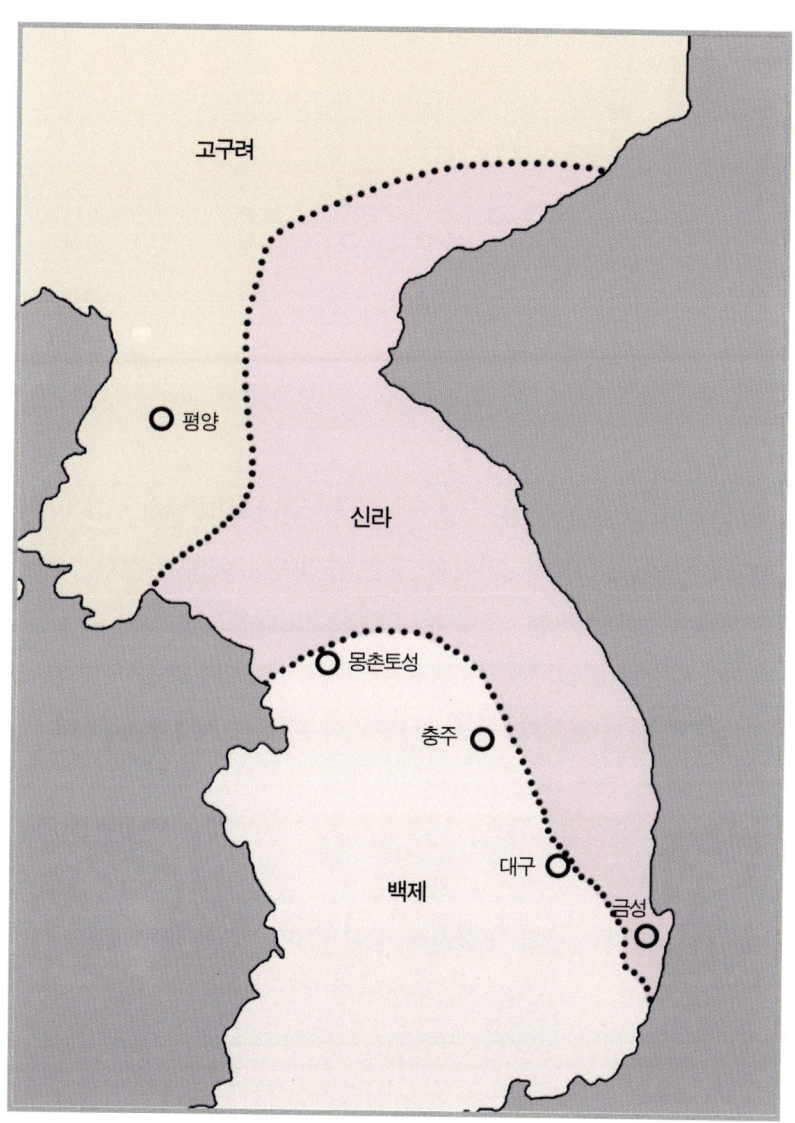

▲ 백제군, 신라 수도 경주 근처까지 진격

당나라의 부활

649년 8월, 의자천황이 좌장 은상을 보내 정예군사 7천 명을 거느리고 신라의 석토 등 일곱 성을 공격하여 빼앗게 했다. 신라 장수 유신, 진춘, 천존, 죽지 등이 1만의 군대를 동원하여 이를 맞아 공격했으나 불리해지자, 흩어진 군사들을 모아 도살성 아래 진을 치고 재차 싸웠는데 백제 군사가 패배했다. 백제군은 별 소득 없이 병사만 수천 명을 잃었다. 초기에 함락시킨 성은 모두 다시 빼앗겼으며 황제는 노하여 은상을 귀양 보냈다.

651년, 당이 지난달 고구려에 당한 국력을 회복하여 다시 강국이 되었다. 이제 노골적으로 백제에 협박을 가하며 의자천황에 사신을 보내 신라를 공격하지 말며 고구려와 동맹하지 말라고 경고했다. 그러나 의자황제가 사신을 감금하고 당에 항의 사신을 보냈다. 만일 신라를 도울 경우 고구려와 연합하여 당을 공격하겠다고 했다.

649년 이세민의 유언으로 당고종이 고구려와 화친한 지 얼마 안 되어 백제 조정은 백제가 당과 전쟁을 할 때 고구려가 어느 편에 설지를 몰랐다. 섣불리 당과 일전을 벌일 경우 후방의 신라가 공격할 가능성도 있고, 현재 당의 국력이 백제와 비교해 약간 우위에 있었기 때문이다.

백제군 30만은 모두 전투태세를 갖추었다. 의자천황이 당의 오만방자한 태도에 급기야 전쟁을 결심한 것이다. 현재 당은 인구 3천만에 병사 60만의 대국이었다. 백제는 인구 1천4백만에 병사 30만으로 과연 전쟁에서 이길 수 있을지 의문이었지만 의자천황의 지도력을 믿고 백제 조정과 군부는 당과의 전쟁준비에 돌입했다.

동청주에 집결한 20만 백제 대군은 서진하기 시작했다. 목표는 낙양으로 우선 청주 옆 연주 정벌에 나섰다. 당군은 30만 대군을 동원하여 백제군과 대치했다. 백제군의 서진방향은 원래 몇 년 전 연개소문이 내려왔던 곳이었다.

당태종 이세민이 사실상 연개소문에 항복한 후 연개소문이 태원 바로 아래까지만 고구려군이 직접 주둔하게 하고 그 이남의 땅은 당에 돌려준 곳이었다.

화북평원을 가로질러 백제 대군이 이동하기 시작했다. 연주땅의 절반을 휩쓴 후에 당군 30만과 마주쳤다.

한편 고구려에 보낸 우장군 흑치상지는 고구려 연개소문으로부터 지원약속을 받아냈다. 고구려군 10만이 태원에 집결했다. 당이 이에 놀라 고구려와 백제 양국에 사신을 보냈다. 우선 백제에 영토를 할양하고 고구려에 재물을 보내 사과하고는 신라의 일에 간섭하지 않겠다는 다짐을 했다.

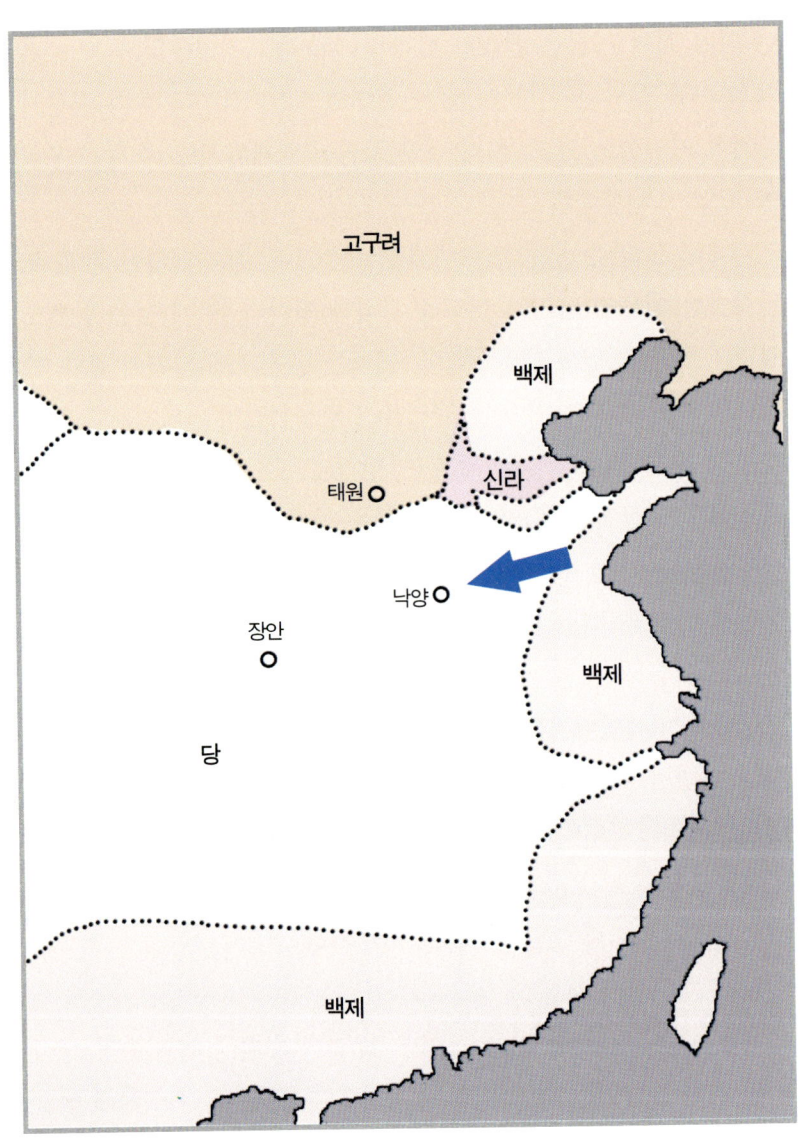

▲ 백제군의 공격로

의자황제,
신라 왕위계승에 간섭하다

655년 2월, 태자의 궁을 수리하는 데 대단히 사치스럽고 화려하게 했으며, 왕궁 남쪽에 망해정을 건축했다.

5월, 붉은 말이 북악 오함사에 들어와서 불당을 돌면서 울다가 며칠 후에 죽었다.

7월, 마천성을 중수했다.

8월, 의자천황이 대군을 일으켰다. 우선 전쟁 전에 신라에 사신을 보내 선덕여왕 다음의 왕위계승권은 무열왕이 아닌 의자천황에게 있음을 공표했다. 의자천황이 선덕여왕의 조카라는 사실을 크게 내세우며 신라인들을 설득했다. 이미 주요 평야지대를 백제에 내준 상황에서 유일한 후원자인 당이 백제와 고구려연합군에 밀리는 상황인데 소국인 신라가 저항하는 것이 무슨 의미가 있는지 물었다.

새로 즉위한 무열왕은 그 딸이 백제군에게 목이 베인 적이 있어서 백제에 대한 원한이 깊었다. 백제 의자천황이 무열왕에게 서라벌을 포함한 일부 지역의 제후로 책봉하겠다고 했으나 이를 거부하고 백제에 대항할 준비를 취했다. 김유신 대장군 휘하 8만의 신라군이 낙랑군과 한강유역을 중심으로 저항할 준비를 했다.

고구려 연개소문 또한 이번 기회에 신라를 없애고 당까지 멸망시키기 위한 기회로 삼으려 했다. 백제군 8만, 고구려군 7만이 일제히 한강유역을 향해 진격했다. 고구려군은 함경도의 험난한 지형부터 강원도 바다까지 모든 지역을 총공격했다.

백제군 동부군단 소속 8만 명은 계백, 윤충, 의직의 세 대장군 지휘 하에 각각 3만, 3만, 2만씩 나뉘어 제1군은 당항성으로, 제2군은 한강 상류, 제3군은 충주를 돌파하여 동진했다.

김유신과 신라 조정은 양국을 모두 상대할 수 없으니 우선 고구려와 화해하고 백제와 전면전을 펼쳐 나라를 지키자고 하는 부류와 백제와 화해하고 고구려와 전면전을 펼치자는 부류, 당의 지원군을 기다리자는 세 부류로 나뉘었다. 장고 끝에 당군이 올 때까지 기다리자는 의견이 받아들여졌다. 김유신이 병사 5만을 이끌고 한강과 함경도 일대의 성에서 방어전을 펼쳤다.

한편 당군은 신라의 구원 요청을 받고 30만 대군을 반으로 나누어 반은 고구려로, 절반은 백제 산둥성 쪽으로 진격시켰다. 연개소문은 고구려 철기군 2만과 기병 5만을 거느리고 당군과 맞섰다. 연개소문이 당군과 교전하여 당군을 대패시키자 백제군도 소식을 듣고 크게 사기가 올랐다. 당군은 감히 백제 국경을 돌파하지 못하고 당 고종의 명을 기다렸다.

당항성을 공격하던 계백은 김유신과 마주쳤다. 김유신은 신라 조정에 건의해서 고구려에 항복의사를 전하고 화친의 의미로 죽령

이북의 땅을 넘기기로 했다. 그리고 남은 신라군을 모두 모아서 백제 전선에 투입했다. 신라군 2만5천이 한강유역에 집결하여 계백의 3만 대군과 교전했다. 김유신은 8자 모양의 원형진을 쳤다.
 계백이 김유신의 진형을 보니 변화무쌍하고 쉽게 진영이 바뀌어서 잘못하면 포위될 가능성이 많아 보였다. 계백이 전군을 신라군 진형 우측으로 공격시켰다. 그러자 김유신이 진형을 바꾸어 백제군을 포위하는 모양으로 되었다. 8자 모양의 아래 원형진이 풀리

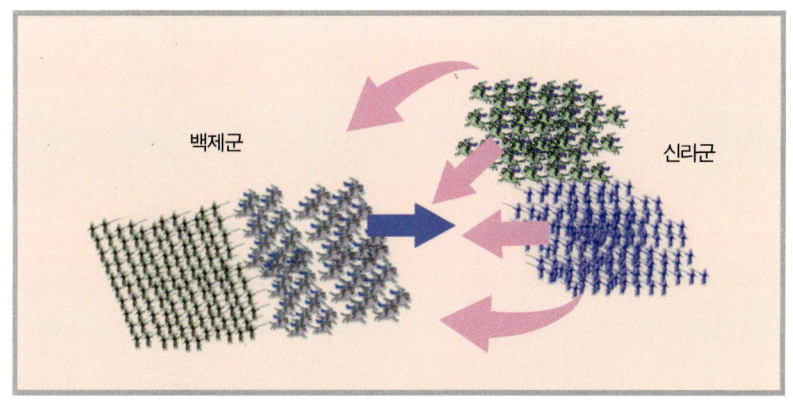

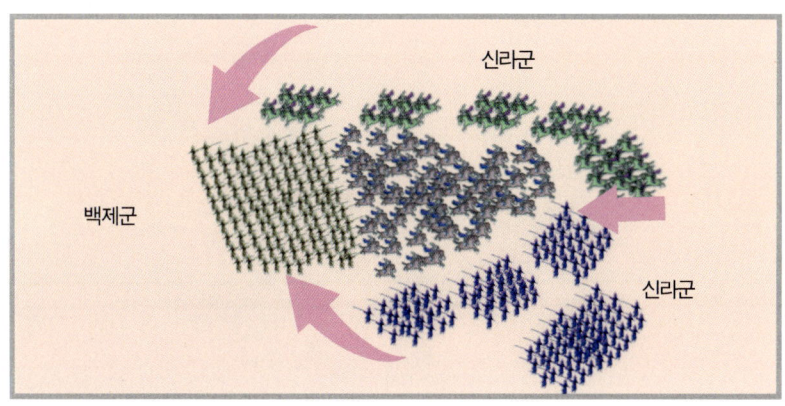

▲ 백제군을 포위한 김유신군

면서 초승달 모양으로 변하고 위의 원형진 병사들이 아래로 이동하여 백제군 측면을 공격하기 시작했다. 계백의 백제군이 순식간에 포위되는 모양이 되었다.

계백이 철기군에 명령을 내려 선봉에 서고 그 뒤로 계백의 사병 5천이 뒤따랐다. 이들은 포위하고 있는 신라군 중앙을 돌파하도록 했다. 또한 계백의 기병 5천이 백제군 우익을 공격하는 신라군을 막도록 했다. 백제 기병이 신라군 1만을 막는 사이 백제 본군은 철기군을 앞세우고 신라군 중앙을 돌파했다. 5천이 넘는 신라 창병들이 강철로 무장한 백제 철기군을 막지 못했다.

신라군 본군이 돌파 당하자 신라군 진영이 급속히 무너졌다. 신라군이 하나둘 도망가기 시작하자 걷잡을 수 없이 아수라장이 되었다. 백제 기병과 싸우던 신라군도 본군이 도망하자 철군하기 시작했다.

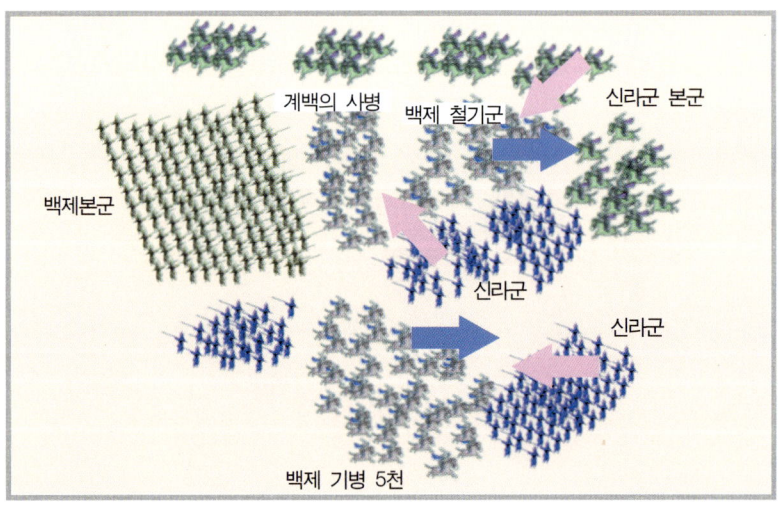

▲ 백제군이 신라군 진형을 돌파

오후 늦게까지 벌어진 전투에서 신라군은 1만 이상을 잃고 패주했다. 김유신은 전군에 수성 명령을 내리고 벌판에서의 회전을 피했다.

백제가 신라의 30여 성을 공격하여 함락시켰다. 신라왕 김춘추가 당 나라에 사신을 보내 표문을 올려, "백제, 고구려, 말갈 등이 우리의 북쪽 국경에 침입하여 30여 성을 함락시켰다"고 했다.

신라는 한반도 영토의 절반을 잃었다. 과거 신라가 출발한 시점의 소국에 가깝게 영토가 줄어버렸다. 대륙의 낙랑군은 백제군의 공격을 재차 받고 처음 진평왕 때 차지했던 영토의 절반 이하로 줄어버렸다.

657년 3월, 의자황제는 전쟁을 중지하고 평화를 모색했다. 당과 신라에 더 이상의 공격을 중지하고 내부 권력강화에 힘썼다.

658년 정월, 귀족 세력 약화를 목적으로 황제는 서자 41명을 좌평으로 임명하고, 그들에게 각각 영토를 주었다.

4월, 큰 가뭄이 들어 논밭이 붉은 땅이 되었다.

659년, 황제가 병력 1만과 장수를 보내 신라의 독산과 동잠 두 성을 침공했다.

백제 몰락의 시작

660년 2월, 황위계승을 둘러싸고 황자 간에 내란이 일었다. 장자 부여융은 맏아들이라는 이유로 황태자에 봉해졌으나 현재 황후의 소생인 부여효가 지방 세력을 모아 부여융을 밀어내려 했다. 백제 주요 귀족인 해씨가 부여융을 지지하고, 진씨가 부여효를 지지했다.

늙은 황제는 자식들 간의 전쟁을 막을 힘이 없었다. 황제의 수십 명에 달하는 아들들도 제각각 두 명의 황자를 중심으로 편이 나뉘었다. 첫째인 부여융과 넷째인 부여연이 동맹하고, 둘째인 부여태와 셋째인 부여효가 동맹하여 대결했다.

부여태는 용맹하여 황제의 사랑을 받았다. 그래서 그는 위사군 1만을 거느리고 수도 주변에 주둔하고 있었다. 게다가 부여효가 청주의 군대 3만을 이끌고 사비로 입성했다. 4만에 달하는 반란군에 부여융의 친위대 5천과 부여연이 이끄는 해씨 사병 5천이 상대가 될 리 없었다. 부여융은 다급히 휘하의 유주군을 불러들였지만 백제 수군은 황후의 외척인 진씨들이 장악하고 있었다. 수군제독 진현은 휘하의 수군을 모두 수도 사비성 근처로 집결시켰다.

황제는 동청주의 임유각에서 휴양하던 중 사비의 반란소식을 들었다. 하지만 청주군이 대부분 부여효의 군대여서 그가 할 수 있는 것은 없었다.

당시의 연합 세력은 다음과 같다.

· 1황자 부여융(유주군) - 4황자 부여연(진씨 사병)
· 2황자 부여태(위사군) - 3황자 부여효(청주군)

사비에 입성한 2, 3황자의 군대는 즉시 태자였던 부여융의 군대를 포위했다. 도성 내에서 시가전이 벌어졌다. 사비성을 겹겹이 포위한 반란군은 태자 부여융의 군대를 격파해 나갔다. 수백 명이 죽었고 도성 바닥이 피로 물들었다. 사비하(금강)가 태자의 친위대의 피로 물들었다.

청주의 강력한 군대는 이미 여러 번 당과의 싸움에서 단련된 군대였다. 비록 태자의 친위대가 최고 강병으로 뽑혀진 군대지만 숫자에서 압도적인 반란군을 당해낼 수 없었다. 진씨 사병 5천은 청주군 앞에 상대가 되지 않았다. 부여융이 포로가 되었다. 부여연은 병사를 이끌고 도주했다.

태자의 편이었던 각 지방군 태수와 왕, 제후들은 도성의 반란소식에 겁을 먹고 당나라에 일부가 투항해버렸다. 왜국 내에서도 일부가 중앙의 통제를 듣지 않고 사실상 독립적으로 행동해버렸다. 대제국의 근간이 뿌리째 흔들리고 있었다. 부여연은 고구려로 망명했으나 이내 백제로 압송되었다. 태자의 편이었던 다른 황자들

▲ 내분으로 줄어든 백제 영토

은 복수를 두려워하여 당에 망명하거나 독립을 선포했다. 제국이 갈기갈기 찢어졌다.

　의자황제가 사비로 귀국했다. 이미 실권이 없던 그는 부여효를 태자로 지명했다. 대신 부여융과 연의 목숨은 살려주기로 약속받았다. 부여효가 황제를 대신해 전권을 행사했다.

　5월, 패배해서 쫓겨났던 부여융과 진씨의 사병들이 지방 곳곳에서 반란을 일으켰다. 백제 전역이 전쟁터였다. 강력했던 고구려가 황위계승을 둘러싸고 추군과 세군이 나뉘어져 전쟁을 벌인 까닭에 쇠약해졌듯이 백제가 그러했다.

나당연합군, 백제를 공격하다

　당과 신라에 항복한 백제 귀족과 왕, 제후들은 이후 나당연합군의 길안내를 하게 되었다. 이들이 전해 준 백제 내부정보는 나당연합군의 백제 멸망 작전의 초석이 되었다.

　당나라 고종이 조서를 내려 좌위 대장군 소정방을 신구도 행군 대총관으로 임명하여, 좌위장군 유백영과 우무위장군 풍사귀와 좌효위장군 방효공 등과 함께 군사 13만 명을 거느리고 백제로 와서 공격하게 했다.

　아울러 신라왕 김춘추를 우이도 행군 총관으로 임명하여 군사를 거느리고 당나라 군사와 합세하게 했다. 소정방이 군사를 이끌고 성산에서 바다를 건너 신라 서쪽 덕물도에 이르자, 신라왕이 장군 김유신을 보내 정예군사 5만 명을 거느리고 당나라 군사와 합세하게 했다.

　마침 한반도 백제에는 병력이 별로 없었다. 이는 당고종이 10만의 병력을 동원하여 청주를 먼저 위협했기 때문이었다. 백제 주력인 청주군과 유주군은 대륙에 주둔하고 있었고, 대륙남방 백제 땅에는 반기를 든 부여융의 잔병들을 부여효의 군대가 토벌 중이었다. 5만의 병력을 끌어 모은 의자황제는 3만을 당나라군 방어에, 1만을 수도 방어에, 1만을 계백에게 주고는 신라를 막게 했다.

그러나 당나라와 신라 군사들이 이미 백강과 탄현을 지났다는 소식을 듣고 장군 계백을 시켜 결사대 5천 명을 거느리고 황산으로 보냈다. 백제군은 신라 군사와 네 번 싸워서 모두 이겼으나 신라 화랑의 활약으로 패하고 계백이 전사했다.

황제는 이에 군사를 모아 웅진 어귀를 막고 3만의 군대를 강가에 주둔시켰다. 소정방이 강 왼쪽 언덕으로 나와 산 위에 진을 치자 백제군이 먼저 기습했다. 그러나 수적인 차이가 너무 많이 나서 이길 수 없었다.

다음날 당나라 군사는 조수가 밀려오는 기회를 타고 부교를 건설하여 북을 치고 떠들면서 들어오고, 소정방은 보병과 기병을 거느리고 곧장 진도성 30리 밖까지 와서 멈추었다. 백제 군사들이 모두 나가서 싸웠으나 다시 패배하여 사망자가 1만여 명에 달하여 남은 백제군이 2만이 안 되었다. 곧장 당나라 군대가 밀어닥쳤다.

대세가 기울었음을 느낀 황제는 고구려의 지원을 받기 위해 태자 효를 데리고 북쪽 변경으로 도주했다. 고구려로 보낸 흑치상지가 지원군을 이끌고 오면 다시 싸울 생각이었다. 그러나 망명한 백제 귀족들이 소정방에게 길을 안내하여서 얼마 안 되어 소정방의 군대가 황제를 따라잡았다.

남은 당나라 군대가 사비성을 포위하자 황제의 둘째 아들 태가 스스로 황제가 되어 군사를 거느리고 굳게 지켰다. 태자의 아들 문사가 황제의 아들 융에게 이르기를, "황제께서는 태자와 함께 나가 버렸고, 숙부는 자기 마음대로 황제 노릇을 하고 있다. 만일 당나라 군사가 포위를 풀고 가버리면 우리들이 어떻게 안전할 수 있겠는가?"라 했다. 그리고 마침내 측근들을 데리고 밧줄을 타고 성을 빠져 나가고 백성들도 모두 그를 뒤따르니, 태가 이를 만류하지 못했다.

수도가 무너지고 이 소식이 전해지자 황제는 싸울 기력을 잃었다. 게다가 고구려 지원군이 오지 않고 황제가 도주한 성마저 당나라군에 겹겹이 포위되자 황제와 태자 효가 여러 성과 함께 모두 항복했다. 소정방이 의자황제와 태자 효, 왕자 태, 융, 연 및 대신과 장병 88명과 주민 1만2천8백7명을 당나라 장안으로 호송했다.

백제는 원래 5부, 37군, 200성, 76만 호로 되어 있었는데, 이 때에 와서 지역을 나누어 웅진, 마한, 동명, 금련, 덕안 등 5개의 도독부를 두어 각각 주·현들을 통할하게 하고, 우두머리를 뽑아서 도독, 자사, 현령을 삼아 관리하게 했고, 낭장 유인원에게 명령하여 도성을 지키게 했다. 또한 좌위 낭장 왕문도를 웅진 도독으로 삼아 유민들을 무마하게 했다.

복신, 백제 부활을 꿈꾸다

　무강황제의 조카 복신은 당시 대륙에 있었다. 복신은 귀족들의 반란을 진압하고 민심을 추스르던 중 한반도 백제에서 나당연합군의 공격으로 사비성이 함락되었다는 소식을 들었다. 그 즉시 복신이 황족을 대표하여 산둥의 주류성으로 들어가서 백제 재건을 선포했다. 이때 중 도침이 승병 3천을 거느리고 주류성으로 들어와 합류했다. 곧 전 황제의 아들로서 왜국에 가 있던 부여풍을 맞아서 황제로 추대했다. 유주와 청주의 강병과 대륙남부의 군대, 한반도 남단에 있던 백제의 정예군이 모두 이에 호응했다.
　복신은 부여풍이 산둥으로 건너오자 대륙에 있던 백제 수군과 육군 2만을 거느리고 당나라 수군을 피해 전라도로 상륙했다. 한반도는 수도 사비성 주변만 나당연합군이 장악하고 실제 대부분 지역은 아직 각 귀족 세력들이 차지하고 있었다.
　복신이 건너오자 황족과 귀족들이 호응했다. 한반도 남단에서 정예군과 지원군 5만을 모아 수도 사비성 탈환에 나섰고, 유주와 청주의 정병들은 대륙에서 부여풍의 지시 하에 밀려오는 당나라군대를 막아냈다. 복신이 군대를 나누어 일부는 신라군을 막고 정병 4만을 모아 사비성을 포위했다. 사비성의 당군 1만은 공포에 휩싸여 어쩔 줄 몰랐다. 복신이 항복을 종용했으나 당군 사령관이 거부했다.

당은 왕문도의 군사 5만을 파견하고 신라의 지원군을 요청했다. 김유신이 3만을 거느리고 지름길로 가서 복신의 군대 군량보급을 끊었다.

나당연합군이 밀려들자 복신이 군대를 일단 물려 웅진강 어귀에 두 개의 목책을 세워 그들을 방어했다. 왕문도가 신라 군사들과 합세하여 공격하니, 백제 군사들이 퇴각하여 목책 안으로 들어와 강을 저지선으로 삼았다. 이에 당나라 군대가 무리하게 공격하다가 다리가 좁아서 물에 빠지고 전사한 자가 1만여 명이었다.

백제군의 군량이 떨어져 가고 신라 지원군이 속속 도착하니 백제 대장군 복신 등이 이에 도성의 포위를 풀고 물러와서 임존성으로 돌아갔다. 신라 군사들도 군량이 떨어져서 군사를 이끌고 돌아갔다. 이때가 661년 3월이었다. 이때 도침은 영군 장군으로 자칭하고 복신은 상잠 장군으로 자칭하며 더 많은 군대를 모았다.

복신이 사신을 보내 유인궤에게 말했다.

"듣건대, 당나라가 신라와 약속하기를 백제 사람은 노소를 막론하고 모두 죽이고, 그 후에는 백제를 신라에 넘겨주기로 했다고 한다. 그러니 죽음을 기다리기보다는 차라리 싸우다가 죽는 편이 낫다고 생각하여 이렇게 모여 진지를 고수하고 있을 뿐이다."

복신과 도침이 군사 20만을 모으고 대륙백제 전역을 총괄했다.

한반도에 백제 군사 6만이 모여 사비성을 탈환하고자 계획했다. 이 무렵 유인궤가 당군 5만을 이끌고 산둥으로 진격했다. 부여풍이 복신에게 산둥으로 올 것을 지시했다. 복신이 3만의 한반도 군대를 이끌고 산둥으로 돌아왔다. 산둥에 백제군 10만이 집결했다.

유인궤가 백제군이 많으니 지원군을 보내 달라고 당에 요청했다. 당왕이 군대를 4부대로 나누어 제1군 10만을 유주로, 제2군 10만을 산둥으로, 제3군 10만을 한반도로, 제4군 10만을 남해안으로 보냈다. 도합 40만의 증원군을 파견했다. 당시 당나라군이 60만 정도였는데 백제와의 전쟁에 거의 모든 국력을 쏟아 부었다.*

유인궤가 산둥으로 돌아온 왕문도의 군사와 합쳐서 군사들을 쉬게 한 다음 지원군이 오도록 기다렸다. 당군이 산둥에 15만이 집결했다. 당왕이 신라에 지원군을 요청했다. 신라왕 김춘추가 당나라의 요청을 받고, 낙랑군에 있던 장수 김흠에게 군사 5만을 주어 유인궤 등을 구원하게 했다.

김흠이 산둥반도로 들어서자 복신이 매복해 있다가 신라군을 포위하여 대패시켰다. 낙랑군으로 돌아간 신라군은 더 이상 지원병을 보내지 않았다.

---

*이때 고구려가 백제 지원을 가지 않은 이유는 연개소문의 중병이나 혹은 연개소문 사후 권력투쟁 때문인 것으로 생각된다. 고구려가 지원군을 보내 당을 견제했다면 백제는 망하지 않았을 것이다.

복신의 죽음

　신라군의 대패로 당군도 더 이상 진격하지 못하고 물러났다. 유주와 대륙 남부의 백제 저항군과 당군의 전투도 소강상태에 접어들었다.
　얼마 후에 복신과 도침이 공을 다투다 복신이 도침을 죽이고 그의 군사를 합쳤는데, 복신이 사실상 백제 군부를 장악했다. 그의 군세가 20만에 달하니 부여 황제로 등극한 부여풍은 이를 간섭하지 못하고 다만 제사만 주관했다.
　복신이 산둥을 장악하고 포위된 유인궤와 유인원 형제에게 사절을 보내 항복할 것을 권유했다. 유인궤가 갈 곳을 잃고 성에 숨어들어 당나라 지원군만을 기다렸다.

　662년 7월에 유인원, 유인궤 등이 새로이 백제 황제가 된 부여풍의 연락을 받았다. 부여풍이 복신의 전횡에 불만을 품고 주력부대의 이동방향을 알려주었다.

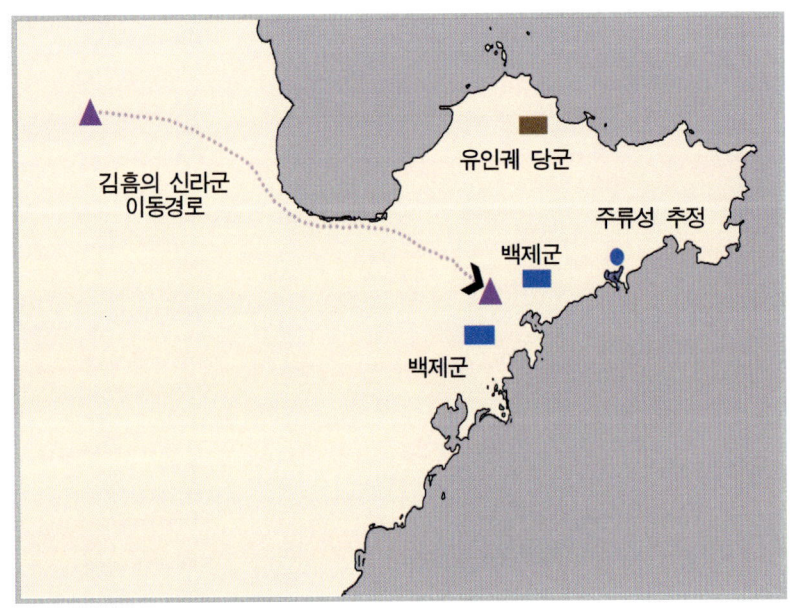

▲ 신라군 이동경로

　복신이 황제의 명으로 유인궤를 잡기 위해 군사 3만을 이끌고 진격하는 도중에 매복을 받아 대파당하고, 지라성 및 윤성, 대산, 사정 등의 목책을 빼앗겼다. 백제 병사 1만이 죽고 5천이 포로가 되었다.

　당나라군이 군사들을 나누어 그곳에 계속하여 주둔시키고 수비하게 했다. 복신 등은 진현성이 강가에 있으며, 높고 험하여 요충지로 적당하다고 판단하여 군사를 증파하여 그곳을 지키게 했다.

　유인궤가 밤에 신라 군사 1만과 함께 성에 가까이 접근하여 새벽에 입성하여 8백 명의 목을 베어 죽이니, 마침내 낙랑군에서 오는 군량 수송로가 소통되었다. 유인원이 증원병을 요청하니, 당나라에서 조서를 내려 치주, 서청주, 내주, 해주의 군사 7천 명을 징발하고, 좌위위 장군 손인사에게 이 군사를 주어 인원의 군사를 보충하게 했다. 이때 복신은 이미 권력을 독차지하여 부여풍과 서로 질투하고 시기하게 되었다.

복신이 지난달 전투의 패배가 부여풍의 계략임을 눈치 채고 부여풍을 죽이려 계획했다. 복신은 병이 들었다는 구실로 굴속에 누워서 부여풍이 문병하러 오기를 기다려 그를 죽이고자 했다. 부여풍이 이를 알고 심복들을 거느리고 복신을 급습하여 죽이고 고구려와 왜에 사람을 보내 군사를 요청했다.

고구려 요동군단 소속 병사 2만과 왜에서 백제 지원군 3만이 각각 고구려 수군과 왜 수군과 함께 도우며 산둥으로 몰려들었다. 그러나 손인사가 상륙한 고구려 수군을 매복 공격하여 고구려 지원

▲ 백강 전투 지형

군을 대파하고, 마침내 인원의 군사와 합세하니 군사의 사기가 크게 올랐다.

이에 모든 장수들이 공격방향을 의논하는데 어떤 자가 가림성이 수륙의 요충이므로 먼저 쳐버려야 한다고 말하니, 유인궤가 대답했다.

"병법에는 강한 곳을 피하고 약한 곳을 공격해야 한다고 했다. 가림성은 험하고 튼튼하므로 공격하면 군사들이 상할 것이요, 밖에서 지키자면 날짜가 오래 걸릴 것이다. 주류성은 백제의 소굴로서 무리들이 모여 있으니, 만일 이곳을 쳐서 이기게 되면 여러 성은 저절로 항복할 것이다."

제국의 멸망

부여풍이 5만의 군대를 모아 백강에 주둔했다. 유주와 대륙 남부의 백제군은 당군을 막기에도 부족하여 지원군이 오지 못했다. 다행히 고구려 육군 1만과 수군 5천이 손인사의 당나라군을 피해 도착했다.

삼국의 군대와 당나라군이 뒤엉켜 아침부터 저녁까지 전투가 계속되었다. 유인사, 유인원과 신라왕 김법민은 육군 10만을 거느리고 나아가고, 유인궤와 별수 두상과 부여융은 수군 5만과 군량 실은 배를 거느리고 백강으로 가서 육군과 합세하여 주류성으로 갔다.

그들은 백강 어귀에서 왜에서 온 백제와 왜 수군 3만을 만나 네 번 싸워서 모두 이기고 배 4백 척을 불사르니, 연기와 불꽃이 하늘로 오르고 바닷물도 붉은 빛을 띠었다.

백제·고구려연합 육군도 수적인 열세를 극복하지 못했다. 연합 수군이 패퇴하자 신라와 당나라 수군이 백제와 고구려연합 육군의 후방에 상륙했다.

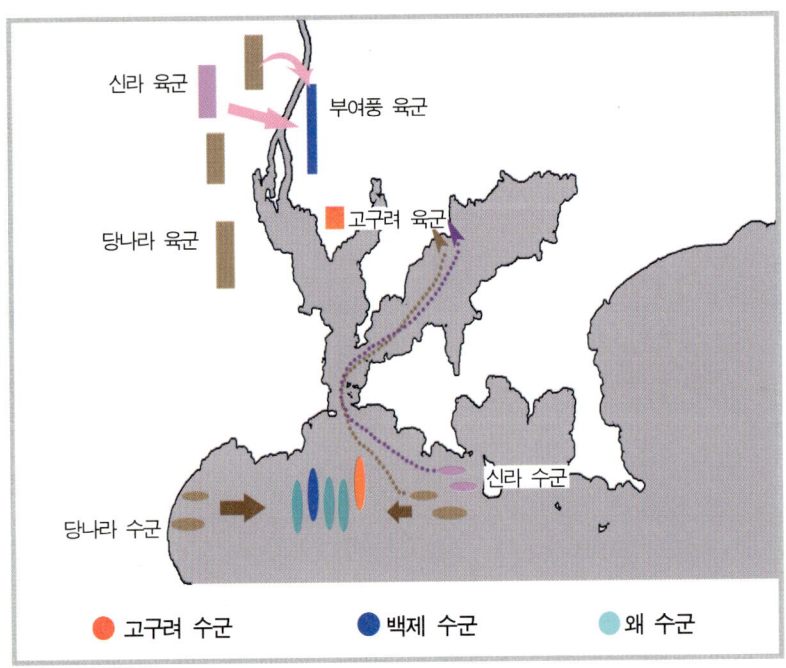

▲ 백강 전투

 전세가 기울어 백제군이 후퇴하여 주류성 안으로 들어갔다. 3일 뒤 주류성이 나당연합군에 함락되었다. 이때 황제 부여풍은 탈출하여 도주했으므로 거처를 알지 못하게 되었는데 어떤 사람은 고구려로 달아났다고 말하기도 했다.

 당나라 군사들이 그의 보검을 노획했다. 왕자 부여충승과 충지 등이 부여풍의 군사를 거느리고 왜에서 온 백제 군사들과 함께 항복하고, 지수신이 혼자 남아 임존성에서 버티며 항복하지 않았다. 요서군에서 당군과 싸우던 이현은 주류성 함락소식에 남하하여 낙랑군에 주둔한 신라군에 항복한다.

 흑치상지가 백강 전투에서 당군에 포로가 되었다. 그는 초기 백제 부흥운동에서 복신과 함께 활약했다. 이제 포로가 되자 능력을 인정받아 당에서 그에게 임존성을 쳐서 충성을 보이라고 했다.

유인궤가 흑치상지에게 군대와 무기를 주며 임존성을 빼앗아 그대의 능력을 보여달라고 했다.

그러나 유인사가 말하기를, "그들은 야심이 있어 믿기 어렵다. 만일 그가 무기와 곡식을 얻는다면 이는 그에게 도적질을 할 방책을 제공하는 것이다"라고 했다. 즉 흑치상지가 배신할 것을 우려했다.

유인궤가 말하기를 "내가 상여와 상지를 보니, 그들에게는 충심과 지모가 있다. 그들에게 기회를 주면 공을 세울 것이니 무엇을 의심할 것인가?"라고 했다.

그들 두 사람이 성을 빼앗으니, 지수신은 처자를 버리고 고구려로 달아났으며 잔당들도 모두 평정되었다. 유인사 등이 군사를 정돈하여 돌아가니, 당나라에서는 조서를 내려 유인궤로 하여금 그곳에 주둔하며 수비하게 했다. 신라와 당이 조약을 맺고 산둥을 분할한다.

흑치상지가 이때 인정을 받아 당으로 건너가 백제와 고구려 유민을 쫓아다녔다. 일설에는 고구려 유민을 쫓아 몽골 깊숙이 쳐들어갔다고도 한다. 그는 당에서 인정받았지만 측천무후에게 반역의 누명을 쓰고 죽임을 당한다. 그의 가문은 대대로 당에서 귀족으로 살았다.

흑치상지에 대한 후세의 평가는 극과 극으로 나뉘어진다. 그러나 그가 동족을 쫓아간 것은 크나큰 배신으로 볼 수밖에 없다.

삼국사기에는 다음과 같이 기록되어 있다.

"전쟁의 여파로 집집마다 영락하고, 시체가 풀더미처럼 쌓여 있었다. 유인궤가 이때 처음으로 명령을 내려 해골을 묻고, 호구를 등록하며 촌락을 정리하고, 관리들을 임명했다. 또한 도로를 개통하고, 교량을 가설하고, 제방을 수축하고, 저수지를 복구하며, 농업을 장려하고, 가난한 자들을 구제하고, 고아와 노인을 양육하게 했다. 그리고 당나라의 사직을 세우고 정삭과 묘휘를 반포하니, 백성들이 기뻐하여 각각 자기 집에 안주하게 되었다. 당나라 임금이 부여융을 웅진 도독으로 삼아 귀국하게 하여 신라와의 오래된 감정을 풀고 나머지 무리들을 불러 오게 했다."

하지만 실제로 백제 전역은 당나라가 차지하지 못한 것으로 보이며 일부 귀족과 제후들이 각기 나라를 세워 저항하고 일부가 나당연합군에 항복한 것으로 보인다.

신라가 백제 땅을 무력으로 차지하자 유인원이 도망했다. 부여

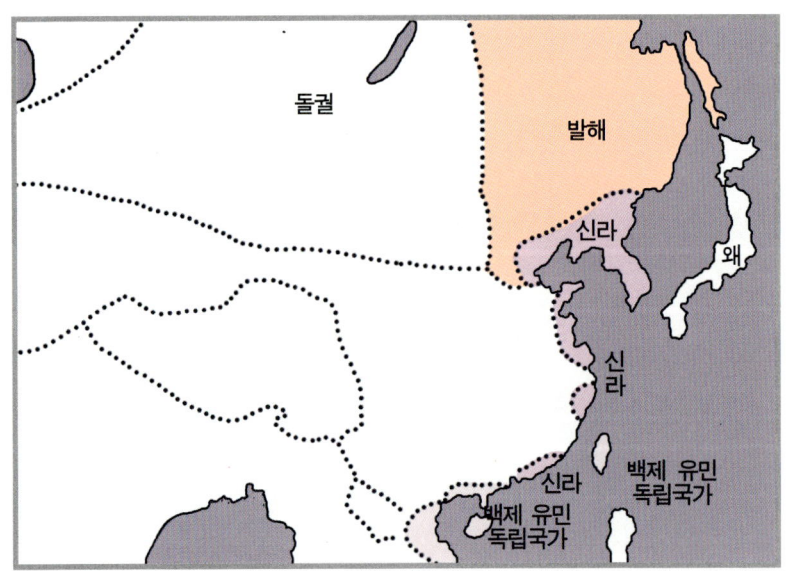

▲ 백제 유민 분포지역

융도 당나라로 돌아갔다. 이에 당왕이 부여융을 웅진도독 대방군왕으로 삼아 대방군에 보내어 남은 백성들을 안정시키고, 곧이어 안동 도호부를 신성으로 옮겨 통할하게 했다. 이때 신라가 더욱 강성해져서 백제대륙 영토 일부를 차지하게 되었다.

이에 부여융이 감히 고국으로 들어오지 못하고, 고구려에 가서 의탁하고 있다가 사망했다. 측천무후가 또한 그의 손자 경으로 하여금 왕위를 계승케 하려 했으나 그 지역이 이미 신라, 발해, 말갈에 의하여 분할 통치되고 있었으므로 나라의 계통이 마침내 단절되었다.

발해는 무왕 때 백제 산둥과 유주를 모두 점령했고 신라는 대륙 남해안과 산둥을 일시 점령했다. 한반도는 신라에 완전 장악되었다. 백제 멸망 후 대부분의 땅은 신라와 당, 발해에 넘어가 버리고 일부 땅에선 독립국가가 건설된다.

대제국 백제는 9백 년에 가까운 역사를 자랑하는 강대국으로 당시 공존했던 로마제국보다 더 강력했다. 로마에 비해 해군의 활동 범위와 전성기 제국의 인구를 비교해 보아도 결코 적지 않다. 로마제국은 시저의 전성기 당시에도 페르시아인 3만 기병을 막지 못했지만 백제는 동성황제 때 10만 북위 기병을 몰살시켰다.

이런 역사적 사실을 미루어 보아 과연 누가 강대국인가!

(끝)

| 참고문헌 |

- 「이야기 중국사」, 김희영, 청아출판사
- 「자치통감」, 사마광, 권중달 역, 도서출판 삼화
- 「쉽지만 깊이 읽는 한국사」, 이윤섭, 백산서당
- 「아틀라스 중국사」, 이근명 외 5인, 사계절출판사
- 「삼국사기」, 김부식, 진갑곤 역, 진갑곤의 한자박사 사이트
- 「중국 중세 전쟁간사」, 인민해방군출판사 저
- 「중국의 역사 - 수당오대」, 구리하라 마츠오, 누노메 조후 저, 임대희 역, 혜안
- 「두산백과사전」